NAG HAMMADI STUDIES

VOLUME VIII

NAG HAMMADI STUDIES

EDITED BY

MARTIN KRAUSE - JAMES M. ROBINSON
FREDERIK WISSE

IN CONJUNCTION WITH

ALEXANDER BÖHLIG – JEAN DORESSE – SØREN GIVERSEN
HANS JONAS – RODOLPHE KASSER – PAHOR LABIB
GEORGE W. MACRAE – JACQUES-É. MÉNARD – TORGNY SÄVE-SÖDERBERGH
WILLEM CORNELIS VAN UNNIK – R. MCL. WILSON
JAN ZANDEE

VIII

VOLUME EDITOR

MARTIN KRAUSE

LEIDEN
E. J. BRILL
1977

GNOSIS AND GNOSTICISM

*Papers read at the Seventh International Conference
on Patristic Studies
(Oxford, September 8th-13th 1975)*

EDITED BY

MARTIN KRAUSE

LEIDEN
E. J. BRILL
1977

ISBN 90 04 05242 9

CONTENTS

PART III

GNOSIS AND GNOSTICISM

VORWORT

In diesem Band werden 13 Referate, die auf dem 7. Internationalen Patristikerkongreß in Oxford (8.-13. September 1975) gehalten wurden, publiziert, außerdem ein Referrat (C.-A. Keller) des 13. Internationalen Religionshistorikerkongresses in Lancaster (15.-22. August 1975).

Die Oxforder Referate umfassen die vier master themes der Sektion Gnosticism (S. Arai, M. Krause, J. Frickel und B. Aland), die in dieser Reihenfolge am 9. bis 12. September 1975 gehalten wurden, und acht communications der Sektion B. Während zwei (J.-D. Kaestli und J. Ries) am 9. September vorgetragen wurden, wurde die Mehrzahl (in der Reihenfolge M. Tardieu, R. McL. Wilson, F. Morard, M. Scopello, E. Segelberg und K. Koschorke) am 12. September gehalten.

Alle Mitarbeiter hatten die Möglichkeit, bis zum Redaktionsschluß am 31. März 1976 ihre Referate druckfertig zu machen und so die nach dem September 1975 bis März 1976 erschienene Literatur, von der vor allem die in den Nag Hammadi Studies Band 6 und 7 [1] erschienenen Aufsätze genannt werden sollen, noch einzuarbeiten, so daß die Beiträge auf den Forschungsstand von Ende März 1976 gebracht werden konnten.

Der Titel des Buches und seine Einteilung stützen sich auf die auf dem Kolloquium in Messina erarbeiteten Definitionsvorschläge von Gnosis und Gnostizismus [2]. Demzufolge wurde der Band in drei Teile unterteilt:

    I. Gnosis
    II. Gnostizismus
    III. Gnosis und Gnostizismus.

Der erste Teil wurde wiederum in zwei Abschnitte untergliedert, in:

    A. Koptisch gnostische Texte aus Nag Hammadi und
    B. Manichäismus.

---

[1] *Essays on the Nag Hammadi Texts in Honour of Pahor Labib* edited by Martin Krause, Leiden 1975 (= NHS 6), *Les textes de Nag Hammadi.* Colloque du Centre d'Histoire des Religions (Strasbourg, 23-25 octobre 1974) édité par Jacques-E. MÉNARD, Leiden 1975 (= NHS 7).

[2] *Le origini dello gnosticismo.* Colloquio di Messina 13-18 Aprile 1966. Testi e discus-

Auf den ersten Teil entfallen neun Aufsätze, davon sieben auf den ersten Abschnitt. Fünf von ihnen befassen sich mit einer veröffentlichten Schrift oder Teilen eines Traktates aus dieser Bibliothek, zwei (M. Krause und K. Koschorke) mit je einem bisher unveröffentlichten Text. Die Reihenfolge der Aufsätze richtet sich nach der Reihenfolge der Schriften in den Codices von Nag Hammadi. Daher steht am Anfang der Beitrag von M. Scopello über eine Schrift aus Codex II, am Ende der von R. McL. Wilson über einen Traktat aus Codex XIII. Den Abschluß bilden zwei Aufsätze, die sich mit *mehreren* Schriften aus dieser Bibliothek befassen. Dem Manichäismus sind zwei Beiträge (J.-D. Kaestli und J. Ries) gewidmet.

Den zweiten Teil, den Gnostizismus, bilden drei Aufsätze. Die ersten beiden behandeln literarkritische Probleme der Kirchenväterberichte. J. Frickel versucht, in Hippolyts Refutatio gnostische Originalschriften aufzuzeigen und dadurch die Abwertung der Kirchenväterberichte als sekundäre Quellen gegenüber den koptischen Originalquellen wieder rückgängig zu machen. A. le Boulluec geht der Frage nach, ob bei Origines Spuren antignostischer Polemik des Irenäus nachweisbar sind. Eine neue Interpretation der Fragmente Herakleons legt B. Aland vor. Sie stellt die Frage, ob die Theologie Herakleons den Schlüssel zum Verständnis der christlichen Gnosis darstelle.

Im dritten Teil bemühen sich die Verfasser von zwei Referanten (S. Arai und M. Tardieu), Schriften von Nag Hammadi gnostischen Schulen, die wir aus den Kirchenväterberichten kennen, zuzuordnen. Dieses Anliegen wurde in Aufsätzen des ersten Teiles meist nur kurz behandelt, hier steht es im Mittelpunkt der Untersuchungen. Um die Lösung dieses Problems wird sich die zukünftige Forschung nach der Veröffentlichung aller Nag Hammadi Schriften bemühen müssen. Die Mitarbeiter dieses Bandes hoffen, mit ihren Referaten einen Beitrag dazu geleistet zu haben.

MARTIN KRAUSE

---

sioni pubblicati a cura di Ugo Bianchi = Studies in the History of Religions (Supplements to Numen) Vol XII, Leiden 1967, XX ff.

ABBREVIATIONS

Codex

I, 1   Epistula Jacobi Apocrypha. Codex Jung F. I^r - F. VIII^v (p. 1-16) ediderunt M. Malinine, H.-CH. Puech, G. Quispel, W. Till, R. Kasser adiuuantibus R. McL. Wilson, J. Zandee, Zürich u. Stuttgart 1968

I, 2   Evangelium Veritatis. Codex Jung f. VIII^v-XVI^v (p. 16-32) f. XIX^r-XXII^r (p. 37-43) ediderunt M. Malinine, H.-Ch. Puech, G. Quispel, Zürich 1956 Evangelium Veritatis. Codex Jung F. XVII^r - F. XVIII^v (p. 33-36) ediderunt M. Malinine, H.-Ch. Puech, G. Quispel, W. Till, Zürich u. Stuttgart 1961

I, 3   De resurrectione (Epistula ad Rheginum). Codex Jung F. XXII^r - F. XXV^v; (p. 43-50) ediderunt M. Malinine, H.-Ch. Puech, G. Quispel, W. Till adiuuantibus R. McL. Wilson, J. Zandee, Zürich u. Stuttgart 1963

I, 4   Tractatus tripartitus Pars I De supernis. Codex Jung F. XXVI^r - F. LII^v (p. 51-104) ediderunt R. Kasser, M. Malinine, H.-Ch. Pueh, G. Quispel, J. Zandee, adiuuantibus W. Vycichl, R. McL. Wilson, Bern 1973

I, 4   Tractatus tripartitus Pars II De creatione hominis. Pars III De generibus tribus. Codex Jung F. LII^v-LXX^v (p. 104-140) ediderunt R. Kasser, M. Malinine, H.-Ch. Puech, G. Quispel, J. Zandee adiuuantibus W. Vycichl, R. McL. Wilson, Bern 1975 (S. 1-242, 289 ff.)

I, 5   Oratio Pauli Apostoli. Codex Jung F. LXXII (?) (p. 143 ? - 144 ?) aO. 1975, S. 245-285

II, 1   Die drei Versionen des Apokryphon des Johannes im Koptischen Museum zu Alt-Kairo, herausgegeben von M. Krause u. P. Labib, Wiesbaden 1962, S. 109-199 (= Abh. d. Deutschen Archäol. Inst. Kairo, Kopt. Reihe Bd. I) Apocryphon Johannis. The Coptic Text of the Apocryphon Johannis in the Nag Hammadi Codex II with Translation, Introduction and Commentary by S. Giversen, Copenhagen 1963 (= Acta Theologica Danica Vol. V)

II, 2   Evangelium nach Thomas. Koptischer Text herausgegeben und übersetzt von A. Guillaumont. H.-Ch. Puech, G. Quispel, W. Till u. Yassa 'Abd al Masih, Leiden 1959

II, 3   Das Evangelium nach Philippos herausgegeben u. übersetzt von W. C. Till, Berlin 1963 (= Patristische Texte u. Studien Bd. 2) J. E. Ménard, L'Évangile selon Philippe. Introduction Texte-Traduction Commentaire, Paris 1967

II, 4   The Hypostasis of the Archons. The Coptic Text with Translation and Commentary by R. A. Bullard. With a Contribution by M. Krause, Berlin 1970 (= Patristische Texte u. Studien Bd. 10) Das Wesen der Archonten aus Codex II der gnostischen Bibliothek von Nag Hammadi. Koptischer Text, deutsche Übersetzung und griechische Rückübersetzung, Konkordanz u. Indizes von P. Nagel, Halle 1970 (= Wissenschaftl. Beiträge der Martin-Luther-Universität Halle-Wittenberg 1970/6 (K 3))

II, 5   Die koptisch-gnostische Schrift ohne Titel aus Codex II von Nag Hammadi im Koptischen Museum zu Alt-Kairo herausgegeben, übersetzt u. bearbeitet

PART I

GNOSIS

A. COPTIC GNOSTIC TEXTS FROM NAG HAMMADI

LES CITATIONS D'HOMÈRE DANS LE TRAITÉ DE *L'EXÉGÈSE DE L'ÂME*

PAR

MADDALENA SCOPELLO

Le traité de *L'Exégèse de l'âme* [1] est une exposition du mythe gnostique de l'âme déchue dans le monde. L'auteur du traité illustre ce mythe par une série de citations bibliques et par des références homériques qui, dans l'écrit, alternent avec des remarques plus proprement gnostiques et avec des lieux communs empruntés à la sagesse populaire.

On étudiera ici les citations d'Homère, traitant ailleurs le problème des citations bibliques [2]. Nous n'en ferons cependant pas abstraction. En effet, considérer les références homériques isolément serait fausser la pensée de l'auteur de *L'Exésège de l'âme* et ignorer les liens qu'il avait établi entre les témoignages de la sagesse païenne et ceux de la sagesse biblique.

Le parallélisme entre les citations bibliques et les citations homériques est, selon nous, étroit : ces catégories de citations semblent avoir été faites par l'auteur dans le but de justifier le thème gnostique de la remontée de l'âme au *Plerôme* à travers les étapes successives de la prostitution et de la repentance. Les citations de l'Ancien Testament centrées sur les notions de πορνεία (*Jérémie* 3.1-4 ; *Osée* 2.4-9 ; *Ézéchiel* 16.23-26) et de μετάνοια (*Apocryphon d'Ézéchiel* ; *Ésaïe* 30.15) appellent une comparaison particulière avec les citations d'Homère [3].

---

[1] *Die Exegese über die Seele* in M. Krause, P. Labib, *Gnostische und Hermetische Schriften aus Codex II und Codex VI*, Glückstadt, 1971, pp. 68-87. Nos références renvoient aux pages et aux lignes du codex. Dans les notes on utilisera l'abréviation *EA* pour indiquer *L'Exégèse de l'âme*.

[2] M. Scopello, *Les Testimonia dans l'Exégèse de l'âme* (à paraître).

[3] Le texte copte des citations homériques présente des points lacuneux. On suit ici les conjectures proposées par F. Wisse, On exegeting the Exegesis on the soul, in *Les Textes de Nag Hammadi. Colloque du Centre d'Histoire des Religions* (Strasbourg 23-25 octobre 1974) édité par J. E. Ménard, *Nag Hammadi Studies* vol. VII Leiden, 1975, pp. 68-81.

Comparons donc les textes bibliques et les textes homériques :

Jérémie 3.1-4 (*Exégèse de l'âme* 129.8-22)

Si (ὅταν) l'époux éloigne sa propre épouse et si elle s'en va et prend un autre homme, reviendra-t-elle (μή) à lui dès maintenant ? Cette femme ne s'est-elle pas (μή) souillée d'une souillure ? et toi aussi, tu as forniqué (πορνεύειν) avec plusieurs bergers et tu es revenue à moi-dit le Seigneur. Lève tes yeux et regarde où tu as forniqué (πορνεύειν). N'étais (μή) tu pas assise le long de la route, souillant la terre de tes prostitutions (πορνεία) et de tes méfaits (κακία) ? et tu as pris des nombreux bergers, en te couchant sans honte avec tout le monde. Est-ce que tu ne m'a pas invoqué comme si (ὡς) si j'étais ta souche ou (ἤ) ton Père ou (ἤ) l'origine (ἀρχηγός) de ta virginité (παρθένος) ?

Odyssée I.48 (I.57-IV.555; V. 82 ...) (*Exégèse de l'ame* 136.27-35)

Le poète (ποιητής) a dit : Ulysse était assis sur l'île, pleurant, (λυπεῖν) souffrant et détournant son visage des paroles de Calypso et de ses tromperies (ἀπάτη) désirant (ἐπιθυμεῖν) voir son pays et la fumée (καπνός) qui venait de lui, et s'il n'avait pas reçu une aide (βοήθεια) du ciel il n'aurait pu rentrer chez soi.

Osée 2.4-9 (*Exégèse de l'âme* 129.23-130.10)

Venez, faites un procès à votre mère. Elle ne sera plus ma femme et je ne serai plus son mari. J'ai enlevé sa prostitution (πορνεία) de ma présence et son adultère (μοιχεία) du milieu de ses seins; et je la quitterai nue comme le jour de sa naissance et désolée (ἔρημος) comme une terre sans eau et je la rendrai stérile et assoiffée. Je n'aurai pas pitié de ses enfants, car ce sont des enfants de prostitution (πορνεία) et leur mère se prostitua (πορνεύειν) et causa de la honte à ses enfants, ayant dit : Je vais forniquer (πορνεύειν) avec mes amants, ceux qui me donnaient mon pain et mon eau, mes vêtements et mes habits, mon vin et mon huile, et tout ce qui m'était utile. C'est pourquoi

Odyssée IV.261 (*Exégèse de l'âme* 136.36-137.5)

Puis Hélène dit ceci : Mon coeur s'est détourné de moi. De nouveau je désirais aller chez moi. Elle pleurait en effet, en disant: "C'est Aphrodite celle qui me trompa(ἀπατᾶν)C'est elle qui m'a emmené hors de mon pays. J'ai abandonné mon unique fille et mon

(διὰ τοῦτο) je l'enfermerai, pour qu'elle ne puisse pas poursuivre ses adultères.

Elle les cherchera sans les trouver, et elle dira : je reviendrai à mon premier mari, car j'étais plus heureuse qu'à présent.

mari qui est bon, sage et beau''.

Ézéchiel 16.23-26 (*Exégèse de l'âme* 130.11-20)

Et puis, après toute cette méchanceté (κακία) - dit le Seigneur — tu t'es bâti un lieu de prostitution (πορνεῖον) et tu as créé pour toi une place (τόπος) de beauté dans chaque rue (πλατεῖα) et tu t'es fait des lieux de prostitution (πορνεῖον) partout et tu as détruit ta beauté .... et tu as forniqué (πορνεύειν) avec les enfants d'Egypte qui sont proches et qui ont grande chair (σάρξ).

Apocryphon d'Ézéchiel (*Exégèse de l'âme* 135.32-136.4)

Annonce aux fils de mon peuple (λάος) : si vos péchés sont éloignés de la terre au ciel et s'ils sont rouges comme l'écarlate (κόκκος) et plus noirs qu'une toile de sac, et si vous vous tournez vers moi de toute votre âme (ψυχή) en disant : sauve-moi, mon Père je vous écouterai comme un peuple (λάος) saint.

Ésaie 30.15 (*Exégèse de l'âme* 136.6)

Si (ὅταν) tu te tournes et si tu te plains, alors (τότε) tu seras sauvée et tu sauras où tu étais les jours où tu prétais foi à des choses vides.

Comme l'on voit par ces exemples, les citations d'Homère reprennent, mais sous une forme plus ramassée, les thèmes déjà traités par les citations bibliques. La πορνεία de l'âme est illustrée par les paroles des prophètes : Israël se livre à l'adultère avec des bergers (*Jérémie* 3.1). C'est la situation d'Ulysse dans les bras de Calypso (*Odyssée* 1.48; 1.57; IV.555; V.82) et d'Hélène au pouvoir d'Aphrodite (*Odyssée* IV.261). Les bergers de Jérémie, les amants d'Osée (*Osée* 2.9) jouent le rôle tenu par Calypso et Aphrodite, les uns et les autres représentent le même mythe gnostique.

Ainsi, la rupture, ou mieux, le relâchement des liens nuptiaux entre Israël et Dieu (*Osée* 2.4) trouve un parallèle dans l'oubli de Pénélope par Ulysse, implicite dans la citation, et surtout de Ménélas par Hélène (*Odyssée* IV.261).

Le moment où l'âme prend conscience de sa déchéance est marqué par un changement intérieur. Tel est le sens qui se dégage des paroles d'Esaïe (*Esaïe* 30.15 = *Exégèse de l'âme* 136.6) : "Si tu te tournes (ⲉⲕϣⲁⲕⲧⲟⲕ) et si tu te plains, alors tu sauras où tu étais quand tu prêtais foi à des choses vides". C'est la situation même d'Hélène dont le coeur s'est détourné (ⲁϥⲕⲧⲟϥ) (*Odyssée* IV.261 = *Exégèse de l'âme* 136.36) et c'est aussi celle d'Ulysse qui détourne (ⲉϥⲕⲧⲟ) son visage des paroles de Calypso (*Exégèse de l'âme* 136.29-30).

L'âme qui s'est livrée à la prostitution veut retrouver sa situation première auprès du Père : "Je reviendrai (ϯⲛⲁⲕⲟⲧ) à mon premier mari" dit Israël par la voix d'Osée (*Osée* 2.9 = *Exégèse de l'âme* 130.9). "Je veux rentrer chez moi — ajoute Hélène — chez mon mari qui est bon, sage et beau" (*Odyssée* IV.263 = *Exégèse de l'âme* 137.4-5). De même Ulysse veut regagner sa patrie et revoir la fumée qui se lève d'Ithaque (*Odyssée* I.57 = *Exégèse de l'âme* 136.32).

L'auteur de *L'Exégèse de l'âme* souligne à plusieurs reprises que le "retour" est marqué par les pleurs, les invocations, le repentir. Dieu n'interviendra pour "détourner" la matrice de l'âme (ⲛϥⲕⲧⲟ ⲛ̄ⲧⲉⲥⲙⲏⲧⲣⲁ) (*Exégèse de l'âme* 131.19-20) des contaminations de l'extérieur que lorsqu'elle se sera purifiée par la souffrance : "Il la voyait pleurer avec ses passions (πάθος) et sa turpitude (ἀσχημοσύνη) et se repentir (μετανοεῖν) à cause de sa prostitution (πορνεία) et commencer (ἄρχεσθαι) des invocations (- ἐπικαλεῖν) à son nom, pour qu'il lui apporte une aide (βοηθεῖν) et pleurer de tout son coeur en disant : sauve-moi, mon Père" ! (*Exégèse de l'âme* 128.27-35).

La μετάνοια s'accomplit à travers la douleur. Jérusalem pleure (ϩⲛ̄ⲟⲩⲣⲓⲙⲉ ⲁⲥⲣⲓⲙⲉ) (*Ésaïe* 30.19 = *Exégèse de l'âme* 136.9), de même, Ulysse gémit et souffre (ⲉϥⲣⲓⲙⲉ ⲁⲩⲱ ⲉϥⲗⲩⲡⲉⲓ) (*Exégèse de l'âme* 136.29) et Hélène se souvient dans les larmes (ⲛⲉⲥⲁϣⲉϩⲟⲙ) des ruses d'Aphrodite (*Exégèse de l'âme* 137.2-4). Par ailleurs, la douleur, les invocations et la prière sincère (*Exégèse de l'âme* 135.4-15) consti- tuent une préparation au salut. "En effet — commente l'auteur en reprenant les paroles de l'Exode (*Exode* 20.2) — Israël ne fut pas sauvé avant d'être conduit hors de la terre d'Egypte, de la maison de l'esclavage, avant d'avoir adressé des lamentations à Dieu" (*Exégèse de l'âme* 137.11). Ce n'est qu'à ce moment-là que l'âme sera "tournée" à l'intérieur de sa maison (ⲥⲉⲛⲁⲕⲧⲟⲥ ⲉⲍⲟⲩⲛ · ⲉⲡⲉⲥ́ⲏⲉⲓ) (*Exégèse de l'âme* 137.10).

Bien que la collaboration de l'âme soit nécessaire, c'est par la grâce qu'on obtient le salut : "Ulysse n'aurait pu rentrer chez soi s'il n'avait pas reçu une aide du ciel", commente l'auteur de *L'Exégèse de l'âme* (136.33). "Personne ne pourra venir à moi-dit le Sauveur -si mon Père ne l'amène à moi" (*Jean* 6.44 = *Exégèse de l'âme* 135.1). "La régénération de l'âme, en effet, ne découle pas de commandements ascétiques (ἄσκησις) ni d'oeuvres (τέχνη) ni de prescriptions écrites — précise l'auteur gnostique — mais c'est la grâce (χάρις) du Seigneur, c'est le don (δωρεά) que le Seigneur a fait à l'homme" (*Exégèse de l'âme* 134.29-33).

On voit donc comme l'auteur du traité a adapté à son exégèse proprement gnostique la signification des références de la Bible et d'Homère.

Le premier des passages homériques allégués n'est pas une citation au sens strict et résulte de la fusion de plusieurs versets de l'*Odyssée* sur l'épisode d'Ulysse dans l'île de Calypso (*Odyssée* I.48; I.57; IV.555; V.82; V.151). Le second passage est, lui, une citation assez fidèle de l'*Odyssée* (IV.261).

Nous nous étions demandé ailleurs si l'auteur de *L'Exégèse de l'âme* avait tiré ses citations bibliques directement des Ecritures ou d'un recueil. L'existence de "mots-crochets"[4] nous avait amené à la conclusion que l'auteur de *L'Exégèse de l'âme* avait utilisé des *Testimonia*. Quelques textes de Clément d'Alexandrie, d'Origène et de Didyme l'Aveugle avaient étayé notre hypothèse[5].

Le problème des citations d'Homère se pose, selon nous, en des termes voisins : ces citations présupposent-elles une connaissance directe du texte de l'*Odyssée* ou remontent-elles à un florilège poétique ? On sait en effet que les recueils anthologiques connurent à cette époque

---

[4] Nous entendons par *mots-crochets* des mots qui, répétés dans plusieurs citations, ont donné lieu à leur groupement.

[5] Clément d'Alexandrie dans le I *Pédagogue* IX.81 (éd. O. Stählin, Leipzig, 1905, p. 137) et Origène dans l'*Homélie VIII sur l'Exode* (éd. W. Baehrens, Leipzig, 1920, p. 228) utilisent le même *Testimonium* sur la πορνεία que consulte aussi l'auteur de *l'Exégèse de l'âme*. Ainsi, le groupement du *Psaume* 45.10 et de *Génèse* 12.1 (*EA* 133.17-31) est attesté par Origène dans les *Selecta in Exodum* 126-127 (P. G. 12.294) et par Didyme l'Aveugle dans son commentaire *Sur Zacharie* II, 148 (éd. L. Doutreleau, Paris, 1962, t. II, p. 491). Pour les autres *Testimonia* on renvoie à l'étude citée.

une large diffusion⁶. De fait, comme on va le voir, les deux citations d'Homère dans *L'Exégèse de l'âme* paraissent empruntées à un florilège.

On notera d'emblée que ces deux citations recoupent un même thème, celui de l'exil et du retour, illustré par les personnages d'Hélène et d'Ulysse. Etayer le même thème par plusieurs exemples constitue l'une des caractéristiques de ces florilèges. D'autre part, les deux citations d'Homère sont unies par des mots-crochets. Ces crochets n'apparaissent pas dans le texte même d'Homère mais dans certaines de ces adaptations tardives. Ce fait nous incline à penser que ces citations d'Homère ne circulaient pas dans leur langage versifié original mais en prose et sous une forme plus simple. L'expression "désir de la patrie" explique sans doute le rapprochement des deux citations. Cette expression se laisse deviner dans la citation de l'*Odyssée* IV.261 sur Hélène sous la tournure copte de ⲉϩⲓⲟⲩⲱϣ ⲃⲱⲕʼ ⲉⲡⲁϩⲉⲓ de *L'Exégèse de l'âme*. On retrouve également cette expression à propos d'Ulysse dans les témoignages de Dion Chrysostome⁷, de Clément d'Alexandrie⁸ et de *L'Exégèse de l'âme*⁹.

Enfin, comme l'on vient de l'indiquer, la première citation (*Odyssée* I.48; I.57) est également attestée par des autres auteurs. On la retrouve chez Dion Chrysostome, dans une séquence consacrée au thème de l'exil (*Discours* 13)¹⁰ et à l'amour de la patrie (*Discours* 47)¹¹. Le fait

---

⁶ On sait l'existence, déjà au IIIème siècle avant Jesus Christ, de recueils de citations classiques, à l'intention des écoliers. Voir O. Guéraud et P. Jouguet, *Un livre d'écolier du IIIème siècle avant J.-C.* (*Publications de la Société royale égyptienne de Papyrologie, Textes et Documents*, 2), Le Caire, 1938.

⁷ Dion Chrysostome, *Discours* 13, in Dio Chrisostom, *Discourses*, The Loeb Classical Library, vol. II, 1961, p. 93 : "πόθον τῆς πατρίδος'.

⁸ Clément d'Alexandrie, *Protreptique* IX. 86.2, éd. O. Stählin, *Clemens Alexandrinus, I. Band, Protrepticus und Paedagogus*, Leipzig, 1905, p. 64 : "πατρίδος ... ἱμειρόμενοι".

⁹ *L'Exégèse de l'âme* 136.31 : "ⲉϥⲉⲡⲓⲑⲩⲙⲉⲓ ⲉⲧⲣⲉϥⲛⲁⲩ ⲉⲡⲉϥⲧⲙⲉ".

¹⁰ *Discours* 13, éd. citée, vol. II, p. 93 :

« Καὶ δὴ ἀνεμιμνησκόμην Ὀδυσσέως τε παρ' Ὁμήρῳ κατοδυρομένου πολλάκις αὐτόν, ἀνδρὸς ἥρωος οὐδαμῶς τε ἀδυνάτου καρτερεῖν, πολλὰ ὅμως ἀνάξια λέγοντος καὶ θρηνοῦντος ἑκάστοτε παρὰ τῇ θαλάττῃ διὰ πόθον τῆς πατρίδος · τέλος δέ, ὥς φησιν ὁ ποιητής, ἐπεθύμει καπνὸν ἰδεῖν ἀπὸ τῆς αὐτοῦ γῆς ἀνιόντα, εἰ καὶ δέοι παραχρῆμα ἀποθνήσκειν, καὶ οὔτε τὰ πρότερον ἔργα παρεμυθεῖτο αὐτὸν οὔτε θεὸς μάλα καλὴ καὶ ἀγαθὴ περὶ πολλοῦ ποιουμένη, ὥστε ὑποσχέσθαι ποιήσειν αὐτὸν ἀθάνατον, ἀλλὰ πάντων τούτων κατίσχυεν ὁ τῆς πατρίδος πόθος τε καὶ ἔρως. πάλιν δ' αὖ παρ' ἑτέρῳ ποιητῇ τῶν ὕστερον τὴν Ἠλέκτραν πυνθανομένην ὑπὲρ τοῦ ἀδελφοῦ λυπηρῶς καὶ ἐλεοῦσαν αὐτὸν τῆς φυγῆς, οὕτω πως ἐρωτῶσαν ·

ποῦ γῆς ὁ πλήμων πλήμονας φυγὰς ἔχει ;

καὶ τὸν οὐχ ἧττον ἐλεεινῶς ἀποκρινόμενον,

οὐχ ἕνα νομίζων φθείρεται πόλεως τόπον».

¹¹ *Discours* 47, éd. citée, vol. IV, p. 252 :

qu'elle soit présente chez Dion est intéressant, en raison du rôle que ce compilateur a joué dans la formation des dossiers de citations [12].

En outre, ce passage de l'*Odyssée* est cité par Clément d'Alexandrie qui le joint, au chapitre IX du *Protreptique*,[13] sous une forme paraphrasée, à d'autres références classiques et scripturaires, dans une discussion sur l'immortalité de l'âme : "Les autres (les psychiques) sont comme le vieil homme d'Ithaque (*'Ιθακήσιος γήρων*) qui n'aspire pas à la vérité et à la terre de ses pères dans le ciel, ni à la lumière qui existe dans la vérité mais à la fumée qui vient de la terre".

On connaît la complexité des sources de Clément : des souvenirs de lecture alternent avec des extraits précis et des séquences de caractère anthologique. Il n'est pas absolument exclu que Clément ait puisé la citation de l'*Odyssée* I.48 à un dossier. On a constaté en effet la présence de la citation chez Dion, qui constitue une des sources anthologiques de Clément. En outre, l'expression d'*'Ιθακήσιος γήρων* par laquelle Clément introduit la citation semble un cliché littéraire qu'on retrouve ailleurs : Méthode d'Olympe s'en sert à propos d'Ulysse dans une citation de l'épisode des Sirènes [14].

Il faut encore noter que l'un des passages de l'*Odyssée* relatif à Ulysse dans l'île de Calypso (*Odyssée* IV.555) est suivi par la fameuse description des Champs Élysées (*Odyssée* IV.561), description très répandue aux premiers siècles. Les auteurs qui la citent le font souvent

---

« τὸν Ὅμηρον ὑπὲρ μὲν Ὀδυσσέως ὀδύρεσθαι κα φάσκειν αὐτὸν ἐθέλειν τὸν καπνὸν ἰδόντα τὸν ἐκ τῆς Ἰθάκης παραχρῆμα ἀποθανεῖν, αὐτὸν δὲ μὴ στέργειν τὴν αὐτοῦ πόλιν, ἀλλ' οὐ τὸν οἰκεῖον ἔρωτα καὶ τὴν ἐπιθυμίαν ὁμολογεῖν, ἣν εἶχε τῆς πατρίδος, ἐπ' ὀνόματι τοῦ Ὀδυσσέως ; ὃς δὲ πάντα τὸν χρόνον ἔμεινεν ἐν τῇ πατρίδι, πράττων ὅ τι δοκοίη τοῖς πολίταις καὶ τοῖς νόμοις, εἰ μέν τι μέγα ὤνησε τοὺς Ἀθηναίους, οὐκ ἔχω εἰπεῖν · τὴν δὲ βλάβην ἐπίσταμαι τὴν γενομένην αὐτοῖς. ἔτι γὰρ νῦν ὀνειδίζονται περὶ Σωκράτους, ὡς οὔτε δικαίως οὔτε ὁσίως τῷ ἀνδρὶ προσενεχθέντες, καὶ πάντων αὐτοῖς τῶν ὕστερον γενομένων κακῶν ταύτην φασὶ συμβῆναι τὴν αἰτίαν».

[12] Voir N. Zeegers-Vander Vorst, *Les citations des poètes grecs chez les Apologistes chrétiens du IIème siècle*, Louvain, 1972, p. 47.

[13] Éd. citée, p. 64.

[14] Méthode d'Olympe, *De autexusio*, éd. G. N. Bonwetsch, *Methodius*, Leipzig, 1917, p. 145 :

« Ὁ μὲν Ἰθακήσιος γέρων κατὰ τὸν τῶν Ἑλλήνων μῦθον, τῆς Σειρήνων βουλόμενος ἀκοῦσαι ᾠδῆς διὰ τὴν τῆς φωνῆς ἀκόλαστον ἡδονήν, δεσμώτης ἔπλει εἰς τὴν Σικελίαν καὶ τὰς τῶν ἑταίρων ἐνέφραττεν ἀκοάς, οὐκ ἐκείνοις ἕνεκα τῆς ἀκροάσεως φθονῶν οὐδὲ ἑαυτὸν δεσμῷ περιβάλλειν ἐπιθυμῶν, ἀλλ' ὅτι τέλος τῆς ἐκείνων ᾠδῆς τοῖς ἀκούουσι θάνατος ἦν · τοιαῦται γάρ <ποτε> παρ' Ἕλλησιν ᾖδον αἱ Σειρῆνες».

d'une manière telle que l'on songe à une source doxographique : ainsi
Flavius Josèphe [15] et Clément d'Alexandrie [16].

On peut supposer avec quelque vraisemblance que les deux passages
sur Ulysse et sur les Champs Élysées ont été extraits de bonne heure
du texte homérique et consignés dans un ou plusieurs dossiers.

La citation d'Hélène n'apporte pas des éléments nouveaux à notre
hypothèse d'une source doxographique. Cette citation pourrait être
un ajout personnel de l'auteur de *L'Exégèse de l'âme*. On sait, en effet,
la popularité de la légende d'Hélène en milieu gnostique [17]. L'hypothèse
d'une citation indirecte reste, cependant, la plus vraisemblable, compte-
tenu des habitudes littéraires de l'auteur de *L'Exégèse de l'âme* [18].

L'Exégèse de l'âme n'est sans doute pas le seul écrit gnostique qui
montre une connaissance indirecte des sources classiques. On notera
en premier lieu que la plupart de ces citations faites dans les textes
gnostiques se retrouvent ailleurs dans des auteurs de la même époque,
ce qui pourrait laisser supposer que ces passages étaient consignés
dans des dossiers. Un point de comparaison est offert par la notice
d'Hippolyte sur les Pérates [19]. La théorie de la secte sur l'eau, source de
corruption, est étayée par une citation de l'*Odyssée* XV.36-38 et par
le *fragment* 36 d'Héraclite. Le même passage de l'*Odyssée* se retrouve

---

[15] *De bello judaico* II.155-156, éd. B. Niese, *Flavii Josephi Opera*, vol. VI, Berlin,
1955, p. 184. Voir Y. M. Grintz, Die Männer des Yaḥad-Essener, in *Zur Josephus-
Forschung*, Darmstadt, 1973, pp. 323-325.

[16] *Stroma* IV.26.172.3 in Clemens Alexandrinus, *Stromata Buch I-VI*, 2. Band,
éd. O. Stählin, Leipzig, 1906, p. 325 :

εἰκόνας τῆσδε τῆς πόλεως καὶ οἱ ποιηταὶ κτίζουσι γράφοντες · αἱ γὰρ Ὑπερβόρεοι καὶ
Ἀριμάσπειοι πόλεις καὶ τὰ Ἠλύσια πεδία δικαίων πολιτεύματα · ἴσμεν δὲ καὶ τὴν Πλάτωνος
πόλιν παράδειγμα ἐν οὐρανῷ κειμένην».

[17] Légende qui n'est pas d'ordinaire étayée par des références précises au texte
d'Homère, mais qui connaît des développements et des ajouts tardifs (par ex. le τόπος
d'Hélène et de la tour). Voir *Recognitiones* 2.14.4, éd. B. Rehm, *Die Pseudoklementinen*,
II, *Rekognitionen in Rufins Übersetzung*, Berlin, 1965. Cf. M. Philonenko, *Joseph et
Aséneth*, introduction, texte critique et notes, Leiden, 1968, p. 42.

[18] Aucune citation biblique de *l'Exégèse de l'âme* ne semble tirée directement du texte
de l'Ecriture.

[19] *Refutatio* V.16.1-4, éd. citée, p. III :

« τοῦτό ἐστι, φησίν, ὃ καὶ οἱ ποιηταὶ λέγουσι τὸ καὶ τοὺς θεοὺς ἐκψοφοῦν ·

ἴστω γάρ, φησί, τόδε γαῖα καὶ οὐρανὸς εὐρὺς ὕπερθεν καὶ τὸ κατειβόμενον Στυγὸς ὕδωρ,
ὅς τε μέγιστος ὅρκος δεινότατός τε πέλει μακάρεσσι θεοῖσιν.

οὐ μόνον δὲ τοῦτο, φησίν, οἱ ποιηταὶ λέγουσιν, ἀλλ' ἤδη καὶ οἱ σοφώτατοι τῶν Ἑλλήνων,
ὧν ἐστι καὶ Ἡράκλειτος εἷς, λέγων · ψυχῇσι γὰρ θάνατος ὕδωρ γενέσθαι».

chez les Séthiens [20], où il précède une référence de l'*Iliade* XV.189, celle-ci connue aussi par les Naassènes [21]. On entrevoit un jeu complexe de citations récurrentes, qui, selon toute vraisemblance, proviennent d'une même anthologie [22].

Dans le cours de cette étude nous avons toujours, par souci de méthode, distingués deux dossiers, l'un de contenu biblique, l'autre de contenu homérique. Ces deux dossiers auraient constitué la source essentielle de l'auteur de *L'Exégèse de l'âme*. Rien n'interdit, toutefois, de penser que ces deux dossiers n'en constituaient, en réalité, qu'un seul.

En effet, et le fait est capital, les citations homériques et les citations bibliques sont reliées les unes aux autres par des "mots-crochets". Le mot-crochet "tourner" ou "se détourner" en fournit l'exemple le plus significatif. Il est rendu par le verbe copte "ⲕⲱⲧⲉ" qui traduit ἐπιστρέφειν de l'original grec. Le mot caractérise les citations de l'*Apocryphe d'Ézéchiel* [23], d'*Ésaïe* 30.15[24], de l'*Odyssée* I.48 [25] et de l'*Odyssée* IV.261 [26].

Une même expression, avec fonction de crochet, se trouve, affectée de valeurs contraires, dans les citations de *Genèse* 12.1 et du *Psaume* 45,10 d'une part, et dans les deux passages de l'*Odyssée* de l'autre. C'est l'expression "maison du père-terre des pères", qui, dans le *Psaume*

---

[20] *Refutatio* V.20.10, éd. citée, p. 122 :

« οἱ πάνσοφοι Εηθιανοὶ παρ' Ὁμήρου λαβόντες λέγειν ·

ἴστω γὰρ — φησί — τόδε Γαῖα καὶ Οὐρανὸς εὐρὺς ὕπερθεν καὶ τὸ κατειβόμενον Στυγὸς ὕδωρ, ὅς τε μέγιστος ὅρκος δεινότατός τε πέλει μακάρεσσι θεοῖσι».

[21] *Refutatio* V.8.3, éd. citée p. 89 :

« Μωσῆς ...... καὶ τοῦτο, φησίν, οὐδὲ τοὺς ποιητὰς λέληθε · τριχθὰ δὲ πάντα δέδασται, ἕκαστος δ' ἔμμορε τιμῆς».

[22] Nous nous proposons de revenir sur les citations d'Homère dans la *Refutatio* dans une prochaine étude.

[23] *EA* 136.1 : "Si vous vous détournez (ⲉⲧⲉ]ⲧⲛ̄ⲕⲟⲧ) de toute votre âme". Cf. la version grecque de l'*Apocryphe d'Ézéchiel*, chez Clément de Rome, *Epître aux Corinthiens* 8.3 éd. A. Jaubert, Sources Chrétiennes n° 167, Paris, 1971, p. 113 : ἐὰν ἐπιστραφῆτε πρὸς μὲ ἐξ ὅλης τῆς καρδίας

[24] *EA* 136.6 : "si tu te tournes (ⲉⲕϣⲁⲕⲧⲟⲕ')". Cf. le texte de'*Ésaïe* dans la LXX : ὅταν ἀποστραφείς

[25] *EA* 136.29-30 : "Ulysse détourna (ⲉϥⲕⲧⲟ) son visage des paroles de Calypso". Ce détail est présent seulement dans *L'Exégèse de l'âme*.

[26] La tournure "κραδίη τέτραπτο" du texte original de l'*Odyssée* peut être équivalente à ⲁϥⲕⲧⲟϥ

45.10 et dans *Génèse* 12.1 indique la maison du père terrestre qu'il faut oublier, et selon l'*Odyssée*, la terre des pères qu'il faut rejoindre [27].

L'hypothèse d'un dossier mixte trouve, selon nous, une confirmation dans la notice d'Hippolyte sur les Naassènes [28]. Le récit sur Hermès-Logos est étayé par des références homériques qui alternent avec des citations de la Bible. Le groupement de l'*Odyssée* 24.1-2, *Odyssée* 24.2-4, *Psaume* 2.9 et *Éphésiens* 5.14 éclaire le thème du gnostique qui, enfoncé dans la matière, se réveille et se souvient de sa situation première. Des crochets se croisent entre la citation de l'*Odyssée* 24.2-4 et les deux citations bibliques suivantes : le ῥάβδον χρυσῆν d'Hermès revient dans le *Psaume* 2.9 comme le ῥάβδον σιδμρᾶν de Dieu. Ainsi, le ὑπνώοντας ἐγείρει, le reveil de ceux qui dorment, de la citation d'Homère est repris par *Éphésiens* 5.14 dans la tournure ἔγειραι ὁ καθεύδων καὶ ἐξεγέρθητι.

En conclusion : le florilège utilisé par l'auteur de *L'Exégèse de l'âme* vise certainement à un double public, païen et chrétien. L'auteur de cette anthologie tirait manifestement du double héritage, biblique et classique, une seule lecon, celle de la gnose.

Les points de contact de *l'Exégèse de l'âme*, de Clément, de Didyme et d'Origène, nombreux et précis, font penser que l'auteur gnostique était dans la mouvance de l'École d'Alexandrie.

---

[27] *Génèse* 12.1: "Abraham oublia la maison de son père (οἶκος τοῦ πατρός)".
Psaume 45.10: "Écoute, ma fille et oublie la maison de ton père (οἶκος τοῦ πατρός σου)".
Odyssée I. 48: "Ulysse voulait voir la terre de ses pères (πατρίδα γαίαν)".
Odyssée IV.261; "Hélène dit : je veux rentrer dans ma patrie (ἀπὸ πατρίδος)".
Le groupement du *Psaume* 45.10 et *Génèse* 12.1 est attesté ailleurs ; voir note 5.
[28] *Refutatio* V.7.30 - 33, éd. citée, p. 86-87.
« οὐδὲ τοὺς ποιητὰς τῶν ἐθνῶν λανθάνει λέγοντας οὕτως ·

Ἑρμῆς δὲ ψυχὰς Κυλλήνιος ἐξεκαλεῖτο ἀνδρῶν μνηστήρων,

οὐ τῶν Πηνελόπης, φησίν, ὦ κακοδαίμονες, μνηστήρων, ἀλλὰ τῶν ἐξυπνισμένων καὶ ἀνεμνησμένων, ἐξ οἵης τιμῆς καὶ ὅσου μήκεος ὄλβου, τουτέστιν ἀπὸ τοῦ μακαρίου ἄνωθεν ἀνθρώπου ἢ ἀρχανθρώπου ἢ Ἀδάμαντος, ὡς ἐκείνοις δοκεῖ, κατηνέχθησαν ὧδε εἰς πλάσμα τὸ πήλινον, ἵνα δουλεύσωσι τῷ ταύτης τῆς κτίσεως δημιουργῷ Ἠσαλδαίῳ, θεῷ πυρίνῳ, ἀριθμὸν τετάρτῳ · οὕτως γὰρ τὸν δημιουργὸν πατέρα τοῦ ἰδικοῦ κόσμου καλοῦσιν.

ἔχε δὲ ῥάβδον μετὰ χερσὶ

καλήν, χρυσείην, τῇ τ' ἀνδρῶν ὄμματα θέλγει ὧν ἐθέλει, τοὺς δ' αὖτε καὶ ὑπνώοντας ἐγείρει. οὗτος, φησίν, ἐστὶν ὁ τῆς ζωῆς καὶ τοῦ θανάτου μόνος ἔχων ἐξουσίαν. περὶ τούτου, φησί, γέγραπται · ποιμανεῖς αὐτοὺς ἐν ῥάβδῳ σιδηρᾷ. ὁ δὲ ποιητής, φησί, κοσμῆσαι βουλόμενος τὸ ἀπερινόητον τῆς μακαρίας φύσεως τοῦ λόγου, οὐ σιδηρᾶν, ἀλλὰ χρυσῆν περιέθηκε τὴν ῥάβδον αὐτῷ. θέλγει δὲ τὰ ὄμματα τῶν νεκρῶν, ὥς φησι, τοὺς δ' αὖτε καὶ ὑπνώοντας ἐγείρει, τοὺς ἐξυπνισμένους καὶ γεγονότας μνηστῆρας. περὶ τούτων, φησίν ἡ γραφὴ λέγει · ἔγειραι ὁ καθεύδων καὶ ἐξεγέρθητι, καὶ ἐπιφαύσει σοι ὁ Χριστός».

DER *DIALOG DES SOTER* IN CODEX III
VON NAG HAMMADI

VON

MARTIN KRAUSE

Es dürfte das letzte Mal sein, daß auf einem Patristikerkongreß über einen Nag Hammadi Text gesprochen wird, dessen Inhalt mit Ausnahme der knappen Angaben von Puech,[1] Doresse [2] und dem Berliner Arbeitskreis [3] *unbekannt* ist, denn schon *vor* dem nächsten Kongreß dürften alle 13 Codices in der Facsimile Edition of the Nag Hammadi Codices zugänglich sein. Nachdem jetzt 7 Codices in 5 Bänden, die Codices II, V - VII und XI - XIII,[4] vorliegen, der 8., Codex IV, ausgedruckt ist und in diesem Monat ausgeliefert werden soll,[5] der 9., Codex III,[6] ausgedruckt wird, werden die noch fehlenden Photobände der 4 Codices VIII, I und IX/X in dieser Reihenfolge 1976 und 1977 erscheinen. Den Abschluß wird — voraussichtlich 1978 — der Tafelband bilden, in dem die in die Bucheinbände zur Verstärkung der Buchdeckel eingeklebten griechischen und koptischen Papyri abgebildet werden. Das Subkomitee des internationalen gnostischen Komitees hat seine Arbeit an diesen Texten, die Zusam-

---

[1] H.-Ch. Puech, in : E. Hennecke, *Neutestamentliche Apokryphen in deutscher Übersetzung*, 3. völlig neu bearbeitete Auflage hrsg. v. W. Schneemelcher, Bd. 1, Tübingen 1959, 173f. Die aus dem Traktat mitgeteilten Zitate sind z.T. falsch, vor allem im 2. Absatz von Seite 174. Das Zitat (139,11) "der Jünger ist seinem Meister nicht ähnlich" ist zu verbessern in : "der Jünger gleicht seinem Meister" und 144,19f. "damit ihr die Werke des Weiblichen zerstört" ist zu verbessern in : "löst auf (Imp.) die Werke der Weiblichkeit !"

[2] J. Doresse, *The Secret Books of the Egyptian Gnostics*, London 1960, 220f.

[3] *Gnosis und Neues Testament*. Studien aus Religionswissenschaft und Theologie, hrsg. v. K.-W. Tröger, Berlin 1973, 42.

[4] *The Facsimile Edition of the Nag Hammadi Codices published under the Auspices of the Department of Antiquities of the Arab Republic of Egypt in Conjunction with the United Nations Educational, Scientific and Cultural Organization.* Codex II, Leiden 1974; Codex V, Leiden 1975; Codex VI, Leiden 1972; Codex VII, Leiden 1972 u. Codex XI, XII and XIII, Leiden 1973.

[5] Der Band (*The Facsimile Edition ....* Codex IV) ist inzwischen (1975) erscheinen.

[6] Auch dieser Band (Codex III) ist inzwischen (1976) erschienen.

mensetzung der Fragmente, abgeschlossen. Die Druckerei kann wegen fehlender Fachkräfte leider nur jährlich 2-3 Tafelbände drucken.

Parallel zur Arbeit an den Tafelbänden geht die Publikation des koptischen Textes mit Übersetzungen der 53 Traktate weiter. Bis jetzt sind die Codices I, II, IV, VI und XIII vollständig publiziert, die Codices III, V und VII zum größeren Teil.[7] Insgesamt liegen Textausgaben mit Übersetzung von 35 Schriften auf 683 Seiten [8] vor; von zwei weiteren Schriften, die 46 Seiten umfassen, dem Eugnostosbrief und der Sophia Jesu Christi, bisher nur eine Übersetzung.[9] Ihre Publikation befindet sich im Druck.[10] 8 weitere Schriften auf 126 Seiten sind durch die Facsimile Edition zugänglich : die Traktate der Codices XI und XII, sowie die *Lehren des Silvanus* in Codex VII.[11] Es sind daher z. Zt. nur noch 8 Schriften unzugänglich : 7 in den

---

[7] Die Titel der 35 Texteditionen sind verzeichnet im Abkürzungsverzeichnis.

[8]
I, 1-5	142 Seiten	
II, 1-7	145 Seiten	
III, 1-2	59 Seiten	
IV, 1-2	81 Seiten	
V, 2-5	68 Seiten	
VI, 1-8	78 Seiten	
VII, 1-3 u.5	94 Seiten	
XIII, 1-2	16 Seiten	

683 Seiten

[9] Der *Eugnostosbrief* (III,3 : S. 70, 1 - 90, 13) ist übersetzt von M. Krause in : *Die Gnosis* 2. Band. Kopt. u. mandäische Quellen eingeleitet, übersetzt u. erläutert von M. Krause u. K. Rudolph, mit Registern zu Bd I u. II versehen u. herausgg. v. W. Foerster, Zürich u. Stuttgart 1971, 37-45. Die Varianten zum *Eugnostosbrief* und das Sondergut der *Sophia Jesu Christi* (III,4 : S. 90,14 - 119,18) wurden in den Anmerkungen aO. 153-160 übersetzt (Eine engl. Übersetzung liegt vor in : W. Foerster, *Gnosis*, A Selection of Gnostic Texts. English Translation edited by R. McL. Wilson. II. *Coptic and Mandean Sources*, Oxford 1974, 27-39). Zum literarischen Verhältnis der beiden Schriften zueinander vgl. aO. 32ff. u. die dort genannte ältere Literatur.

[10] Vgl. M. Krause, Zur Bedeutung des gnostisch-hermetischen Handschriftenfundes von Nag Hammadi, in : *Essays on the Nag Hammadi Texts in Honour of Pahor Labib* (= NHS VI), 1975, 68 A. 2.

[11] VII, 4   34 Seiten in : *The Facsimile Edition ... Codex VII*

XI, 1-4   74 Seiten in : *The Facsimile Edition ... Codices XI, XII and XIII*

XII, 1-3   18 Seiten

126 Seiten

Von VII, 4 gibt es auch eine Übersetzung von W.-P. Funk : "Die Lehren des Silvanus". Die vierte Schrift aus Nag Hammadi-Codex VII eingeleitet u. übersetzt vom Berliner Arbeitskreis für koptisch-gnostische Schriften, in : *ThLZ* 100, 1975, Sp. 7-23.

Codices VIII-X [12] sowie der *Dialog des Soter* in Codex III, mit dem
wir uns jetzt befassen wollen. Er nimmt dort die Seiten 120-147 ein.
Neuere Untersuchungen dieses Codex haben ergeben, daß keine Seite
dieser Schrift fehlt.[13] Es konnten auch alle Fragmente plaziert werden.
Trotzdem leidet das Verständnis des Textes an manchen Stellen, weil
von den Seiten 123-128 und 145-147 jeweils fast eine ganze Seiten-
hälfte, entweder mit dem Anfang oder dem Ende der Zeilen, fehlt.
Auch die Seiten 120-122, 129-132, 137/8 und 143/4 weisen größere
Lücken auf. Nur auf den Seiten 133-136 und 139-142 [14] sind die Lücken
so klein, daß sie mit großer Wahrscheinlichkeit ergänzt werden können.
Der Titel des Traktates steht am Anfang und Ende des Textes [15]
und lautet gleichlautend ΠΔΙΑΛΟΓΟC ΜΠCⲰΤΗⲢ "der Dialog des
Soter". Er ist somit der einzige gnostische Text, der sich *Dialog*
nennt, obwohl Dialoge in vielen gnostischen Schriften [16] enthalten

---

[12] VIII, 1-2; IX, 1-3 u. X, 1-2; vgl. inzwischen die Bemerkungen des Berliner
Arbeitskreises für koptisch-gnostische Schriften, in: *Gnosis und Neues Testament*,
aO. 65ff; vgl. ferner die Aufsätze zu VIII, 1 (J. H. Sieber, An Introduction to the Tractate
Zostrianos from Nag Hammadi, in: *NT* 15 (1973), 233-40 [vgl. dazu die Stellungnahme
von F. Wisse, Die Sextus-Sprüche und das Problem der gnostischen Ethik in: *Göttinger
Orientforschungen*. Veröffentlichungen des Sonderforschungsbereichs Orientalistik an
der Georg-August-Universität Göttingen VI. Reihe: Hellenistica Bd 2, Wiesbaden 1975,
59ff.]; zu VIII, 2: M. Krause, Die Petrusakten in Codex VI von Nag Hammadi, in:
Essays on the Nag Hammadi Texts in Honour of Alexander Böhlig (= NHS III), Leiden
1972, 42ff.; zu IX, 1 u. 3 vgl. B. A. Pearson, Anti-Heretical Warnings in Codex IX from
Nag Hammadi, in: *Essays on the Nag Hammadi Texts in Honour of Pahor Labib*, aO.
145-154; zu IX, 3 vgl. ferner B. A. Pearson, Jewish Haggadic Traditions in the Testimony
of Truth from Nag Hammadi (CG XI, 3), in: *Ex orbe religionum: Studia Geo Widengren
oblata* ... Pars prior (Supplements to Numen XXI), Leiden 1972, 457-70; S. Giversen,
Solomon und die Dämonen, in: *NHS* 3, 1972, 16-21 und K. Koschorke, Die Polemik
der Gnostiker gegen das kirchliche Christentum. Skizziert am Beispiel des Nag-Hammadi-
Traktates "Testimonium Veritatis" in diesem Bande 43-49.

[13] F. Wisse, Nag Hammadi Codex III: Codicological Introduction in: *NHS* VI,
aO. 225-38, 231. Wie mir F. Wisse am 17.2.1976 mitteilte, ist er im Dezember 1975 zu
teilweise neuen Erkenntnissen über den Codex gekommen, die mehrfach von den Aussagen des oben genannten Artikels abweichen. Seine Aussagen zu den Seiten 120-147, auf
denen der *Dialog des Soter* aufgeschrieben war, bleiben davon aber unberührt.

[14] Vgl. die Abbildungen der Seiten in: *The Facsimile Edition of the Nag Hammadi
Codices* ... ,Codex III, Leiden 1976.

[15] III, 120,1 und 147,21 (?). Da der obere Seitenrand nicht erhalten ist, kann die
Anzahl der Zeilen auf dieser Seite nicht mit Sicherheit ermittelt werden.

[16] K. Rudolph behandelte in seinem Aufsatz Der gnostische "Dialog" als literarisches
Genus (in: *Probleme der koptischen Literatur*, hrsg. vom Institut für Byzantinistik der
Martin-Luther-Universität Halle-Wittenberg bearbeitet von P. Nagel, Halle 1968,
85-107) das *Evangelium der Maria*, das *Apokryphon des Johannes*, die *Paulus*- u. (1).

sind : in Evangelien (dem *Evangelium der Maria*, dem *Thomasevange-
lium*, dem *Thomasbuch*, dem *Apokryphon des Johannes*), in Apoka-
lypsen (der *Paulus*- und (1). *Jakobusapokalypse*), ferner im *Brief des
Petrus an Philippus*, in den *Akten des Petrus und der 12 Apostel*, der
Sophia Jesu Christi, der *Hypostase der Archonten*, sowie in der *Pistis
Sophia* und den beiden *Büchern Jeu*. Dialoge sind auch in den herme-
tischen Schriften von Codex VI und im Corpus hermeticum enthalten.[17]
Sie waren in der klassischen Antike und im alten Orient sehr verbreitet.[18]
Umstritten ist nur, ob unsere gnostischen Schriften zu den Dialogen
oder zur Erotapokriseis-Literatur gehören. Während Dörries [19] sie zur
letzteren Gruppe rechnet, möchte Rudolph [20] sie zu den Dialogen
rechnen, weil die ihm 1967 bekannten eine Rahmenerzählung besitzen.
Unser Text aber besitzt keine Rahmenhandlung, wie wir noch sehen
werden.

Wir wollen hier

I. den Aufbau der Schrift untersuchen, ihn

II. mit dem anderer gnostischer Schriften vergleichen und

III. den Inhalt kennenlernen und dabei auf Parallelen in anderen
gnostischen Schriften hinweisen. Aus Zeitgründen können nur
einige Parallelen genannt werden.

I. *Der Aufbau*

Die Schrift enthält keine Rahmenhandlung an ihrem Anfang oder
Ende. Auf den Titel folgt sogleich eine längere Rede des Soter an seine
Jünger, sie schließt auch mit einer Rede Jesu. An diese lange Eröff-
nungsrede — sie umfaßt fast 5 Seiten (S. 120, 2 - 124, 22) und enthält

---

Jakobusapokalypse, die *Sophia Jesu Christi*, die *Pistis Sophia*, die beiden *Bücher Jeu*
und für die Manichaica die *Kephalaia*. Er berücksichtigte nicht das *Thomasevangelium*
und die *Hypostase der Archonten*, wahrscheinlich deshalb, weil die Dialoge nur einen
kleinen Teil der Schriften einnehmen. Die übrigen Texte waren ihm 1968 noch unzugänglich. Seine Untersuchung muß noch auf das gesamte koptische Textmaterial aus-
gedehnt werden.

[17] Vgl. H. Dörries, Erotapokriseis, in : *RAC* 6, 1966, 346f.; Rudolph, aO. 88 u. 104.
(Belege bei Rudolph, aO. 104 A. 37).

[18] Vgl. A. Hermann u. G. Bardy, "Dialog" in : *RAC* 3, 1957, 928-955; M. Hoffmann,
Der Dialog bei den christlichen Schriftstellern der ersten vier Jahrhunderte, Berlin 1966
(= TU Bd 96).

[19] H. Dörries, Erotapokriseis, in : *RAC* 6, 1966, 348.

[20] Rudolph, aO. 89 : "Ihre bloße Einordnung unter die Erotapokriseis-Literatur
wird ihnen nicht gerecht, da ihnen der Rahmen, der für die Dialogform charakteristisch
ist und in der (fiktiven) Situationsschilderung des Gesprächs besteht, niemals fehlt".

auch ein an den Vater gerichtetes Gebet (S. 121, 5 - 122, 1), das der
Soter seinen Jüngern analog zum Vaterunser im NT zu beten empfiehlt
— schließt sich der eigentliche Dialog auf S. 124, 23 - S. 147 an. 47
mal spricht ein Jünger oder Maria Magdalena, Christus antwortet.
An vier Stellen [21] sind infolge des schlechten Erhaltungszustandes die
Namen der Gesprächspartner Jesu nicht erhalten. An den verblei-
benden 43 Stellen sprechen 5 mal "die Jünger",[22] 2 mal "alle" bzw.
"sie",[23] 10 mal Matthäus,[24] 14 mal Judas,[25] 12 mal Maria Magdalena.[26]
Matthäus stellt die erste Frage (124,24 - 125,1), dann wechseln die
Gesprächspartner. Nur selten spricht derselbe Redner mehrfach
nacheinander : so je zweimal Matthäus (Nr. 11 - 12 u. 29 - 30), dreimal
die Maria Magdalena (Nr. 26 - 28) und viermal Judas (Nr. 18 - 21).
Auch Jesus gibt dreimal zwei Antworten auf eine Frage.[27] Nur sechsmal
stellen die Gesprächspartner Jesu *keine* Frage : Judas zweimal;[28]
"sie alle" einmal,[29] Maria Magdalena zweimal [30] und Matthäus einmal.[31]
Einmal kündigt Maria eine Frage an, die dann aber nicht gestellt und
nicht beantwortet wird : "Ein einziges Wort will ich den Herrn fragen
das Geheimnis der Wahrheit betreffend, in dem wir uns hingestellt
haben und wir den Weltlichen ($\kappa o \sigma \mu \iota \kappa \acute{o} \nu$) offenbar sind".[32]
Danach sprechen Judas und [33] Matthäus : "Wir wollen wissen ..."

[21] 128,12 (Nr. 7); 144,2 (Nr. 40); 145,24 (?) (Nr. 46); 146,12 (Nr. 47).

[22] 126,6 (Nr. 3); 136,10 (Nr. 15); 139,13f. (Nr. 23); 141,19f. (Nr. 32); 142,24 (Nr. 37).

[23] "Sie alle" 137,11f. (Nr. 17); "sie" 142,16 (Nr. 35).

[24] 124,23 (Nr. 1); 126,11 (Nr. 4); 128,23 (Nr. 8); 132,5f. (Nr. 11); 132,12f. (Nr. 12);
139,20f. (Nr. 24); 141,3 (Nr. 29); 141,6f. (Nr. 30); 142,9 (Nr. 34); 144,17 (Nr. 43). vgl.
auch S. 23 u. A. 75.

[25] 125,4 (Nr. 2); 127,19 (Nr. 6); 129,16 (Nr. 9); 132,19f. (Nr. 13); 135,7 (Nr. 14);
138,2 (Nr. 18); 138,6 (Nr. 19); 138,11 (Nr. 20); 138,20 (Nr. 21); 140,9f. (Nr. 25); 142,4
(Nr. 33); 143,11 (Nr. 39); 144,12 (Nr. 42); 145,3 (Nr. 45).

[26] Viermal wird dabei ihr Name ⲘⲀⲢⲒϨⲀⲘ geschrieben : 126,17f. (Nr. 5); 139,8
(Nr. 22); 144,5f. (Nr. 41); 144,22 (Nr. 44); achtmal ⲘⲀⲢⲒϨⲀⲘⲘⲎ : 131,19 (Nr. 10);
137,3f. (Nr. 16); 140,14f. (Nr. 26); 140,19 (Nr. 27); 140,23 (Nr. 28); 141,12 (Nr. 31);
142,20 (Nr. 36); 143,6 (Nr. 38).

[27] Nach Nr. 2 (125,10 u. 17 : ⲠⲈⲬⲀϤ ⲚϬⲒ ⲠⲬⲞⲈⲒⲤ (bzw. ⲠⲤⲰⲦⲎⲢ);
Nr. 17 (137,12 : ⲠⲈⲬⲀϤ ⲚⲀⲨ, 137,15 : ⲠⲀⲖⲒⲚ ⲠⲈⲬⲀϤ) und Nr. 46 (146,1
u. 9 : ⲠⲈⲬⲈ ⲠⲬⲞⲈⲒⲤ).

[28] 129,16ff. (Nr. 9) u. 138,11 (Nr. 20).

[29] 137,11f. (Nr. 17) : sie bitten um Belehrung.

[30] 139,8ff. (Nr. 22) und 142,19ff. (Nr. 36).

[31] 144,17ff. (Nr. 43) : er wiederholt die Aussage Jesu.

[32] 143,6 - 19 (Nr. 38).

[33] Der Text ist 143,11 wegen der 1. Person Pluralis ⲦⲚ wohl zu verbessern : statt
ⲘⲘⲀⲐⲐⲀⲒⲞⲤ "zu Matthäus" lies ⲘⲚ ⲘⲀⲐⲐⲀⲒⲞⲤ "*und* Matthäus", obwohl

(143,11 ff.). Je einmal fragt auch Maria Magdalena die Jünger [34] und zweimal spricht Judas zu Matthäus (135,7f. u. 145,3). Nur dreimal wird gesagt, daß Jesus gefragt wird - kopt. ϫⲛⲟⲩ-.[35] Es heißt immer ⲡⲉϫⲉ-NN "es *sprach* NN" bzw. "er (sie) sprach", "sie sprachen".[36] Die verwandten Fragepronomina zeigen an, daß an Jesus Fragen gestellt werden : 17 mal [37] wie ? 4 mal [38] weshalb ? 9 mal [39] wer ? 4 mal [40] wo ? und 2 mal [41] woher ?

Der Dialog wird mehrfach durch Handlungen unterbrochen, zuerst S. 131,16-18 : nach den ersten neun Fragen und Antworten wirft sich Judas nieder, verehrt und preist den Herrn wegen seiner Reden.[42] Dieser Vorgang ist uns besonders aus der *Pistis Sophia* [43] bekannt.[44] Nach der 13. Frage (S. 132, 23 - 133, 1) nimmt Jesus zur Erklärung seiner Rede einen Stein in die Hand. Nach dem Ende seiner langen Ansprache (S. 133, 1 - 134, 23) handeln die Jünger (134, 24 - 136, 5) : Judas sieht einen sehr hoch gelegenen Platz und die Unterwelt und fragt Matthäus. S. 136,1 - 5 klingt wie das Ende einer Schrift : "Da wunderten sich die Jünger über alles, was er ihnen gesagt hatte. Sie nahmen sie (d.h. seine Worte) gläubig an und erkannten, daß es also nicht nötig ist, die Schlechtigkeit (κακία) zu sehen". Das Gespräch wird aber fortgesetzt : "dann (τότε) sprach er zu seinen Jüngern" (S. 136, 5f.). Einige Zeilen später (S. 136, 17ff.) wird es durch eine Vision unterbrochen : zwei Geister tragen eine Seele. An die Vision schließen (S. 136,22ff.) dann wieder Reden und Fragen an. Auffallend ist die Anhäufung von τότε "dann" auf den Seiten 134 Ende bis 137 Mitte : "dann sprach er zu ihnen" (135,15), "dann wunderten sich die Jünger"

---

auch 135,7f. (Nr. 14) und wohl auch 145,3 (der Text ist nicht vollständig erhalten) Judas zu Matthäus spricht.

[34] 131,19ff. (Nr. 10).

[35] 128,23 fragt Matthäus (Nr. 8); 142,24 fragen seine Jünger (Nr. 37); 143,7 will Maria fragen (Nr. 38).

[36] ⲡⲉϫⲉ- 135,7 u.ö., ⲡⲉϫⲁϥ 120,2 u.ö., ⲡⲉϫⲁⲥ 126,17 u.ö., ⲡⲉϫⲁⲩ 136.11 u.ö. Das Verbum ⲡⲉϫⲉ- wird häufiger als ϫⲱ verwendet.

[37] Je einmal ⲁϣ ⲧⲉ (142,5); ⲁϣ ⲡⲉ (142,16); ⲁϣ ⲛ̄ⲙⲓⲛⲉ ⲛⲉ (143,12f.); 12mal (ⲛ̄)ⲁϣ ⲛ̄ϩⲉ (124,24; 132,22; 134,2. 10. 15. 20. 21-22; 138,21; 139,21-22; 141,7; 144,6. 15; zweimal πῶς (134,13; 138,2).

[38] ⲉⲧⲃⲉ ⲟⲩ : 135,15-16; 140,10. 15-16; 141,3.

[39] ⲛⲓⲙ : 126,7. 13; 135,8; 136,13. 15; 138,7; 139,2; 146,14. 15.

[40] ⲧⲱⲛ : 125,8; 128,14. 15; 131,21.

[41] ⲉⲃⲟⲗ ⲧⲱⲛ : 126,19. 20.

[42] "Als Judas aber das hörte, warf er sich nieder, verehrte und pries den Herrn".

[43] PS 8,16; 21,4; 22,2; 29,3 u.ö.

[44] Vgl. auch VI,1 (9,19f.).

(136,1), "dann sprach er zu seinen Jüngern" (136,6), "dann priesen alle seine Jünger ihn" (136,10), "dann sprachen sie alle zu ihm" (137,11).

Bei der Untersuchung des *Briefes des Petrus an Philippus* in Codex VIII haben Theofried Baumeister, Gerard Luttikhuizen und ich festgestellt,[45] daß τότε verschiedene literarische Einheiten miteinander verbindet. Diese Feststellung scheint auch auf den "Dialog des Soter" zuzutreffen. In Seite 136,17 ist überdies unklar, wer das Subjekt von "er sah" ist. Vor dieser Stelle "priesen alle seine Jünger ihn und sprachen" (136, 10ff.), danach (S. 136, 21) spricht der Menschensohn. Hier scheint also zumindest *eine* literarische Nahtstelle vorzuliegen. Dafür spricht auch der Umstand, daß im vorderen Teil des Dialogs die Reden Jesu im allgemeinen [46] lang sind, im hinteren Teil aber kürzer wie in einem echten Dialog. Abgesehen von der bereits genannten langen Rede Jesu am Anfang des Traktates, die fast fünf Seiten umfaßt, sind zwei weitere längere Reden Jesu zu nennen: seine 9. Rede (129,20 - 131, 16) und seine 13. (133, 3 - 134,23). Während die erstere ein kosmogonisches Bruchstück bietet — sie beginnt mit den Worten: "als der Vater die Welt aufrichtete" (129,20ff.) —, bietet die letztere nach einem weiteren kosmogonischen Bruchstück [47] ein parallel aufgebautes Textstück über die Erkenntnis (S. 133,21 - 134,4): Es beginnt mit einem substantivierten Relativsatz ΠΕΤCOOYN, fortgesetzt durch ΕΡϢΑΤΜΟΥΑ "wenn einer nicht" (133,23), dem sich 4 mal [48] ΕΡΤΜΤΕΟΥΑ anschließt. Den Abschluß bilden vier negierte substantivierte Relativsätze: ΠΕΤCOOYN ΑΝ (134,14), ΠΕΤΕΝΕϤCOYN- [ΑΝ] (134,16), ΠΕΤΕ Ν̄ΝΕϤCOYN- (134,17f.) und ΠΕΤΕ ΝϤΝΑΕΙΜΕ ΑΝ (134,19f.). Den Inhalt dieser literarischen Einheit werden wir bei der Besprechung des Inhaltes des Traktates noch kennenlernen.

Bevor wir den Aufbau des "Dialogs des Soter" mit dem anderer gnostischer Schriften vergleichen, fassen wir das Ergebnis unserer Untersuchung zusammen:

1. Die Schrift besitzt *keine* Rahmenhandlung an ihrem Beginn.
2. Sie enthält Dialoge, überwiegend Fragen und direkte Antworten auf diese Fragen.

---

[45] Die Ergebnisse werden in der Publikation dieses Textes (mit Übersetzung und Kommentar) vorgelegt.

[46] Vgl. z.B. 120,2 - 124,22; 125,10 - 126,5; 126,21 - 127,19; 127,22 - 128,11; 129,3 - 16; 129,20 - 131,16; 133,1 - 134,23.

[47] 133,10f. "er ist es, der die Welt aufgerichtet hat" bezieht sich auf S. 129,20f.

[48] 134,1.5.8.11.

3. Der Dialog wird durch Handlungen unterbrochen.
4. Der Text wird *nicht* durch eine Rahmenhandlung abgeschlossen.

II. *Vergleich mit anderen gnostischen Schriften*

Vergleichen wir den *Dialog des Soter* mit anderen christlich-gnostischen Schriften, dann zeigen sich sowohl Übereinstimmungen als auch Abweichungen von diesen Texten. Betrachten wir fünf andere gnostische Schriften, die in nennenswertem Umfang Dialoge enthalten :

den *Brief des Petrus an Philippus.* Er besitzt
1) eine sehr lange Rahmenhandlung,[49]
2) 6 Fragen, die aber von den Aposteln (VIII 134, 18ff.) en bloc gestellt und danach von einer Stimme aus dem Licht (135, 3ff.) beantwortet werden. Abschließend (137, 13ff.) stellen die Apostel eine 7. Frage, die ihnen ebenfalls (137, 17ff.) beantwortet wird.[50]
3) Er enthält viele Handlungen [51] und
4) eine Rahmenhandlung (140,22 - 26) : die Apostel brechen in die vier Himmelsrichtungen auf, um das Evangelium zu verkünden.

Die *Sophia Jesu Christi* [52] enthält
1) eine Rahmenhandlung (BG 77, 8 - 79, 9),
2) Fragen und Antworten (BG 79, 9 - 127, 16) ,aber
3) keine Handlungen und
4) eine Rahmenhandlung : den Aufbruch zur Verkündigung (BG 126,17 - 127,10).

---

[49] Der Traktat ist aus mehreren Quellen zusammengesetzt und enthält viele Rahmenhandlungen. Die Rahmenhandlung am Anfang reicht von 132,12 bis mindestens 133,17 (Brief des Petrus an Philippus, Gang des Philippus zu Petrus, Versammlung der übrigen Jünger durch Petrus, Gang zum Oelberg); falls das Gebet noch hier zuzurechnen ist, sogar bis 134,18. Vgl. die S. 19 A. 45 genannte Arbeit.

[50] Auch die Jünger unterhalten sich miteinander (138,11ff.), es werden auch Reden des Petrus (138, 18ff.; 139, 10ff.) mitgeteilt und ebenfalls weitere Reden Jesu (138,22ff.; 140,16ff.).

[51] Abgesehen von dem Geschehen in der Rahmenhandlung am Anfang und Ende der Schrift und den Reden, die ihrerseits von Handlungen umgeben sind, sind zu nennen : 138,3ff. Entrückung Jesu bei Blitz und Donner, Dank der Apostel, Gang nach Jerusalem. 139,4ff. Gang zum Tempel, Verkündigung und Heilung vieler Menschen. 140,6ff. Die Jünger werden voll des Heiligen Geistes und heilen, trennen sich zur Wortverkündigung, versammeln sich wieder, Jesus erscheint ihnen.

[52] Vgl. auch M. Krause, Das literarische Verhältnis des Eugnostosbriefes zur Sophia Jesu Christi, in : *Mullus. Festschrift Theodor Klauser*, Münster 1964, 214-223, bes. 218ff.; Rudolph, aO. 90ff.

Das *Evangelium der Maria* ist bekanntlich am Anfang schlecht erhalten.[53] Daher wissen wir nicht, ob es

1) eine Rahmenhandlung besaß. Es enthält aber
2) Dialoge [54] und
3) Handlungen [55] und
4) den Aufbruch der Jünger zur Verkündigung.[56]

Das *Thomasevangelium* enthält

1) eine Rahmenhandlung (II 32,10 - 12),
2) Dialoge, aber im Gegensatz zum *Dialog des Soter* ist es kein echter Dialog, denn Jesus spricht viel häufiger als er von den Jüngern gefragt wird.[57] Es enthält aber
3) auch Handlungen, [58] jedoch
4) keine Rahmenerzählung am Ende.

Das *Thomasbuch* schließlich enthält

1) eine Rahmenhandlung (II 138,1 - 4),
2) Dialoge : zwischen Jesus und Thomas.[59] Oft aber wendet sich Christus an eine Mehrzahl von Hörern,[60] was deutlich macht, daß diese Dialoge künstlich sind. Sie variieren auch sehr in ihrer Länge [61] und ihr Inhalt ist nicht systematisch geordnet, wie auch in unserem Dialog. Das Thomasbuch besitzt weder

---

[53] Es fehlen die Seiten BG 1 - 6, dann auch die Seiten 11 - 14.

[54] Die Dialoge reichen von der ersten erhaltenen Seite, Seite 7, bis Seite 9,4; von 9,6 - 17,7; 17,10 - 22; 18,2 - 21.

[55] BG 9,5f. Jesus geht weg, die Jünger sind traurig. Maria erhebt sich und spricht. 17,7f. Maria schweigt. 18,1f. Maria weint.

[56] BG 18,21ff.

[57] Nur einmal, in Logion 6, wird ausgesagt, daß die Jünger Jesu fragten (ⲀⲨⲰⲚⲞⲨϤ ⲚϬⲒ ⲚⲈϤⲘⲀⲐⲎⲦⲎⲤ II 33,14). In allen anderen Logien, in denen Jünger sprechen, heißt es stereotyp - wie im *Dialog des Soter* - ⲠⲈⲬⲈ NN; bzw. ⲠⲈⲬⲀϤ ⲚϬⲒ NN. Gesprächspartner Jesu sind die Jünger (Log. 12. 18. 20. 99), seine Jünger (Log. 24, 37. 43. 51 - 53. 113), "sie" (Log. 91. 104), Simon Petrus (Log. 13 u. 114), Matthäus (Log. 13), Thomas (Log. 13), Maria (Log. 21) und Salome (Log. 61).

[58] Vgl. Logion 13 (II 35,7ff.), 60. 72 und 100.

[59] II 138,4 - 145,16 Jesus spricht zwölfmal, Thomas elfmal.

[60] In der 2. bis 8. und 12. Rede Jesu werden mehrere Personen angesprochen, Thomas spricht in seiner 2. bis 8. u. 11. Rede Jesus in der 2. Person Pluralis an. Diese Formulierungen widersprechen der Rahmenhandlung, nach der das Gespräch nur zwischen Jesus und Thomas stattfindet, vgl. auch *Die Gnosis*, 2. Band. Koptische und mandäische Quellen, aO. 137f.

[61] Vgl. aO. 137.

3) Handlungen noch
4) eine Rahmenzählung am Ende des Traktates.

Fassen wir das Ergebnis unseres Vergleiches zusammen :

1) Eine Rahmenhandlung fehlt nur im *Dialog des Soter,* in allen übrigen Schriften ist sie enthalten.
2) Ein Dialog ist in allen Texten enthalten. Im *Thomasevangelium* ist es kein echter Dialog, im *Thomasbuch* ein künstlicher, ebenso in der *Sophia Jesu Christi,* wie ein Vergleich mit dem *Eugnostosbrief* gezeigt hat.[62] Im *Brief des Petrus an Philippus* wurden die Fragen en bloc gestellt und beantwortet, der Dialog im *Evangelium der Maria* steht in diesem Punkt unserem "Dialog" am nächsten.
3) Handlungen enthalten nur das *Thomasevangelium,* das *Evangelium der Maria* und der *Brief des Petrus an Philippus.* Sie fehlen im *Thomasbuch* und in der *Sophia Jesu Christi.*
4) Eine Rahmenhandlung am Ende des Traktates, den Aufbruch zur Verkündigung, enthalten das *Evangelium der Maria,* die *Sophia Jesu Christi* und der *Brief des Petrus an Philippus.* Nur im *Thomasbuch* und *Thomasevangelium* fehlt sie wie im *Dialog des Soter.*

Wie wir sehen, ist keiner der betrachteten Traktate so aufgebaut wie der *Dialog des Soter.* Die meisten Übereinstimmungen zeigten sich beim *Thomasevangelium* : drei von vier möglichen Übereinstimmungen, gefolgt vom *Thomasbuch,* dem *Evangelium der Maria* und dem *Brief des Petrus an Philippus* mit je zwei Übereinstimmungen, und den Schluß bildet die *Sophia Jesu Christi* mit einer einzigen Parallele, dem Dialog.

III. *Der Inhalt des Dialogs des Soter.*

Betrachten wir nun den Inhalt des Dialogs. Wie wir schon bei der Besprechung des Aufbaus des Traktates gehört haben, findet das Gespräch zwischen Jesus und seinen Jüngern und Maria Magdalena statt. Christus wird aber nie "Christus" oder "Jesus" genannt, sondern im Titel und in den erzählenden Teilen immer nur "Soter"[63] und ϫⲟⲉⲓⲥ "Herr",[64] in den Gesprächen von den Jüngern einmal mit "Meister" (ⲡⲥⲁϩ = gr. *διδάσκαλε* : 142,25) und sonst mit "Herr"

[62] Vgl. S. 20 A. 52.

[63] 120,1.2; 125,1.18; 147,23.

[64] 125,10; 126,21; 127,22; 128,16 u.ö. Ausnahme : ⲡⲥⲁϩ ⲡϫⲟⲉⲓⲥ (143,2f.).

(ⲡⲭⲟⲉⲓⲥ [65] = gr. κύριε, 125,4ff.) angesprochen. Der Verfasser unseres Traktates folgt also dem Sprachgebrauch im NT. Gesprächspartner Jesu sind — wie 8 mal [66] gesagt wird, — "die" oder "seine Jünger". Ihre Zahl wird nur einmal genannt "seine 12 Jünger" (142,24-5). Namentlich genannt werden aber nur Matthäus, Judas und Maria Magdalena. Auch auf unseren Text trifft also zu, daß Personen, die im NT mehr im Hintergrund stehen, in den gnostischen Texten eine führende Rolle spielen.[67]

Matthäus begegnet im koptisch-gnostischen Schrifttum mehrfach: in der *Pistis Sophia*,[68] im *1. Buch Jeu*,[69] in der *Sophia Jesu Christi*,[70], im *Thomasevangelium* [71] und im *Thomasbuch*.[72] Wohl in Angleichung an die Zuweisung eines Evangeliums im NT an ihn wird er auch zweimal in den gnostischen Texten als Schreiber eines Evangeliums bezeichnet: in der *Pistis Sophia* schreibt er zusammen mit Philippus und Thomas die Worte Jesu auf [73] und nach der Rahmenhandlung des *Thomasbuches* schreibt er als Ohrenzeuge des Gespräches zwischen Jesus und Judas Thomas diesen Dialog, diese geheimen Reden, nieder.[74] Wie wir bereits hörten, spricht er 10 mal [75] in unserem Dialog mit dem Soter und wird einmal von Christus wegen seiner Frage gelobt: "Du fragst mich eine Sache, die kein Auge gesehen hat und die ich auch (noch) nicht gehört habe, außer von dir" (140,1-4). Einmal [76] spricht er mit Judas, der ihn zweimal [77] anspricht. Jesus spricht ihn einmal (S. 132,10) mit "Bruder Matthäus"[78] an, ebenso wie er die Jünger

---

[65] 125,4; 126,18; 127,20; 128,12f. u.ö.

[66] 120,2; 126,6; 136,1-2. 6.10; 137,2; 139,13-14; 141,19-20.

[67] Vgl. auch die Übersicht der Gesprächspartner Jesu in den von K. Rudolph untersuchten gnostischen Traktaten bei Rudolph, aO. 93f.

[68] PS 71,20; 72,13.20; 88,4; 90,1; 157,4.10; 161,22. 23.

[69] C. Schmidt, *Gnostische Schriften in koptischer Sprache aus dem Codex Brucianus*, Leipzig 1892, 46 Z. 8.

[70] BG 82,19; 93,13.

[71] Log. 13 (II 34,34f.).

[72] II 138,2f in der Schreibung ⲙⲁⲑⲁⲓⲁⲥ. Im *Evangelium der Maria* wird er ⲗⲉⲅⲉⲓ (BG 18,6) genannt.

[73] PS 71, 20ff.

[74] II 138,2f.

[75] 124,23 (Nr. 1); 126,11 (Nr. 4); 128,23 (Nr. 8); 132,5f. (Nr. 11); 132,12f. (Nr. 12); 139,20f. (Nr. 24); 141,3 (Nr. 29); 141,6f. (Nr. 30); 142,9 (Nr. 34); 144,17 (Nr. 43).

[76] 143,11 vgl. auch S. 24 A. 85.

[77] 135,8 u. 145,3.

[78] Im *Thomasbuch* redet Christus den Thomas mit "Bruder" an (II 138,4), in der (1.) *Jakobusapokalypse* wird Jakobus vom Herrn "mein Bruder" genannt (V 24,14).

(120,3f.) als "Bruder" und Maria Magdalena als "Schwester" (131,22) anspricht. Einmal [79] wird er neben Judas und Maria Magdalena genannt.

Das Vorkommen des Judas in unserem Text überrascht, denn er wird in den uns bisher erhaltenen koptisch-gnostischen Texten nie Judas, sondern immer Judas Thomas — so im *Thomasevangelium* [80] und *Thomasbuch* [81] —, oder Thomas [82] genannt. Das bezeugt auch das *Thomasbuch*, wo es heißt (II 142,7f.) : "Judas, den man Thomas nennt". Ihm schrieben die Kainiten [83] eine höhere Gnosis zu. Auch er wird einmal (128,2f.) wegen einer Frage von Jesus gelobt. Insgesamt spricht er 14 mal,[84] am häufigsten von allen Gesprächspartnern Jesu. [85]

Zwölfmal wird die Maria Magdalena genannt. Ihr Name wird 4 mal ⲘⲀⲢⲒϨⲀⲘ [86] und 8 mal [87] ⲘⲀⲢⲒϨⲀⲘⲘⲎ geschrieben. Wegen dieser verschiedenen Schreibung waren sich die Berliner Kollegen,[88] die über unseren Text kurz berichtet haben, im Unklaren, ob hier nicht zwei verschiedene Namen genannt werden. Ein Blick in das gnostische Schrifttum zeigt aber, daß diese Zweifel unberechtigt sind, denn der Wechsel der Schreibung begegnet sowohl in koptischen als auch in griechischen Texten : in der *Pistis Sophia* [89] und im P. Oxyr. 463. [90]

In der *Pistis Sophia* wird ihr Name außerdem noch ⲘⲀⲢⲒϨⲀⲘ ⲘⲀⲅⲀⲀⲎⲎⲚⲎ (199,2) und nur ⲘⲀⲢⲒⲀ (346,4) geschrieben. Die Schreibung ⲘⲀⲢⲒϨⲀⲘ ist noch im *Evangelium der Maria*,[91] in der *Sophia*

---

[79] 134,25.

[80] II 32,11-12.

[81] II 138,2 u. 142,7-8.

[82] In der *Sophia Jesu Christi* begegnet er BG 87,8 u. 106,11, in der PS häufig (PS 71,20 ; 72,12.20 u.ö.).

[83] Vgl. C. Schmidt, *Gnostische Schriften*, a0. 577 (m. Belegen).

[84] 125,4 (Nr. 2) ; 127,19 (Nr. 6) ; 129,16 (Nr. 9) ; 132,19f. (Nr. 13) ; 138,2 (Nr. 18) ; 138,6 (Nr. 19) ; 138,11 (Nr. 20) ; 138,20 (Nr. 21) ; 140,9f. (Nr. 25) ; 142,4 (Nr. 33) ; 144,12 (Nr. 42). Vgl. auch die folgende Anm.

[85] Daneben spricht er noch dreimal : 135,7 u. 145,3 *zu* Matthäus, 143,11 *mit* Matthäus (vgl. S. 23 A. 76). Handelnd wird er noch 131,16f. ; 134,24f. u. 135,4 genannt.

[86] 126,17f. (Nr. 5) ; 139,8 (Nr. 22) ; 144,5f. (Nr. 41) u. 144,22 (Nr. 44).

[87] 131,19 (Nr. 10 : sie fragt die Brüder, d.h. die Jünger) ; 134,25f. wird sie neben Judas und Matthäus genannt ; den Soter fragt sie : 137,3f. (Nr. 16) ; 140,14f. (Nr. 26) ; 140,19 (Nr. 27) ; 140,23 (Nr. 28) ; 141,12 (Nr. 31) ; 142,20 (Nr. 36) und 143,6 (Nr. 38).

[88] *Gnosis und Neues Testament*, a0. 42.

[89] ⲘⲀⲢⲒϨⲀⲘ PS 26,12 u.ö. ; ⲘⲀⲢⲒϨⲀⲘⲘⲎ PS 346,9 u.ö.

[90] Vgl. Puech bei *Hennecke-Schneemelcher*, a0. I, 252. C. Schmidt, *Gespräche Jesu mit seinen Jüngern nach der Auferstehung*, Leipzig 1919 (Neudruck : Hildesheim 1967), 239f.

[91] BG 9,12.20 ; 10,1.7 ; 17,7 ; 18,1 ; 19,5.

Jesu Christi [92] und im *Thomasevangelium* [93] belegt. Im *Philippus-evangelium* wird sie sowohl ΜΑΡΙΑ ΤΜΑΓΔΑΛΗΝΗ [94] als auch Mag-dalena [95] genannt und als κοινωνός Jesu bezeichnet (II 59,9). Christus redet sie in unserem Text einmal (131,22) mit "Schwester" an und lobt sie wegen ihrer Frage (140,17ff.) : "Du offenbarst die Fülle dem, der belehrt". Ihre Hochschätzung zeigt sich auch darin, daß *sie* und nicht Jesus (139,8ff.) sagt : "Der Arbeiter ist seiner Nahrung würdig und der Jünger gleicht seinem Meister", Aussprüche, die im NT bekanntlich [96] auf Jesus zurückgeführt werden. Diese Aussprüche werden in unserer Schrift kommentiert mit den Worten : "Dieses Wort sagte sie als eine Frau, die das All erkannt hat" (139,12f.). Sie spielt bekanntlich in der *Pistis Sophia* [97] und im nach ihr benannten *Evangelium der Maria* die dominierende Rolle. Daher melden Andreas und Petrus in letzterem Text Zweifel an, ob ihre Worte wirklich auf Jesus zurück-gehen. Maria wird aber von Levi verteidigt (BG 17, 11ff.). Bekanntlich haben die Naassener [98] ihre Geheimlehren auf sie zurückgeführt. Sie soll sie angeblich von Jakobus, dem Bruder Jesu, erhalten haben.

a) *Beziehungen zum NT*

Diese Schrift will eine *christliche* Schrift sein. Das zeigen die in unse-rem Text genannten Personen und inhaltliche Übereinstimmungen bzw. Anklänge an das NT :

Alle genannten Personen kennen wir aus dem NT : die 12 Jünger, die namentlich genannten Jünger Matthäus und Judas, sowie Maria Magdalena.[99] Auch die Bezeichnungen Jesu und seine Tätigkeit sind aus dem NT bekannt : im Gebet an den Vater wird er als "eingeborener Sohn" ΜΟΝΟΓΕΝΗС ΝϢΗΡΕ [100] bezeichnet, im Dialog als "Sohn des Menschen" ϢΗΡΕ ΜΠΡⲰΜΕ (= υἱὸς ἀνθρώπου) durch Maria 131,20f. = Nr. 10), und zweimal (135,16f. ; 136,21) in der Handlung (vgl. Mt 8,20f. u.ö., Mk 2,10).

---

[92] BG 90,1; 117,13.

[93] Log. 21 u. 114.

[94] II 63 (= Taf. 111), 33.

[95] II 59 (= Taf. 107), 8.

[96] Vgl. unten S. 26.

[97] 67 mal wird sie dort genannt, vgl. auch Rudolph, a0. 94 u. A. 19.

[98] Hippolyt, *Ref.* V, 7,1 u. X, 10,1; vgl. auch *Origenes, c. Celsum* V, 6,2 (C. Schmidt, *Gespräche Jesu* a0. 239).

[99] Die 12 Jünger (Mt 10,1 u.ö.), Matthäus (Mt 9,9 u.ö.), Judas (Mt 10,4 u.ö.), Maria Magdalena (Mt 27,56 u.ö.).

[100] 121,6f., vgl. Joh. 3,16.18; 1. Joh. 4,9.

Auch die Anreden Jesu durch seine Jünger mit "Herr" ⲡⲭⲟⲉⲓⲥ = κύριε (Mt 7,21 u.ö.) und ⲡⲥⲁϩ = διδάσκαλε (Mk 9, 38 u.ö.) entsprechen ebenso wie seine Bezeichnung als σωτήρ (Joh. 4, 42 u.ö.) dem neutestamentlichen Sprachgebrauch. Auch seine Tätigkeit, Belehrung [101] der Jünger, entspricht dem NT (vgl. Mk. 9, 31), ebenso die Bitte: "lehre uns beten" (144, 14f. = Nr. 42), vgl. Lk 11,1. Hier beginnen aber auch Abweichungen oder, wenn man will, Interpretationen und Korrekturen am NT: Während bei Lk ein ungenannter Jünger diese Bitte vorträgt (τις τῶν μαθητῶν), ist es hier Judas. Wir haben bereits davon gesprochen, daß Maria Aussagen macht, die im NT auf Jesus zurückgeführt werden: "der Arbeiter ist seiner Speise würdig" (133, 9f.; vgl. Mt 10, 10) und "der Jünger gleicht seinem Meister" (139, 11; vgl. Mt 10, 24). Die im NT oft begegnende Floskel (z.B. Mt 8, 12): "an jenem Ort wird sein Heulen und Zähneklappen" begegnet S. 127,16-18 als Ausspruch Jesu.

Als Anklang an das NT kann wohl das Vorkommen des Senfkorns (144,6f.; vgl. Mt 13,31 u. Par.) gewertet werden und als Nachahmung der Redeweise des Johannes, z.B. Joh 18,37: "Wer aus der Wahrheit stammt, hört meine Stimme" der Satz 140,12: "Wer aus der Wahrheit stammt, stirbt nicht".

Auch die Rede Jesu wird nachgeahmt. 9 mal [102] sagt Jesus "ich aber sage euch" (vgl. Mt 5,22 u.ö.). In unserem Text begegnet nicht die feierliche Formel mit ἀμήν wie im *Thomasbuch* (II 142,27 und 29-30). Christlich ist auch der Glaube, daß Gott die Welt geschaffen hat, wie es Paulus in der Areopagrede Acta 17,24 formuliert.[103] Während in der Gnosis die Welt vom Demiurgen geschaffen wird — im *Apokryphon des Johannes* z.B. heißt er Jaldabaoth [104] — wird zweimal in unserem Text (S. 129,21 u. 145,9) ausgesagt, der Vater habe die Welt ⲧⲁϩⲟ ⲉⲣⲁⲧ = "aufgerichtet". Hier liegt wohl wieder eine Korrektur vor, daß Gott sie nicht geschaffen ἐποίησεν — kopt. ⲧⲁⲙⲓⲟ [105] —, sondern aufgerichtet hat.

---

[101] ⲧⲥⲁⲃⲟ (120,24; 122,2 u. 143,1f.), ⲧⲁⲙⲟ (123,6; 127,3; 137,12; 143,3).

[102] ⲁⲛⲟⲕ ⲇⲉ ϯϫⲱ ⲙ̄ⲙⲟⲥ ⲛⲏⲧⲛ ϫⲉ 120,8-9; 128,1-2; 129,12; 133,13-14; 137,22; 147,19-20; ϯϫⲱ ⲇⲉ ⲙ̄ⲙⲟⲥ ⲛⲏⲧⲛ ϫⲉ 140,4-5; ⲁⲗⲗⲁ ϯϫⲱ ⲙ̄ⲙⲟⲥ ⲛⲏⲧⲛ ϫⲉ 143,21-2; ϯϫⲱ ⲅⲁⲣ ⲙ̄[ⲙⲟⲥ ⲛⲏⲧⲛ ϫⲉ] 147,13-4.

[103] Freie Abwandlung von Jes. 42,5; vgl. auch Gen. 1,1-23 u. E. Haenchen, *Apostelgeschichte* ⁵1965, 459.

[104] Vgl. BG 38,14ff. u. Par.

[105] Acta 17,24: ⲡⲛⲟⲩⲧⲉ ⲡⲉⲛⲧⲁϥⲧⲁⲙⲓⲉ ⲡⲕⲟⲥⲙⲟⲥ.

Weitaus zahlreicher als Übereinstimmungen und Anklänge an das NT sind

b) *die Abweichungen vom NT und damit das gnostische Gedankengut*

Ich versuche im folgenden, die verstreuten Aussagen der Schrift zu ordnen, die kein geschlossenes System, sondern nur Bruchstücke bieten. Bestandteil vieler, wenn auch nicht aller gnostischen Texte, ist eine Kosmogonie wie etwa im *Apokryphon des Johannes*.[106] In unserer Schrift sind nur Bruchstücke einer oder mehrerer Kosmogonien an drei Stellen [107] enthalten. Danach existieren vor der Schöpfung von Himmel und Erde Finsternis, Wasser und Geist über dem [Wasser ? — das Nomen ist nicht erhalten] (127, 20ff.). Gott der Vater richtete die Welt auf (129,20-131,16, leider ist der Text schlecht erhalten). Soviel ist aber deutlich : aus ihm kam der Logos, und auf Erden herrschte kein Mangel : es gab Milch- und Honigquellen, Oel, gute Früchte und gute Wurzeln. Später (S. 144,9ff.) wird gesagt, bei dieser Aufrichtung der Welt sei viel übriggeblieben durch die Mutter des Alls. Ob daraus der Fall der Welt entstand, wird wegen der schlechten Texterhaltung nicht deutlich. Ich vermute es aber, weil ähnliches z.B. im *Brief des Petrus an Philippus* VIII 135,17ff. ausgesagt wird : "Als aber ein Teil übrig blieb, ergriff der Authades davon Besitz, und er wurde zu einem Mangel. Das ist der Mangel der Äonen. Als der Authades nun einen Teil erlangt hatte, besäte er ihn und setzte auf ihm ἐξουσίαι ein".

Unsicher ist auch, ob S. 135,18ff. beim Bericht über ein Samenkorn aus einer Kraft ein Fall vorliegt. Falls die erhaltenen Buchstaben [ ]ΤΑ zu [Ϣ]ΤΑ ergänzt werden können, war dieses Samenkorn fehlerhaft und ging hinab in die Tiefe der Erde. Die Größe des Denkens sandte das Wort (λόγος), das es heraufbrachte, damit das erste Wort nicht nutzlos sei : soweit die Reste der Kosmogonien.

Bei der Aufzählung der inhaltlichen Übereinstimmungen und Anklänge an das NT haben wir bereits Aussagen über die Lehre Jesu und seine Anhänger genannt. Weitaus zahlreicher sind aber die Aussagen gnostischen Inhalts : die Tätigkeit Jesu wird auch als "Öffnen des Weges" (120,24) beschrieben. Auch im *Authentikos Logos* [108] bedeutet der Weg (ϩΙΗ) den Inhalt der gnostischen Lehre. Er will lehren über

---

[106] BG 39,1ff. u. Par.

[107] 127,20ff. (Nr. 6) ; 129,20ff. (Nr. 9) ; 144,9ff. (Nr. 41).

[108] VI 33,1 u. 34,2.21.

den Zeitpunkt der Auflösung (ⲃⲱⲗ ⲉⲃⲟⲗ), d.h. des Todes (122,2ff.),
über das Denken (λογισμός) (123,6ff.), über Licht und Finsternis
(127,4ff.), und die Jünger wollen über die Schau (ὅρασις) (137,12f.) und
die Sorglosigkeit (143,1-2) belehrt werden.

Ihre an Jesus gerichteten Fragen, die nach 131,22ff. nur von *Vollkommenen* [109] gestellt werden können — wegen dieser Fragen waren
sie auch von Jesus gelobt worden, wie wir schon hörten — beziehen
sich auf viele Gebiete. Ich nenne die m. E. wichtigsten in der Reihenfolge, in der sie gestellt werden. Sie gelten dem Sprechen und Hören
(Nr. 4), dem Körper tragen (Nr. 5), dem, was vor Himmel und Erde
existierte (Nr. 6). Sie wollen wissen, was der wahre Nus ist (Nr. 7),
wer vor der Offenbarung pries (Nr. 15). Es wird gefragt, wer uns unsere
Gewänder bringen wird (Nr. 21), was das Pleroma und was der Mangel
ist (Nr. 23), wie die Toten sterben und die Lebenden leben (Nr. 24),
weshalb wegen der Wahrheit getötet wird und man lebt (Nr. 25),
weshalb der Mensch auf die Erde kommt, um Vorteil zu haben oder
um bestraft zu werden (Nr. 26), weshalb wir nicht alle ϩⲓ ⲟⲩⲥⲟⲡ [110]
ruhen (Nr. 29), wie sich der Kleine mit dem Großen verbindet (Nr. 30),
was wir tun sollen, damit unser Werk sich vollendet (Nr. 32), wie der
Anfang des Weges beschaffen ist (Nr. 33), wie der Ort beschaffen ist, zu
dem wir gehen werden (Nr. 35), wie beschaffen die Sorglosigkeit ist
(Nr. 37), wie beschaffen die Gewänder sind, wenn wir aus dem Verderben des Fleisches herauskommen (Nr. 39), ob das Senfkorn vom Himmel oder der Erde stammt (Nr. 41), wie wir beten sollen (Nr. 42).
Diese Aufzählung hat Ihnen gleichzeitig gezeigt, daß die Themen häufig
wechseln. Es liegt keine Stichwortanknüpfung wie im *Thomasevangelium* [111] vor. Nach den Gewändern, die wir tragen, wird beispielsweise
in Frage Nr. 21 und 39 gefragt und Jesus beantwortet die ihm gestellten
Fragen; aber bereits in der Handlung nach der 15. Frage (136,22)
war von den Gewändern gesprochen worden.

Die Worte Jesu gelten nicht allen Menschen, sondern nur den
"Auserwählten" ⲥⲟⲧⲡ (131,24) bzw. ⲥⲱⲧⲡ (120,26 u. 121,20) und
"Einsgewordenen" μοναχοί (120,26). Die Beschränkung der Mission
wird auch im *Thomasbuch* [112] gelehrt. Vom Auswählen der Gnostiker
wird auch im *Thomasevangelium* Log. 23 gesprochen : "Ich will euch

---

[109] Auch das *Thomasbuch* gilt nur den Vollkommenen (II 145,17-19).

[110] ϩⲓ ⲟⲩⲥⲟⲡ kann zweierlei bedeuten : "at one time" oder "together" (Crum,
Dict. 350a).

[111] Vgl. z.B. E. Haenchen, *Die Botschaft des Thomas-Evangeliums*, Berlin 1961, 12f.

[112] II 141,25ff.; vgl. auch das *Thomasevangelium* Log. 33.

auswählen, einen aus 1000, zwei aus 10 000; und sie werden als ein einziger dastehen", vgl. auch Log. 61 : "Zwei werden sich auf einem Bett ausruhen. Der eine wird sterben, der andere wird leben ..." Beide, die μοναχοί und ⲥⲟⲧⲡ, werden auch im *Thomasevangelium* Log. 49 genannt : "Selig sind die Einsgewordenen und Auserwählten, denn ihr werdet das Reich finden, weil ihr daraus seid (und) wieder dorthin gehen werdet". In Log. 75 heißt es : "Viele stehen an der Tür, aber die Einsgewordenen sind es, die ins Brautgemach gehen werden". Wenn wir den Begriff μοναχός von den Aussagen der *Exegese über die Seele* her interpretieren dürfen,[113] dann bedeutet er den vollkommenen Gnostiker, der durch die Wiedervereinigung des gefallenen weiblichen Teiles mit dem männlichen Teil seiner Seele wieder die ursprüngliche Einheit, das Einssein vor dem Fall, erreicht hat. Unter der "Frau" und "Weiblichkeit" wird in unserem Text immer der Unvollkommene verstanden, der noch nicht vollkommen ist. Daher wird die Frau und alles Weibliche abgewertet : Jesus befiehlt (144,15ff.): "betet an dem Ort, an dem keine Frau ist, löst die Werke der Weiblichkeit auf". Demgegenüber wird Maria Magdalena als Frau, die das All erkannt hat (d.h. als Vollkommene) bezeichnet (139,11ff.).

Jesus nennt die Jünger auch "Söhne der Menschen" ϣⲏⲣⲉ ⲛⲛ-ⲣⲱⲙⲉ (133,14, vgl. Eph 3,5) und "Söhne der Wahrheit" ϣⲏⲣⲉ ⲛⲧⲙⲏⲉ (143,19). Sie stammen aus dem Plêrôma (139,16) und halten sich jetzt an dem Ort auf, an dem der Mangel ist. Sie werden wieder, wie in allen gnostischen Texten, an ihren Ursprungsort zurückkehren (133,20f.), den Ort, an dem es weder ἀρχή noch τύραννος (man beachte den griechischen Hintergrund !) gibt (123,1ff.).

Voraussetzung für die Rettung der Menschen ist die *Selbsterkenntnis* (132,16); d.h. das Wissen um den göttlichen Ursprung, die Kenntnis des wahren Wesens aller Dinge, ihrer Wurzeln (134,16). So muß man um die Armut (132,5) und Vergänglichkeit dieser Welt (134,23) und aller irdischen Dinge wissen. Auf Erden gibt es Schlechtigkeit (κακία), am Ort des Lebens dagegen nicht, sondern reines Licht (132,8). Man muß die Wurzel der κακία erkennen, um ihr fremd zu sein (134,18). Wenn Liebe und Güte unter den Archonten wären, gäbe es keine κακία (142,8). Es ist nicht nötig, sie zu sehen (136,5). Dagegen muß man wissen, wie der Körper, den wir tragen, entstanden ist, sonst wird man mit

---

[113] Eine etwas andere Deutung schlagen vor A. F. J. Klijn, The "single one" in the Gospel of Thomas in : *JBL* 81, 1962, 271-278 u. E. Haenchen, Die Anthropologie des Thomas-Evangeliums in : *Neues Testament und christliche Existenz* (*Festschrift H. Braun*), Tübingen 1973, 207-227, 216 u. A.28 (hier weitere Lit.).

ihm zugrunde gehen (134,11ff.). Solange man ihn trägt, kann man nicht den Ort des Lebens sehen (132,6ff.). Der *Authentikos Logos* enthält bekanntlich lange Passagen über den Körper und seine Übergabe (VI 32,16f.). Leider ist die Antwort auf die Frage der Maria Magdalena, *warum* wir den Körper tragen (126,19), so schlecht erhalten, daß sie uns unverständlich ist. Auf ihre weitere Frage (140,15ff.), weshalb wir auf die Erde gekommen sind, um Vorteil zu haben oder bestraft zu werden, antwortet Jesus : "Du offenbarst die Fülle dem, der Belehrung bringt". Die zentralen Aussagen über die Erkenntnis macht das schon genannte, parallel aufgebaute Textstück Seite 133,21 - 134,24 deutlich :

"Wer [nicht] die Sache der Vollkommenheit erkennt, weiß nichts.

Wenn einer sich nicht in der Finsternis aufrichtet, wird er das Licht nicht sehen können.

Wenn einer nicht erkennt, wie das Feuer entstanden ist, wird er in ihm verbrennen, weil er seine Wurzel nicht kennt.

Wenn einer nicht zuerst das Wasser erkennt, weiß er nichts, denn was nützt es, daß er in ihm getauft wird ?

Wenn einer nicht den Wind (ΤΗΟΥ), der weht, kennt, wie er entstanden ist, wird er mit ihm fliehen.

Wenn einer nicht den Körper, den er trägt, kennt, wie er entstanden ist, wird er mit ihm zugrunde gehen.

Wenn einer nicht weiß, wie [   ], wird er nicht den [Objekt] erkennen.

Und : wer nicht die Wurzel aller Dinge erkannte, dem sind sie verborgen.

Wer nicht die Wurzel der Schlechtigkeit erkennen wird, der ist ihr nicht fremd.

Wer nicht erkennen wird, wie er gekommen ist, wird nicht erkennen, wie er gehen wird, und ist der Welt, die [vergehen] und die gedemütigt werden wird, nicht fremd".

Die Parallelen zu diesen Aussagen aufzuführen, würde zu weit führen, da ja in allen gnostischen Texten über Erkenntnis gehandelt wird. Trotzdem möchte ich auf das *Thomasbuch* [114] verweisen, wo die Selbsterkenntnis besonders ausführlich behandelt wird.

An der Erkenntnis werden wir auch von unserem Nus gehindert,

---

[114] II 138,8ff.

er ist "der Schleier des Körpers" (125,18). Wichtig für den Gnostiker ist daher der "wahre Nus" (128,15ff.); man vgl. auch die Aussagen im *Authentikos Logos* über den Nus.[115] Wer zur richtigen Erkenntnis gekommen ist, ist nicht φύσει σωζόμενος, sondern muß dieser Erkenntnis folgend leben.[116] Sein Denken und Handeln muß auf Gott (121,17f.), den "Ort des Lebens" (132,7) ausgerichtet sein. Auch im *Thomasevangelium* Log. 97 wird eine Bewährung des gnostischen "Glaubens" vorausgesetzt. Der Gnostiker muß seine Taten beweinen (126,11ff.), sich von den Kräften dieser Welt lossagen und Buße tun (126,21ff.), wie es z.B. auch in der *Exegese über die Seele* [117] verlangt wird.

Seinen Mitmenschen gegenüber soll er sich durch Liebe und Güte auszeichnen (142,4ff.). Er treibt auch Mission. Es heißt zweimal: "wer sieht, offenbart auch" (126,8 und 142,23). Auch im *Thomasevangelium* Log. 33 heißt es: "Was du mit deinem (einen) und dem anderen Ohr hörst (im *Dialog des Soter* wird dagegen das *Sehen* betont), predigt es von euren Dächern, denn niemand zündet eine Lampe an und stellt sie unter einen Scheffel, noch stellt er sie an einen verborgenen Ort, sondern er setzt sie auf den Leuchter, damit alle, die hereinkommen und die herausgehen, ihr Licht sehen". Mission wird auch im *Gedanken unserer großen Kraft* [118] gefordert.

Im *Dialog des Soter* werden — wie in der *Exegese über die Seele* [119] — nur zwei Sakramente genannt: die Taufe (134,6f.) und das Sakrament des Brautgemaches (138,19f.). Bei der Taufe wird nur auf die Bedeutung des Wassers verwiesen (134,5f.). Vom Brautgemach wird gesagt, daß der, der ins Brautgemach geht, das Licht anzieht (138,19), das Gewand des Lebens (139,4). Zum Anziehen des Lichtes vergleiche man die Aussagen im *Philippusevangelium* II 70 (= Taf. 118),5ff.: "Diejenigen, die das vollkommene Licht angezogen haben, sehen die Kräfte nicht und können sie nicht ergreifen. Einer aber wird das Licht anziehen im Mysterium, in der Vereinigung" und II 76 (= 124), 22ff.: "Nicht nur wird der vollkommene Mensch nicht festgehalten werden können, sondern er wird auch nicht gesehen werden können. Denn, wenn er gesehen wird, wird er festgehalten werden. Auf andere Weise

---

[115] VI 22,24ff.; 28,10ff., 34,22ff.

[116] Dieselbe Forderung finden wir im Thomasevangelium, vgl. E. Haenchen, *Die Anthropologie* a0. 219.

[117] II 135,4ff.; 137,23ff.

[118] VI 40,4 u. 43,2.

[119] Vgl. M. Krause, Die Sakramente in der "Exegese über die Seele", in: *NHS* VII, 1975, 47-55.

wird sich niemand diese Gnade erwerben können, außer er zieht das
vollkommene Licht an und wird selbst vollkommen''.

Aus den Worten (S. 125,11ff.), der Auserwählte stirbt nicht und
geht nicht zugrunde, wiel er seinen σύζυγος erkannt hat, möchte ich
auf einen ähnlichen Vollzug im Brautgemach wie in der *Exegese über
die Seele* schließen : die Wiederherstellung des Zustandes vor dem
Fall der Seele durch die Wiedervereinigung ihrer beiden Teile.

Den irdischen Tod erleiden Gnostiker und Nichtgnostiker. Was
danach kommt, ist für beide verschieden. Der Nichtgnostiker stirbt
ewig : "Wer aus der Frau stammt, stirbt" (140,14). Er kommt zur
Bestrafung in die Tiefe (135,6), wo ein großes Feuer brennt und
Furcht herrscht (135,11) und wo Weinen und Zähneknirschen ist
(127,16). Für den Gnostiker dagegen ist der irdische Tod etwas Posi-
tives, denn dann legt er den Körper ab, das zeitlich begrenzte Gewand,
das sich unter der Herrschaft der Archonten und Verwalter befindet
(143,15ff.). Dann kommt er "aus dem Verderben des Fleisches" (143,15),
läßt er hinter sich seine Mühen und richtet sich in der ἀνάπαυσις auf
(120,4ff.).[120] "Wer aus der Wahrheit stammt, stirbt nicht" (140,13).
Die Auserwählten sterben nicht und gehen nicht zugrunde, denn sie
haben ihren σύζυγος erkannt (125,11ff.). Matthäus wird von Jesus
gelobt, weil er ihn fragt : "wie sterben die Toten und wie leben die
Lebenden" (139,21ff.), denn die Nichtgnostiker sind ja schon tot
und sterben (den zweiten Tod), die Gnostiker aber sind Lebende und
leben weiter. Man vergleiche hierzu die Ausführungen im *Philippusevangelium*, z.B. S. 52 (= Taf. 100), 15ff. : "Ein heidnischer Mensch
stirbt nicht, denn er hat nie gelebt, daß er sterben könnte. Wer an die
Wahrheit geglaubt hat, hat gelebt und ist in Gefahr zu sterben''.

Hier, am Ort des Lebens, ist reines Licht (132,8 - 9). Diesen Ort
kann man nicht sehen, solange man noch das Fleisch trägt. Das ewig
Existierende ist die große Schau (137,10). Sehr häufig wird auf die
Bedeutung des Sehens (ⲚⲀⲨ) hingewiesen. Beim Aufstieg zur ἀνάπαυσις
muß die Seele des Gnostikers noch Gefahren überwinden, die S. 122,4ff.
geschildert werden : "Die erste Kraft der Finsternis wird euch ent-
gegentreten. Fürchtet euch nicht und sprecht : 'Seht, der Zeitpunkt ist
gekommen'." Auch vor den anderen Archonten sollen sich die Jünger
nicht fürchten. Da der Text schlecht erhalten ist, wissen wir nicht,
welche es sind. Im *Evangelium der Maria* (BG 15,1ff.) sind es sieben
ἐξουσίαι, die die Seele passieren muß. Über den Aufstieg der Seelen

---

[120] Vgl. *Authentikos Logos* VI 35,9ff.

berichten auch die 1. *Jakobusapokalypse* [121] und das *2. Buch Jeu* [122].
An diesen Archonten können die Gnostiker vorbeigehen, da sie ihnen
überlegen sind (138,11ff.). Auf S. 136,17ff. wird geschildert, wie zwei
Geister eine Seele tragen. Offensichtlich hat sie die Gefahren bestanden,
und der Sohn des Menschen befiehlt : "Gebt ihnen ihr Gewand, denn
der Kleine ist wie der Große geworden". S. 141,8 verbindet sich der
Kleine mit dem Großen. Ähnliche Aussagen machen auch die *Mandäi-
schen Liturgien* (152,3f.) : wo die Seele bei ihrem Aufstieg zum Lichtort
mit dem Großen vereinigt wird.

Unsere Schrift ist mit vielen gnostischen Schriften verwandt, auf
einige habe ich bereits verwiesen, auf Beziehungen zum *Thomasevangelium*,[123] *Thomasbuch*, zur *Exegese über die Seele*, dem *Authentikos
Logos*, dem *Gedanken unserer großen Kraft*, zum *Philippusevangelium*,
dem *Evangelium der Maria*, der (1). *Jakobusapokalypse*, zur *Pistis
Sophia* und den *Büchern Jeu*. Ich nenne noch den *Brief des Petrus an
Philippus*. Von den sieben Fragen, die die Apostel dort stellen, finden
wir auch drei in unserem Traktat : "Was ist das Plêrôma und was der
Mangel" (III 139,14ff.)[124] und "die Archonten sind uns überlegen
(III 138,12ff.).[125] Umstritten ist dagegen noch das Verhältnis zum
Ägypterevangelium,[126] von dem uns Zitate bei den Kirchenvätern
erhalten sind, nicht dem von Nag Hammadi. Es betrifft vor allem die
Aussagen über die Frau und die Weiblichkeit.[127]

Die in unserer Schrift enthaltenen gnostischen Lehren sind — wie
wir sahen — in sehr vielen anderen gnostischen Texten bezeugt.
Zur Bestimmung der gnostischen Schule, aus der dieser Traktat
stammt, eignen sich m.E. vor allem die genannten Sakramente, besonders das Sakrament des Brautgemaches.[128] Es ist in den Nag Hammadi

---

[121] V 33,2ff.; vgl. auch Rudolph, a0. 99.

[122] C. Schmidt, *Gnostische Schriften*, a0. 99ff.

[123] Auch H.-Ch. Puech (bei *Hennecke-Schneemelcher*, a0. I 174) vermutete Beziehungen
zum *Thomasevangelium*.

[124] VIII 134,21-23 : "Wir wollen den Mangel der Äonen und dein Pleroma kennenlernen".

[125] VIII 137,15-17 : "Belehre uns wie wir mit den Archonten kämpfen sollen, da die
Archonten uns überlegen sind".

[126] H.-Ch. Puech (bei *Hennecke-Schneemelcher*, a0. I 174) vertritt die Auffassung,
daß Logien im *Dialog des Soter* (vgl. die folgende Anmerkung) auch aus dem *Ägypterevangelium* stammen können; vgl. auch *Schneemelcher*, a0. I, 117.

[127] H.-Ch. Puech (a0. I, 174) zitiert für seine These 140,12-14; 143,22-24; 144,16-20
(Die Übersetzung ist z.T. falsch, vgl. S. 13. A. 1).

[128] Vgl. das Quellenmaterial, das H.-G. Gaffron, *Studien zum koptischen Philippus-*

Texten noch im *Thomas* —[129] und *Philippusevangelium*,[130] in der *Exegese über die Seele*,[131] im *Authentikos Logos* [132] und im *2. Logos des großen Seth* [133] bezeugt. Mit diesen Schriften stimmt auch der Inhalt unserer Schrift weithin überein.

Das Sakrament des Brautgemachs ist nach den Berichten der Kirchenväter bei den Valentinianern [134] praktiziert worden. Also muß unsere Schrift zu einer Schule der Valentinianer gehören, die aber wie im *Thomasevangelium* lehrte, daß die wenigen auserwählten Gnostiker nicht φύσει σωζόμενος sind, sondern sich auch ethisch bewähren [135] und Mission treiben sollen.

Wie wir sahen, enthält der Traktat keine Rahmenhandlung, in der sonst Zeitpunkt und Ort des Geschehens mitgeteilt werden. Die Eingangsworte Jesu: "Der Zeitpunkt ist schon gekommen, daß wir unsere Plagen hinter uns lassen und uns in der Ruhe aufrichten" (120,3ff.) deuten auf den Tod Jesu und der Jünger hin. Die Formulierung: "Höre uns, Vater, wie du deinen Sohn erhört hast. Und du hast ihn zu dir genommen und hast ihm bei dir Ruhe von vieler Plage gegeben" (121,5ff.), die im Gebete Jesu an den Vater enthalten ist, spricht dagegen für einen Zeitpunkt *nach* der Himmelfahrt, einen Zeitpunkt, an dem normalerweise die in den gnostischen Texten geschilderten Ereignisse stattgefunden haben sollen.[136]

---

evangelium unter besonderer Berücksichtigung der Sakramente. Diss. Bonn 1969, 191ff. gesammelt hat.

[129] Log. 75.

[130] Gaffron, a0. 199-219 (mit Belegen); Krause, Die Sakramente in der "Exegese über die Seele", a0. 53ff.

[131] Krause, a0. 52ff.

[132] VI 35,11.

[133] VII 57, 14ff.; 66,1ff.; 67,5f.

[134] Vgl. Gaffron, a0. 191-199: Die Brautgemach-Vorstellung in der valentinianischen Gnosis.

[135] Vgl. E. Haenchen, *Die Anthropologie des Thomas-Evangeliums*, a0. 219.

[136] K. Rudolph, a0. 91.

L'*APOCALYPSE D'ADAM* DE NAG HAMMADI

Un essai d'interprétation

PAR

FRANÇOISE MORARD

L'Apocalypse d'Adam telle que nous la restitue la Bibliothèque copte de Nag Hammadi [1] présente certains traits de ce qu'on peut appeler, à la suite d'A. Böhlig,[2] une "polémique anti-baptismale".

C'est sous cet aspect et à compter de la dernière partie du texte qui va de la page 84, ligne 4 du manuscrit jusqu'à la fin, que nous voudrions la considérer ici.

Cette section s'ouvre en effet sur une apostrophe virulente à l'adresse des trois personnages Michev, Michar et Mnésinous, accusés de n'avoir pas su veiller sur l'eau de la vie qui leur était confiée. Elle semble bien opposer un certain baptême, auquel président les trois personnages pris à partie, à un baptême supérieur dont les garants sont trois autres personnages, les Illuminateurs Jesseus, Mazareus, Jessedekeus (85, 23-31).

En fait, ce dernier passage de l'Apocalypse d'Adam comporte deux colophons :

85,19-22a : Voilà les apocalypses qu'Adam révéla à son fils Seth, et son fils les fit connaître à sa semence ;

85,22b-32 : Voilà la gnose des apocryphes d'Adam qu'il a donnée à Seth, c'est-à-dire le baptême saint de ceux qui connaissent la gnose éternelle par les Logogènes et les Phosters indestructibles qui sont sortis de la sainte semence, Jesseus, Mazareus, Jessedekeus...

Ces deux colophons pourraient correspondre aux deux sources que

---

[1] Nous nous référons à l'édition photographique des manuscrits de Nag Hammadi : *The Facsimile edition of the Nag Hammadi Codices*, Codex V, Brill Leiden 1975 ; au texte et à la traduction donnés par A. Böhlig et P. Labib, *Koptisch-gnostische Apokalypsen aus Codex V von Nag Hammadi*, Halle-Wittenberg 1963, ainsi qu'à la traduction de R. Kasser, Bibliothèque gnostique V, Apocalypse d'Adam, *Revue de Théologie et de Philosophie* 5 (1967), p. 316-333.

[2] *Koptisch-gnostische Apokalypsen*, p. 93-95.

C. Hedrick discerne dans notre écrit et qu'un rédacteur plus tardif aurait tenté d'harmoniser.[3]

C'est dans la deuxième source que s'insère le reproche adressé à Michev, Michar et Mnésinous et c'est à elle qu'appartient vraisemblablement aussi le deuxième colophon qui nous intéresse ici.

Michev, Michar er Mnésinous : sont présentés en 84,6-8 comme "préposés au baptême saint et à l'eau vive". Mais il leur est reproché d'avoir souillé cette eau vive (84,18-20) en la soumettant à la volonté des Puissances auxquelles eux-mêmes se sont asservis.

Ce passage est énigmatique, car ces mêmes personnages se retrouvent en d'autres traités gnostiques où ils sont présentés au contraire comme des entités du Bien dont le rôle est positif :

— l'Évangile des Égyptiens (III,64,15-16; IV,76,4 et III,64,20; IV,76,9-10),[4]
— le Traité anonyme du Codex de Bruce (Baynes LXI, Ms. fol. 136 v°; éd. de C. Schmidt TU 8, p. 263, trad. p. 308; trad. Schmidt et Till, p. 362),[5]
— la Protennoia Trimorphe (p. 48, lignes 19-20),[6]

les mentionnent parmi les Puissances du monde supérieur et les associent au baptême et à la source d'eau vive.

Le reproche qui leur est fait dans l'Apocalypse d'Adam est donc étrange.

---

[3] C. W. Hedrick, *The Apocalypse of Adam : a literary and source analysis*, The Society of Biblical Literature, Proceedings 1972, vol. 2, Los Angeles 1972, p. 581-590.

[4] Nous nous référons au texte donné par : *Nag Hammadi Codices*, III, 2 et IV, 2, *The Gospel of the Egyptians*, Nag Hammadi Studies IV, Leiden 1975. Nous utilisons aussi le texte et la traduction publiés par J. Doresse, *Journal asiatique* 254 (1966), p. 317-435, ainsi que le commentaire du même auteur, *Journal asiatique* 256 (1968) p. 289-387. Nous avons consulté également la traduction et le commentaire de A. Böhlig, Göttinger Orientforschungen VI. Reihe, Hellenistica Bd. 1, *Das Aegypterevangelium von Nag Hammadi*, Wiesbaden 1974.

[5] Nous nous référons au texte et à la traduction donnés par C. Schmidt, Texte und Untersuchungen 8, Leipzig 1892, *Gnostische Schriften in koptischer Sprache aus dem Codex Brucianus*, p. 226-314, ainsi qu'à la traduction redonnée par C. Schmidt et W. Till, *Koptisch-gnostische Schriften* 1. Bd., Berlin 1954, p. 335-367. Nous avons utilisé également Charlotte A. Baynes, *A Coptic gnostic Treatise contained in the codex Brucianus*, Cambridge 1933.

[6] Nous avons utilisé le texte et la traduction donnés par Y. Janssens, Le Codex XIII de Nag Hammadi, *Le Muséon* 87 (1974), p. 341-413.

H. M. Schenke et W. Beltz [7] ont tenté d'éluder la difficulté en invoquant une erreur de copiste, ce qui est évidemment toujours possible. Nous préférons cependant, pour notre part, essayer d'interpréter le texte tel qu'il se présente à nous et sans le corriger.

Il faut d'abord remarquer que deux connotations pourraient mettre une sourdine à l'appréciation positive qui est faite de nos trois personnages dans les autres traités gnostiques :

— dans l'Évangile des Égyptiens, Michev, Michar et Mnésinous président à la source d'eau vive, certes, mais par deux fois Jesseus, Mazareus et Jessedekeus, que l'Apocalypse d'Adam leur oppose en 85,20, sont, eux, *identifiés* à l'eau vivante, ⲡⲙⲟⲟⲩ ⲉⲧⲟⲛⳉ (III,64, 10-12 ; IV,75, 25-27 et III, 66, 10-11 ; IV,78, 12-13).

— Le Codex de Bruce dit explicitement de Michev, et Michar qu'ils "ont été purifiés par Barpharangès" (éd. C. Schmidt, TU 8, p. 263),[8] ce qui impliquerait qu'ils ne sont pas purs à l'origine. Or, la notion de pureté joue un rôle important dans l'Apocalypse d'Adam. La caractéristique du Phoster et de ses élus y est précisément, à l'encontre de l'imposteur, celle d'être "pur, non-souillé". La position de l'Apocalypse d'Adam par rapport aux trois personnages pourrait donc s'inscrire dans une attitude critique de l'auteur à l'égard de

---

[7] H. M. Schenke, *Orientalistische Literaturzeitung* 61 (1966) 1-2, col. 33-34. W. Beltz, *Die Adam-Apokalypse aus Codex V von Nag Hammadi, jüdische Bausteine in gnostischen Systemen*, Diss. Berlin 1970, p. 187.

[8] Barpharangès figure également dans l'Evangile des Egyptiens, III, 64, 18 et IV, 76, 7 sous le nom de Sésengenpharangen, parmi les grandes Puissances qui se révèlent à Seth, à côté de Michev, Michar et Mnésinous et il y est associé aux "purificateurs". Barpharangès ou Sésengenbarpharangès, "appellation bien connue", nous dit J. Doresse (*Commentaire de l'Ev. Eg.* p. 315), "des formulaires et des intailles magiques". Dans les papyrus magiques, il est en effet conjuré comme l'un des sept éons, au même titre que Jao, Sabaoth, Adonaï, Eloïm etc.. et associé aux grands Archanges, Gabriel, Suriel, Raphaël, pour obtenir protection "indem sie für mich kämpfen" (A. M. Kropp, *Ausgewählte koptische Zaubertexte*, Bruxelles 1930, II Bd. XL, 96 et III Bd. p. 31, § 46). Doresse nous dit encore que Barpharangès "est un génie dont le nom apparaît à l'origine sur les bols magiques judéo-araméens ; puissance devant qui tremble la mer et derrière qui tremblent les montagnes" (*Comment.* p. 323). G. Scholem pense qu'il pourrait être identifié à l'ange Ariel, c'est-à-dire, commente toujours Doresse, à l'une des entités qui allaient se fondre dans la figure de plus en plus complexe que les Séthiens, entre autres, se tracèrent du Démiurge et ébranleur Jaldabaoth-Saclas. D'après Doresse, il ne s'agirait pas là d'un démon, mais d'un esprit ou d'un ange du monde supérieur. Cependant on pourrait objecter que Jaldabaoth-Saclas n'apparaît justement pas chez les Séthiens comme une figure du Bien, puisqu'il s'identifie au Démiurge mauvais et cela, en particulier dans l'Apoc. d'Adam (74, 3 et 7), sous le nom de Saclas.

conceptions moins intransigeantes quant à l'idée de pureté originelle
du gnostique.[9]

Mais il y a plus :

l'eau vive souillée par les trois personnages : est certainement dis-
tincte de l'eau du chaos sur laquelle apparaît l'enfant des treize
Royaumes. Celle-là est impure en elle-même et ne peut plus être souillée.

On pense alors à la distinction faite par Justin le Gnostique et
rapportée par Hippolyte [10] entre l'eau de la création mauvaise, dans
laquelle sont baptisés les hommes terrestres et psychiques et l'eau vive
du bien, dans laquelle sont baptisés les pneumatiques.

L'évangile des Égyptiens, pour sa part, semble distinguer non pas
deux eaux, mais deux baptêmes : un baptême supérieur, incorruptible,
qui ne peut être donné immédiatement et "que fait prévaloir le grand
Seth" (III,63,24 ; IV,75,13f. et III,65,24 ; IV = passage mutilé), et
un baptême de source, accompagné des cinq sceaux et de l'invocation,
conféré dès ici-bas à ceux qui sont promis à la Gnose éternelle
(III,65,24).

Pour l'auteur de l'Écrit sans Titre du Codex II,[11] il y a trois baptêmes : le premier est pneumatique, le deuxième est de feu et le troisième
est d'eau, baptêmes mis en parallèle avec les trois Phénix dont le
premier est immortel, le deuxième dure mille ans et "du troisième, il
est écrit dans le Saint Livre qu'il est détruit" (170,14-16), parce que,
commente M. Tardieu, il ne sert qu'à préparer la métanoia qui se
parachève dans le feu et l'esprit (p. 253-255).

Quant à la Protennoia Trimorphe, elle annonce (45,15-20) un baptême
qui sera conféré aux élus dans la Lumière et en même temps (48,18-35)
le Logos qui vient habiter ici-bas, parmi ses frères (47,14-19) apporte
aux élus le baptême donné par Michev, Michar et Mnésinous, baptême
associé également aux cinq sceaux et au mystère de la connaissance.
On peut donc penser qu'il s'agit ici de ce même baptême de source
dont parle l'Évangile des Égyptiens, préparant ici-bas celui auquel
appelle la Mère de la Lumière (en 45,12-20).

Il ressortirait donc de ces textes que l'accusation faite à Michev,
Michar et Mnésinous d'avoir souillé l'eau de la vie à laquelle ils étaient
préposés équivaut à celle d'avoir *corrompu le baptême d'eau*, c'est-à-dire,

---

[9] Cf. à ce propos L. Schottroff, Animae naturaliter salvandae, in W. Eltester, *Christentum und Gnosis*, Berlin 1969, p. 75-79.

[10] Elenchos, V, 27, 3 ; GCS, Wendland p. 133, 8-11.

[11] Pour l'Écrit sans Titre du Codex II, nous nous référons à l'ouvrage de M. Tardieu,
Trois mythes gnostiques, Paris 1974 et à la traduction qui y est donnée p. 297-335.

probablement, ce premier baptême dont il est question dans les trois textes analysés plus haut et auquel vient se superposer le baptême supérieur. C'est ce que confirmerait le deuxième colophon de notre écrit.

La position de l'auteur de l'Apocalypse d'Adam — du moins de l'auteur de ce dernier passage — nous paraît donc se situer plus loin que celle des autres textes gnostiques cités : non seulement l'Apocalypse d'Adam distinguerait deux sortes de baptême, dont l'un serait supérieur à l'autre, mais elle condamne le premier baptême jugé plus que simplement imparfait : impur et mauvais, parce que soumis aux Puissances du Démiurge.

Ce *rejet du baptême d'eau* nous rapprocherait dès lors de la polémique anti-baptismale des Gnostiques du Codex VII de Nag Hammadi, en particulier des passages très explicites de la *Paraphrase de Sem* [12] où l'on peut lire : "En ce temps-là, en effet, le démon apparaîtra sur le fleuve, afin de baptiser d'un baptême imparfait et d'ébranler le monde dans un lien d'eau" (30,1-27); et encore : "Les hommes ne sont pas délivrés en se liant à l'eau... ils sont induits en erreur s'ils pensent que par le baptême d'impureté de l'eau, laquelle est ténébreuse, faible, déficiente et destructrice, les péchés seront ôtés".

La raison de cette aversion pour le baptême d'eau est à chercher évidemment dans tout le contexte de l'écrit et dans sa cosmogonie : la distinction des trois éléments fondamentaux, lumière, esprit, ténèbres, y est clairement exprimée. L'eau a partie liée avec les ténèbres, élément du cosmos antagoniste de la lumière. Hippolyte nous dit que pour les Séthiens : τὸ δὲ σκότος ὕδωρ ἐστι φοβέρον (Elenchos, V,19,6).[13] Cependant cette distinction n'apparaît pas dans l'Apocalypse

---

[12] Nous utilisons le texte et la traduction donnés par M. Krause in F. Altheim et R. Stiehl, *Christentum am Roten Meer* II. Bd., Berlin 1973, p. 2-105.

[13] L'ouvrage qu'Hippolyte nomme la Paraphrase de Seth (El. V, 22) est, à ses yeux, l'oeuvre la plus caractéristique des Gnostiques séthiens. Mais peut-on sans autre l'identifier avec la Paraphrase de Sem de Nag Hammadi ? La distinction des trois éléments fondamentaux, lumière, ténèbres ou eau et, en leur milieu, l'esprit, relevée par Hippolyte, se retrouve également dans le traité de Nag Hammadi. Sur le problème des rapports entre les deux écrits, cf. en particulier F. Wisse, The Redeemer Figure in the Paraphrase of Shem, *Novum Testamentum* 12 (1970), p. 130-140, qui suppose un intermédiaire entre la Paraphrase de Sem, plus primitive et la Paraphrase de Seth, christianisée; également, J. M. Sevrin, A propos de la Paraphrase de Sem, *Le Muséon* 88 (1975), p. 69-96 et D. A. Bertrand, Paraphrase de Sem et Paraphrase de Seth, in J. E. Ménard, *Les Textes de Nag Hammadi*, Nag Hammadi Studies VII, Leiden 1975, p. 146-157, qui concluent l'un et l'autre à l'existence d'un ancêtre commun aux deux écrits, sans qu'il y ait interdépendance d'un ouvrage par rapport à l'autre.

d'Adam, sinon dans le fait que le Phoster des treize calomnies vient
toujours sur l'eau, tandis que le vrai Phoster, celui qui est reconnu
par la génération sans roi, vient d'un 'Aήρ étranger (82, 25-26).

La question se pose donc de savoir *à quel milieu gnostique pouvait
appartenir l'auteur de notre passage* ou de quelle tendance il est ici le
représentant.

Nous savons que des refus du baptême se retrouvent chez les *Manichéens*, d'une part, et de l'autre, d'après les renseignements que nous a
laissés Epiphane,[14] chez les *Archontiques*.

— Au chapitre VI des *Kephalaia manichéens*, v.29-32,[15] on peut
lire : "L'esprit du roi des Archontes de l'eau est celui qui règne aujourd'
hui dans les sectes de l'erreur qui baptisent d'un baptême d'eau en
plaçant leur espérance et leur confiance dans le baptême d'eau". On
sait que les Manichéens tenaient le baptême pour inutile et le manuscrit
biographique de Mani découvert à Cologne [16] nous livre un passage
où Mani déclare que la vraie pureté est celle qu'on obtient par la gnose.[17]
Ceci nous rapprocherait bien de notre texte. Cependant, il semble
que si notre morceau était vraiment de provenance, ou même simplement d'inspiration, manichéenne, la polémique anti-baptismale y serait
bien davantage accentuée. En outre, un rédacteur manichéen aurait-il
laissé subsister dans la même section l'affirmation que les paroles de
la Révélation n'ont pas été consignées dans un livre et qu'elles ne sont
pas écrites, ainsi que l'affirme notre traité en 85,5-6 ?

— Les *Archontiques*, par contre, — tout au moins la secte qu'Épiphane nous décrit sous ce nom — semblent plus proches des gnostiques
qui nous intéressent, puisqu'ils n'ont dû être qu'une branche des
Séthiens auxquels peuvent être attribués bon nombre d'écrits de Nag
Hammadi et en particulier ceux qui présentent les parentés les plus
certaines avec notre texte. Ils utilisèrent, en tout cas, la même littérature que les Séthiens.

Épiphane nous dit d'eux : ἀναθεματίζουσι τὸ λουτρόν (Pan. 40,2,6
et 9).

---

[14] Épiphane, Panarion 40; GCS K. Holl, p. 80-90.

[15] *Manichäische Handschriften der staatlichen Museen Berlin, Kephalaia* Bd. **I, 1.**
Hälfte, Lieferung 1-10, Stuttgart 1940, p. 33.

[16] A. Henrichs, L. Koenen, Ein griechischer Mani-Codex, *Zeitschrift für Papyrologie
und Epigraphik* 5 (1970), p. 97-217.

[17] *Ibid.*, 84,9-85,1, Henrichs et Koenen p. 137-138, note 103.

Ce rejet du baptême d'eau, nous l'avons vu, est fortement marqué dans la Paraphrase de Sem.[18]

Par ailleurs, c'est des "Archontiques connus d'Épiphane" que M. Tardieu estime l'Écrit sans Titre le plus proche,[19] or nous avons vu ce que cet écrit pense du baptême d'eau.

C'est aux Archontiques également que C. Schmidt a cru pouvoir attribuer le Traité anonyme du Codex de Bruce.[20] Or, J. Doresse s'étonne [21] que "pourtant très proche de l'Évangile des Égyptiens, ce traité ne présente jamais le terme *baptisma* et qu'il paraisse ignorer les rites qui y sont liés", ce qui, à notre avis, pourrait bien s'expliquer justement par une provance archontique,

Le Traité anonyme du Codex de Bruce ignorerait donc simplement le problème du baptême.

L'Écrit sans Titre, l'Évangile des Égyptiens et la Protennoia Trimorphe distingueraient entre baptême supérieur et baptême inférieur, de même que le Justin Séthien d'Hippolyte (El. V,27,3).

En admettant que les anathèmes de la Paraphrase de Sem ne s'adressent qu'au baptême d'eau, l'Apocalypse d'Adam se caractériserait, à notre avis, par le même rejet, mais en vue d'une spiritualisation totale : le vrai baptême, ce n'est pas le rite d'eau, c'est la possession de la gnose (selon notre deuxième colophon).

De même, Épiphane nous dit que pour les Archontiques, lorsque l'âme a réussi à fuir "le baptême de l'Église", elle parvient à la gnose et peut alors s'élancer vers la Mère suprême.[22]

Notre conclusion serait donc la suivante :

L'Apocalypse d'Adam telle que nous la possédons aujourd'hui se présente comme une utilisation gnostique, à plusieurs niveaux, d'une légende appartenant au patrimoine de l'Apocalyptique juive. Un compilateur tardif a tenté d'harmoniser plusieurs récits, déjà gnosticisés, en y ajoutant vraisemblablement certains passages de son crû et, en particulier, le dernier morceau qui nous a intéressés ici.

Nous croyons pouvoir suggérer que cet harmonisateur a appartenu à un *milieu séthien archontique* et qu'il adoptait une position de contestation à l'égard de la conception traditionenlle du baptême, soit que

[18] Cf. aussi J. M. Sevrin, art. cit., p. 89-96.
[19] Trois mythes gnostiques, p. 33-36.
[20] *TU 8, Commentaire*, p. 602.
[21] *Commentaire de l'Évangile des Égyptiens* p. 383, note 167.
[22] Épiphane, Pan. 40,2,8; GCS K.Holl p. 83.

cette conception ait été celle de sa secte d'origine, soit qu'elle ait été
celle d'un groupement baptiste de l'époque (Elchasaïsme par exemple),
soit enfin celle du Christianisme.

L'absence d'allusions chrétiennes qu'on relève dans le texte actuel
s'expliquerait par l'appartenance du rédacteur à ce milieu sectaire
qui n'accordait d'importance qu'au salut de l'âme par la gnose et
rejetait toute participation aux sacrements. C'est cette même absence
d'éléments chrétiens qui, d'après H. Ch. Puech,[23] amena W. Bousset[24]
à chercher l'origine des Archontiques en dehors du Christianisme, tout
comme les premiers commentateurs de l'Apocalypse d'Adam ont cru
voir en elle un témoin de la gnose pré-chrétienne.[25]

Il nous semble qu'une provenance archontique du dernier compilateur au moins peut expliquer le caractère de ce traité qui ne pourra
cependant être vraiment éclairé qu'à la lumière de tous les écrits
livrés par Nag Hammadi.

---

[23] in RAC I, Archontiker, col. 639-640.

[24] W. Bousset, *Hauptprobleme der Gnosis*, Göttingen 1907, p. 320-323.

[25] En particulier A. Böhlig, Koptisch-gnostische Apokalypsen aus Codex V, p. 95 :
"Die Schrift stammt aus vorchristlicher Gnosis"; de même in *Mysterion und Wahrheit,
Jüdisches und Iranisches in der Adamapokalypse des Codex V von Nag Hammadi*, p. 149-
161.

DIE POLEMIK DER GNOSTIKER GEGEN DAS KIRCHLICHE CHRISTENTUM

Skizziert am Beispiel des Nag-Hammadi-Traktates Testimonium Veritatis

VON

KLAUS KOSCHORKE

A. v. Harnack hat es als die wichtigste Aufgabe der Gnosisforschung bezeichnet, "den Gegensatz und den Kampf zwischen der Kirche und dem Gnostizismus samt den Ergebnissen und dem Kampfplatz so zu erfassen, wie ihn die Gegner selbst erfaßt haben und und wie er wirklich gewesen ist".[1] Wer dieser Formulierung zustimmt, muß sofort hinzufügen, daß angesichts des fast vollständigen Mangels an gnostischen Originalzeugnissen [2] die Lösung dieser Aufgabe bislang im Grunde nur zur einen Hälfte — Darstellung aus der Sicht der siegreichen kirchlichen Seite — möglich gewesen ist. Seit dem Fund der Bibliothek von Nag Hammadi ist dies anders geworden, nicht nur weil uns nun in großer Anzahl gnostische Selbstdarstellungen zur Verfügung stehen, sondern v.a. auch solche Texte, die — irenisch oder polemisch — das Verhältnis zum kirchlichen Christentum reflektieren. So ist z.B. "Der zweite Logos des großen Seth" (NHC VII, 2) von der ersten bis zur letzten Zeile bestimmt durch den Gegensatz zur katholischen "Nachahme"-"Kirche", die gegründet ist auf der "Lehre von einem Toten" (60,22), die dem Judengott verfallen ist und deren Mitglieder die Gnostiker "im Namen Christi" verfolgen (59, 21ff.).[3] Auch die "Petrusapokalypse" (NHC VII, 3) polemisiert vehement gegen den Glauben an den "Toten" (74, 14) sowie gegen die

---

[1] A. Harnack, Rez. W. Bousset: Hauptprobleme der Gnosis, *ThL* 33 (1908) S. 10-13, hier S. 10; Sperrung von mir.

[2] Die wichtigste Ausnahme ist der Brief des Ptolemäus an Flora. Die Pistis-Sophia-Literatur spiegelt eine untypische Spätform der Gnosis wider, die Mandaica stehen in einem anderen geschichtlichen und kulturellen Rahmen etc.

[3] J. A. Gibbons, *A Commentary on the Second Logos of the Great Seth*, Ph. D. dissertation, Yale University 1972.

kirchliche Hierarchie ("Bischof", "Diakone" etc) und das katholische Kirchenverständnis; harte Worte gelten dem "Hermas, dem Erstgeborenen der Ungerechtigkeit" (78,18f.). Die noch nicht edierte "Interpretation der Gnosis" (NHC XI, 1) ist als die erste bekanntgewordene gnostische Gemeindeordnung einzustufen (!); ihre stark an 1 Kor 12. 8; Rm 12. 14 anklingenden Mahnungen sind an eine Gemeinschaft gerichtet, die zerrissen ist durch "Neid" und Mißgunst zwischen den gnostischen Charismatikern und den psychischen Mitchristen. Selbst eine gnostische Polemik gegen die "Anhomöer, schlechte Häresien ohne Bestand" scheint durch Noema (NHC VI, 4) belegt zu sein.[4] Bereits diese wenigen Beispiele [5] lassen erkennen, daß zu der gebotenen Darstellung der Auseinandersetzung des gnostischen mit dem kirchlichen Christentum nun umfangreiches Material zur Verfügung steht.

Als das wichtigste Beispiel gnostischer Polemik aber hat der bislang unedierte Traktat *"Testimonium Veritatis"* (NHC IX, 3) zu gelten.[6] Er verdient diese Qualifizierung aus drei Gründen. Erstens stellt seine antikatholische Polemik ein Kompendium fast aller Streit-

---

[4] Das ist die wahrscheinlichste Übersetzung von Noema (NHC VI,4) 40,5-9: ⲀⲖⲰⲦⲚ ⲌⲚ ... ⲚⲒⲀⲚⲌⲞⲘⲞⲒⲞⲚ · ⲌⲈⲚⲘⲚⲦⲌⲈⲢⲈⲤⲒⲤ ⲈⲨⲌⲞⲞⲨ ⲈⲘⲚⲦⲀⲨ ⲢⲀⲦⲞⲨ · (Text bei : M. Krause/P. Labib, *Gnostische und hermetische Schriften aus Codex II und Codex VI*, Glückstadt 1971); s. F. Wisse, The Nag Hammadi Library and the Hereseologists, *VigChr* 25 (1971) S. 205-223, hier S. 208 Anm. 16.

[5] Die wichtigsten themarelevanten Nag-Hammadi-Texte sind ferner : Philippusevangelium (NHC II,3; dazu : K. Koschorke, Die "Namen" im Philippusevangelium. Beobachtungen zur Auseinandersetzung zwischen gnostischem und kirchlichen Christentum, *ZNW* 64 (1973) S. 307-322); Melchisedek (NHC IX, 1); Epistula Petri ad Philippum (NHC VIII,2); Epistula ad Rheginum (NHC I, 3; dazu : H.-G. Gaffron, Eine gnostische Apologie des Auferstehungsglaubens, in : *Festschrift H. Schlier*, Freiburg-Basel-Wien 1970, S. 218-227); Authentikos Logos (NHC VI, 3); die zweite Jakobusapokalypse (NHC V, 4); Epistula Jacobi (NHC I, 1).

[6] TestVer ist leider ein stark zerstörter Text, der jedoch angesichts seiner Gliederung in einzelne Sinneinheiten eine sichere Auswertung ermöglicht. Abfassungszeit zwischen 180 und 313 ist möglich, Mitte 3. Jh. wahrscheinlich. B. Pearson, der die Edition des Textes für die Claremont-Ausgabe vorbereitet, hat bereits veröffentlicht : Jewish Haggadic Traditions in The Testimony of Truth from Nag Hammadi (CG IX, 3), in : *Ex Orbe Religionum. Studia Geo Widengren oblata*, Leiden 1972, S. 458-470; Anti-Heretical Warnings in Codex IX from Nag Hammadi, in : *Festschr. P. Labib* (ed. M. Krause), Nag Hammadi Studies VI, Leiden 1975, S. 145-154. — Ausführlich diskutiert ist TestVer in meiner Dissertation (K. Koschorke, *Die Polemik der Gnostiker gegen das kirchliche Christentum. Unter besonderer Berücksichtigung der Nag-Hammadi-Traktate "Apokalypse des Petrus" (NHC VII,3) und "Testimonium Veritatis" (NHC IX, 3)*, Diss. theol. Heidelberg 1976), die das gesamte Material der Nag-Hammadi-Texte auszuwerten sucht. Meine Textbearbeitung von TestVer wird getrennt veröffentlicht werden (in : *ZNW* 68 [1977]).

fragen dar, die zwischen Kirche und Gnosis überhaupt zur Debatte
standen (wichtigste Ausnahme : Passionschristologie und Kirchenverständnis). Darüber hinaus aber trifft seine Kritik auch gnostische
Gruppen. Diese Kritik — in ihrem Verhältnis zur antikatholischen
Polemik — ermöglicht eine besonders präzise Frage nach dem sachlichen Maßstab des "Häresie"-Vorwurfes. Schließlich läßt sich an
TestVer mit wünschenswerter Deutlichkeit der spezifische Unterschied
gnostischer gegenüber kirchlicher Polemik studieren.

1. *Die antikatholische Polemik*

Der Grundvorwurf an die Adresse der Kirchenchristen ist der
fehlender Absage an die Welt. Dabei spielt der Vorwurf sexueller
Zügellosigkeit (67, 30f. : sie haben Geschlechtsverkehr sogar während
der Stillensperiode [cf. Clem. Al. str. III, 72, 1-4]) und der Habgier
(68, 1ff. : Mammon und synousia gehören zusammen) eine untergeordnete Rolle gegenüber der Tatsache, daß sie überhaupt dem seit Christus
ungültigen (30, 28-30) "Gesetz" Folge leisten, das die Fortpflanzung
befiehlt (30, 2-5 : Gn 1,28; 22,17). Denn dieses Gebot weckt πάθος;
πάθος aber macht ein Entrinnen aus dem Gefängnis dieser verfluchten
Welt unmöglich (30, 6ff.; 67, 1ff.). Die vom Gesetz befohlenen Handlungen "helfen (so) offenkundig der Welt und halten sie (die Seelen)
vom Licht fern" (30, 11-15).[7] Kurz : in seinem Zeugungsgebot erweist
sich der kirchliche Nomos als Stütze der verhaßten Schöpfung.
— Aus der Unumgänglichkeit strikter Askese leiten sich auch alle
übrigen Vorwürfe ab, vorweg aber die Kritik eines Sakramentalismus,
der auf die heilssichernde Wirkung von Blut- und *Wassertaufe* setzt.
"Manche ... [empfangen ein]e Taufe (βάπτισμα), als ob sie sie als
(Garant der) Hoffnung auf Erlösung hätten" (69, 7ff.). Das aber ist
ein doppelter Irrtum, denn zum einen hat der Menschensohn überhaupt
keine Taufe gewollt, was die bereits von den in Tert. bapt. 11,1
zitierten Häretikern angeführte Stelle Joh. 4, 2 beweist (69, 15ff.).
V.a. aber besteht eben die "Taufe der Wahrheit ... in Absage (ἀποταγή)
an die Welt", die die Kirchenchristen "nur mit der Zunge", nicht
aber durch die Tat vollziehen (69, 22ff); denn "sie sind schlecht in

---

[7] "Aus diesem Grunde, weil sie die vom Schöpfergott erschaffene Welt nicht füllen
wollen", enthalten sich auch die Markioniten der Ehe (Clem. Al. str. III, 12, 1); die in
Clem. Al. str. III, 45, 1 bekämpften Gnostiker διδάσκουσιν μὴ δεῖν παραδέχεσθαι γάμον
καὶ παιδοποιίαν μηδὲ ἀντεισάγειν τῷ κόσμῳ δυστυχήσοντας ἑτέρους μηδὲ ἐπιχορηγεῖν τῷ
θανάτῳ τροφὴν ἐκεῖνα λεκτέον etc.

ihrem Handeln" (69, 31f). So wird das Stichwort ἀποταγή, den
Ekklesiastikern aus ihrem eigenen Taufritual vertraut,[8] zur Losung
des enkratitischen Programms von TestVer und zugleich zum Recht-
fertigungsgrund der Verwerfung der kirchlichen Taufe. — Fataler
noch wirken sich die mit dem *Martyrium* verknüpften Erwartungen
aus. "Wenn sie aber ihr (Leben voller) Leidenschaft (πάθος) zu Ende
bringen, so ist dies der Gedanke, den sie bei sich haben : 'Wenn wir
uns um des Namens willen dem Tod ausliefern, werden wir gerettet
werden'. Aber so verhält es sich nicht" (34, 1-7). Ein solches Zeugnis,
das nur "dem Worte nach, nicht aber in Kraft" erfolgt (31, 24),
beweist nur, daß die kirchlichen Märtyrer den bezeugten Christus
gar nicht kennen, der ja den Werken der Finsternis ein Ende bereitet
hat (32, 22 - 33, 24), und steht in striktem Gegensatz zum "Zeugnis
der Wahrheit", das der der Welt entsagende Gnostiker ablegt (44, 23ff.).
—Kirchliche Erwartung einer *"Fleischesauferstehung"* ist sinnlos, da
das Fleisch zerstört werden wird (36, 29ff.) ; unsinnig auch das Rechnen
mit einer Auferstehung "am Jüngsten Tag" (34, 26ff.), da es bereits
jetzt gilt, die Seele zur Einwohnung des "lebenspendenden Logos"
rein zu halten (34, 24-26 ; 43, 1-17). Die gemeinen Christen "versteh[en
nicht die Bedeutung] der *Schriften*" (37, 7f. ; 45, 19-22) ; "sie wissen
nicht, wer *Christus* ist" (32, 1f.) ; die aus der jungfräulichen Geburt
des Erlösers zu ziehende Konsequenz - einen jungfräulicher Lebens-
wandel — ziehen sie nicht (39, 28ff.). — Hinter alledem steht der
Gegensatz zwischen dem *Judengott*, an den die Kirchenchristen
"glauben" (48, 13ff.), ohne sein Wesen erfaßt zu haben, und Christus,
dem die Gnostiker folgen. Jener bringt "Sünde" über die Menschen
(48, 4ff. : Ex 20, 5), an Christus aber "ward keine Sünde gefunden"
(33, 1f.) ; jener befiehlt in seinem Gesetz die Fortpflanzung (30, 2-5),
seit Christus aber "hat die Herrschaft der fleischlichen Zeugung ein
Ende gefunden" (30, 29f.).

2. *Die antignostische Polemik*

Nun sind es aber nicht allein die Kirchenchristen, sondern auch
gnostische Gruppen, die die Kritik von TestVer trifft. Leider ist der
betreffende Abschnitt (pg. 54 (?) - 60, 4) besonders stark zerstört.
An Namen ist noch erhalten "[Val]entinos" (56, 1f.), "[Jün]ger des
Valentin[os]" (56, 4f.), "Isido[ros]" (57, 6f.), "[Basilid]es" (57, 8),

---

[8] H. Kirsten, *Die Taufabsage*, Berlin 1960.

"Si[mo]nianer" (58, 2f.) sowie weitere Namensreste (58, 4f.; 59, 18; 57, 12); es fallen die Stichworte "Taufe", "Lust", Ehe, vieles Gerede, "viele [Bücher]", "Häretiker", "Schisma"; die fehlende Übereinstimmung der gnostischen Opponenten wird herausgestellt. Im Einzelnen gibt hier die Beantwortung der Frage nach der Art des Kontaktes zu diesen Gnostikern bzw. den Kenntnisquellen von TestVer einige Probleme auf. Im Hinblick auf das sachliche Verhältnis zur antikatholischen Polemik zeigt sich, daß die *unterschiedlichen Gegner am selben Maßstab gemessen* und verworfen werden. Auch diese Gnostiker nämlich "nehmen W[eiber], zeugen Kinder" (58, 2f.), sie tun die Werke der "Lust" (57, 15; cf. 58, 8) und empfangen den "Tod in den [Wassern], das ist die Taufe" (55, 7-9). Aufgrund der Gleichheit der Werke werden kirchliche wie gnostische Falschchristen auch begrifflich als *"die Häresien"* zusammengestellt, da eben der "Häresie"-Begriff an einen sachlichen Maßstab gekoppelt ist : an die Erfüllung des Gesetzes. Denn — so lesen wir 73, 27f. — "das Gesetz (νόμος) ... erweist sich wirksam (ἐνεργεῖν) durch die Häresien (αἵρεσις)". — *Andererseits* aber ist deutlich, daß eine Reihe von antikatholischen Vorwürfen nicht auch die gnostischen Häresien treffen kann (und sicherlich auch nicht soll) : so der der Unkenntnis des wahren Wesens des Judengottes oder der Erwartung einer Fleischesauferstehung. Hier scheint der Vorwurf gegen die gnostischen Brüder eher der zu sein, daß sie nicht im täglichen Kampf gegen die Epithymia diese ihre Gnosis r e a l i s i e r e n, die die Kirchenchristen erst gar n i c h t h a b e n (deshalb vielleicht der spezifische Vorwurf der "n i c h t i g e n Gnosis" an die Adresse der Basilidianer (57, 5f.) im Unterschied zur kirchlichen "U n wissenheit" (z.B. 31, 10f.), Dies hängt mit dem praktischen Gnosisbegriff von TestVer zusammen : während etwa die Polemik des Philippusevangeliums darauf hinausläuft, daß die Kirchenchristen die Gabe des Sakraments nicht durch Gnosis einlösen, wäre der Vorwurf von TestVer also der, daß die Gnostiker diese ihre Einsicht in den erbärmlichen Charakter und Ursprung der Schöpfung nicht in die entsprechende asketische Praxis umsetzen.[9]

3. *Der wahre Gnostiker und die Häresien*

Zieht TestVer so überaus scharf die Grenze zwischen gnostischer Einsicht und häretischem Irrtum — eine Schärfe, die in der Zitierung

---

[9] Auf dem Hintergrund dieses praktischen Gnosisbegriffes von TestVer ist auch sein Desinteresse an kosmologischen Spekulationen zu sehen.

von Gal 1, 8 mit seinem Anathema über die "andere Predigt" durch
TestVer (73, 19ff.) charakteristischen Ausdruck findet und die TestVer
in eine Reihe mit kirchlichen Häresiologen stellt —, so ist die Konsequenz der der kirchlichen Ketzerbestreiter entgegengesetzt : der
wahre *Gnostiker* "*macht sich jedermann gleich — und doch trennt er
sich von ihnen*" (44, 14-16). Diese Dialektik scheint folgerichtiger
Ausdruck der doppelten Beziehung zu sein, in der der Gnostiker
gegenüber der Menschenwelt steht : κατὰ πνεῦμα ist er von ihr
geschieden, κατὰ σάρκα jedoch gleich; hierin gleicht sein Geschick
dem des Erlösers, der — der Lichtwelt zugehörig und wesensmäßig
vom Kosmos geschieden — dennoch hier unten ἐν μορφῇ δούλου [10]
erschienen ist. Wie ein solches "Sich-Gleich-Machen" möglich ist,
läßt die Feststellung erkennen, daß sich der Gnostiker "von den
Worten des Streites zurückzieht" (44, 7-9; 68, 28f.) — da er nun nur
noch mit dem Nous, nicht aber mehr mit den Menschen redet (43, 23 -
44, 7) —, wobei diese "Worte des Streites" nach dem Kontext in
TestVer, der technischen Bedeutung von λογομαχία kraft der Wirkungsgeschichte von 1 Tim 6, 4; 2 Tim 2, 14 sowie vielleicht der
Sachanalogie des "antihäretischen Schweigens" bei Ignatius [11] sicher
auf den Wortwechsel mit den Kirchenchristen zu beziehen sind.
TestVer beschreibt die *Humilitas des Gnostikers* mit paulinischen
Worten (1 Kor 13.9,22; Gal 5, 22) : "Er harrt aus unter dem ganzen
Ort, er erträgt ihn, er hält aus in allem Übel, er ist geduldig gegen
jedermann. Er macht sich jedermann gleich, und doch trennt er sich
von ihnen. Und was sich dieser wü[nscht,] br[ingt er (der Gnostiker)]
ihm, [damit] er vollkom[men und hei]lig werde ..." (44, 9-19). Der
wichtigste Kommentar zu diesen Worten [12] findet sich in Tertullians
De praescriptione haereticorum, wo Tert. genau das, was TestVer als
Idealbild zeichnet, als praktisches Verhalten der Gnostiker zu berichten

---

[10] Ph 2,7 wird in gnostischen Texten häufiger zitiert. Charakteristischer Weise sucht
etwa die "Interpretation der Gnosis" (NHC XI, 1) mit Hinweis auf diese ταπεινοφροσύνη
(ⲐⲂⲈⲒⲞ) des Soter (10,29ff. 12,36ff.) die gnostischen Charismatiker zur Selbsterniedri-
gung gegenüber ihren psychischen Mitchristen anzuhalten (pg. 15-19).

[11] Ign. Phl. I, 1 : οὗ (sc. τοῦ ἐπισκόπου) καταπέπληγμαι τὴν ἐπιείκειαν, ὃς σιγῶν
πλείονα δύναται τῶν μάταια λαλούντων; Eph. XV : ἄμεινόν ἐστιν σιωπᾶν καὶ εἶναι, ἢ
λαλοῦντα μὴ εἶναι; Eph. VI, 1. Cf. H. Chadwick, The Silence of Bishops in Ignatius,
HThR 43 (1950) S. 169-172; W. Bieder, Zur Deutung des kirchlichen Schweigens bei
Ignatius von Antiochia, *ThZ* 12 (1956) S. 28-43.

[12] Cf. etwa auch EvPh (NHC II, 3) § 110 : "Wer aber frei geworden ist durch die
Gnosis, ist *Knecht* wegen der Liebe zu denen, die die Freiheit der Gnosis noch nicht
aufnehmen konnten".

weiß — "humiles et blandi et submissi" treten sie auf (42,5), "pacem quoque cum omnibus miscent" (41, 3), "schismata apud haereticos fere non sunt; quia cum sint, non parent " (42, 6) — und was der Ketzerbestreiter — bezeichnend für seine Unfähigkeit, dem Selbstverständnis der Gnostiker gerecht zu werden — nur als taktisch bedingtes Anbiederungsmanöver der Häretiker begreifen kann. Beide Seiten, die gnostische wie die kirchliche, zeichnen also übereinstimmend das Bild äußerer Ununterscheidbarkeit des Gnostikers. Das ist von Bedeutung, wenn man die ungeheure Gefährdung verstehen will, die das gnostische Christentum lange Zeit für die kirchliche Orthodoxie dargestellt hat.

THE *TRIMORPHIC PROTENNOIA*

BY

ROBERT McL. WILSON

It would of course be quite impossible, within the limits of a short communication, to deal in detail with the problems relating to this text. One of the translations to be mentioned already has some twenty pages of notes in addition to sixteen of introduction. The purpose of this paper is simply to draw attention to a few points which seem to deserve notice, and to raise some questions for consideration.

The text became available with the publication of the Facsimile Edition volume containing Codices XI, XII and XIII,[1] and translations into French and German have already been published.[2] A cursory examination and comparison will reveal broad agreement as to structure and content, the more to be expected since the three main divisions are clearly marked in the text itself, but at the same time a considerable degree of variation in points of detail. A line by line comparison of a single Coptic page yielded some twenty variants in thirty-five lines of text. The first point to be made, therefore, is that the study of this text is still only beginning. We are not yet at the stage of definitive editions and accepted versions.

Seeking an explanation for the variations, we may note that several arise from the same cause : Mlle Janssens has restored the text only where she is fairly confident about filling the lacunae, whereas the Berlin group have consistently endeavoured to present a complete and unbroken text, except when several consecutive lines are completely missing, as is the case from p. 46 on. Many of the reconstructions are very attractive, but some of them must remain conjectural.[3] This

---

[1] *The Facsimile Edition of the Nag Hammadi Codices* : Codices XI, XII and XIII (Leiden 1973).

[2] Y. Janssens, Le Codex XIII de Nag Hammadi, in *Le Muséon* 87 (1974), 341-413; the German version in *TLZ* 99 (1974) 731-746 was prepared by the Berlin Arbeitskreis für koptisch-gnostische Schriften under the leadership of H. M. Schenke, with Gesine Schenke as "federführend" for this document.

[3] At 35.4, for example, Mlle Janssens restores on the basis of a passage in the Berlin

prompts the warning that the editors' brackets should be duly respected. One author — who shall be nameless! — once denied any connection between the Oxyrhynchus Logia and the Gospel of Thomas, on the ground that the sayings in POx 654 differed from those in Thomas — blissfully unaware that half of every line he was quoting was a conjectural restoration, whereas the other half could be matched almost exactly with the Coptic.

A further point concerns the identity of the sect from which the work derives. The Berlin group describe it as "clearly Sethian", and note affinity with the form of the Sethian system underlying the Nag Hammadi Gospel of the Egyptians.[4] Later on they call it "in der Substanz ein Dokument der vom Christentum (noch) unberührten (sethianischen) Gnosis", and note that only a single sentence can be claimed as clearly Christian.[5] To this we shall return. Mlle Janssens casts her net rather wider, listing several groups whose systems involve some form of a three-fold manifestation — although, recalling the parable of the Drag-net, we may do well to consider carefully which of these fish should be retained. In particular, she finds links with the Apocryphon of John, the anonymous treatise in the Bruce Codex, and related documents like the anonymous treatise in Codex II. The sect of the Apocryphon she describes as "probablement des Barbélognostiques-séthiens,[6] but in her conclusion she speaks of the Protennoia as "a veritable mine for knowledge of gnosticism in general, and Barbelognosticism in particular".[7] This raises yet again a problem which has become the more pressing with the progress of the publication of the Nag Hammadi texts : that of the validity and accuracy of the heresiological classification handed down by the early Fathers.[8] To what extent were Sethians and Barbelognostics distinct and separate groups, and how can we account for Barbelognostic material in a Sethian text or vice versa ? What is certain is that the names of four of the "luminaries" appointed over the four aeons match with those in the Apocryphon.[9]

---

text of the Apocryphon of John; the German version is based on a completely different reconstruction.

[4] Op. cit. 731.

[5] Ib. 733.

[6] Op. cit. 348.

[7] Ib. 413.

[8] See F. Wisse, The Nag Hammadi Library and the Heresiologists, *Vig. Chr.* 25 (1971), 205ff.

[9] Harmozel is missing, but is restored by the Berlin group in a lacuna (38.35), a

Perhaps the most controversial aspect of the Berlin translation is the suggestion in the introduction, already mentioned, that this is "in der Substanz ein Dokument der vom Christentum (noch) unberührten (sethianischen) Gnosis", and with it the further suggestion that Protennoia's third *Offenbarungsrede* is "in weiten Partien geradezu eine Sachparallel zum Prolog des vierten Evangeliums" — and indeed that the light falls more from the Protennoia upon the Prologue than in the reverse direction.[10] Unfortunately the parallels are not noted, and we must await the detailed presentation of the case. Any attempt to meet it in advance would be like fighting in the dark. Nevertheless there are some points which can and should be raised.

In the first place, the Christian element in this text is distinctly weak. The one clear case is near the end (50.10-12 Janssens) :[11] "I put on Jesus, I took him away from the accursed wood and established him in the mansions of his Father". To this the Berlin group add the attachment of the simple name of Christ to the divine Autogenes (38.22; 39.6f.; 49.8). In two of these cases it could admittedly be secondary, but in the third it appears more integral to the text ("they thought that I was their Christ"), and this may suggest that it belongs at the other two points also.

The question is whether we have here the Christianising of an originally non-Christian text. There are of course other cases where it has been suggested that the extant text is the final result of a process of redaction, the Christian elements a secondary accretion to something that was in origin purely gnostic, but one possibility not always taken into consideration is that there may also in some cases have been *de*-Christianisation. It must be remembered that the *only* form accessible is the Christianised version — any non-Christian form has to be reconstructed by elimination of the Christian elements. How can we distinguish a de-Christianised text from one that is purely gnostic in origin ? It is well-nigh certain that if we had a Christian-gnostic

---

possibility mentioned also by Mlle Janssens in her note (p. 401). The conjecture is the more plausible in that the four chief luminaries are then in each case the third in a group of three. The other eight listed, however, differ from those in the Berlin text of the Apocryphon.

[10] Cf. the later observation (col. 734) : In dieser Perspektive hat man den Eindruck, als ob die betreffenden Aussagen der Protennoia in ihrem natürlichen Kontext stehen, während ihre Parallelen im Johannes-Prolog, so wie es uns eben im vierten Evangelium vorliegt, künstlich einem ihnen eigentlich fremden Zweck dienstlich gemacht erscheinen.

[11] The Berlin group note about two lines missing at the top of the page, hence their reference is 50.12-15.

text and also a de-Christianised version, the latter would be claimed as the basis of the former.

One possible line of approach might be to search for residual traces of an earlier Christian form, on the assumption that the process of de-Christianisation would not necessarily eliminate each and every Christian element. Such an approach must inevitably be tentative, since in the nature of the case the evidence is not likely to be obvious, and what seems clear to one scholar may be highly dubious to another. We cannot expect to find clear and unmistakable New Testament quotations, for example, but only words and phrases current in Christian usage which may betray some legacy from Christian influence. It should perhaps be added that the postulate of an earlier and more Christian version does not preclude the possibility that some of the material at an even earlier stage *may* have been non-Christian and already purely gnostic.

Now the Protennoia, as the Berlin group observe, pre-supposes the Sethian cosmology instead of developing it. In the forms so far accessible to us, the Sethian and Barbelognostic systems show at least some degree of Christian influence. There is therefore some probability that a document from this milieu in which the Christian element is weaker may be the result of de-Christianisation. Are there any possible residual echoes of an earlier Christian form?

Mlle Janssens at five points adduces New Testament references in her footnotes to the text, but most of these are at best remote parallels. More promising are a number of parallels adduced in her commentary. The word μονή at 37.12 might conceivably echo John 14.2, although the 'clearly Christian' passage already mentioned uses the Coptic equivalent ΜΑ Ν̄ϢⲰⲠⲈ. References to 'members' (41.7, 49.19) may recall the Pauline image of the Church as the Body of Christ (at 35.31 the Berlin group restore "I [am the head of the] All"). The frequent occurrence of μυστήριον again has sometimes a Pauline ring (at 41.3 Mlle Janssens refers to 1 Cor. 15.51). At 47.20 we have the angels, principalities and powers of Romans 8.38, although admittedly in a different order. An eschatological passage beginning at 43.5 actually uses the Matthean phrase συντελεία τοῦ αἰῶνος (44.34), and contains several echoes of the Synoptic apocalypse, including the statement (44.16) that "the times are cut short" (cf. Matt. 24.22). References to stripping off the garment of ignorance and putting on the shining light (49.28-30, cf. 48.8-14) look like gnostic interpretation of Col. 3.9-14. Finally, a passage beginning at 47.13 looks like interpretation of John 1.14 (the German version, it should be noted, differs in some respects).

Turning to the German translation, there is the restoration at 35.4, "das Ers]tlingsgeschöpf unter dem Gew[ordenen]". This seems to be ⲡⲱⲣ]ⲡ ⲛ̄ⲭⲡⲟ, which could be a Coptic equivalent of πρωτότοκος, and the whole phrase not too far from πρωτότοκος πάσης κτίσεως. There are references to the Logos, to "the Son perfect in every respect" (37.4), "the perfect Son revealed to the aeons" (38.16), "the perfect Son, Christ, the self-originate God" (38.22),[12] and to "the beloved" (49.12); also to "the hidden mystery" (41.28), "the mystery hidden from eternity" (44.34),[13] to baptism (in the spring of the water of life, 48.20f.) and to "living water" (46.17). In the light of all this it may be suggested that the Christian element in the text as it now stands is rather stronger than the Berlin group have recognised. This would in turn tend to weaken any theory of influence on the Fourth Gospel.

---

[12] The name Christ appears here to be attached to "the perfect Son" and not to the following words, which may tell against the Berlin suggestion that it is secondary.

[13] The coptic ⲉⲧ2ⲏⲡ ⲭⲛ̄ ⲛⲁⲓⲱⲛ suggests that these gnostics, unlike some modern scholars, took ἀποκεκρύμμενον ἀπὸ τῶν αἰώνων in a temporal sense. The German version renders "das von Ewigkeit her verborgene Myst[e]rium".

PRAYER AMONG THE GNOSTICS?

The evidence of some Nag Hammadi Documents

BY

ERIC SEGELBERG

Those who try to understand Gnosticism in its manifold appearences sometimes find it hard to understand why the Gnostics should pray at all. If Gnosticism is merely a matter of knowing who you are, whence you came and how you are to return, an intellectual response to the call may be sufficient. But generally, this does not seem to be the case. Hans Jonas says : The beginning and the end of the paradox is the unknown God himself, who, unknowable on principle, because the 'other' to everything known, is yet the object of a knowledge and even asks to be known (*The Gnostic Religion*, p. 288).

What can you pray for except perhaps the gift of knowing ? If man, the Gnostic faithful, is equated with the first and supreme God, how then is a prayer life possible ? Where prayer was exercised, we have evidence of the system being not entirely deterministic. There seem to be three possible answers to the question if Gnostics did pray : First, some Gnostics did pray, secondly, Gnostics of other schools of thought did not pray, and thirdly, some Gnostics observed prayer at a certain stage of their Gnostic development e.g. as *psychikoi*, whereas they gave up that practice when they became *pneumatikoi*.

According to Clement of Alexandria, Prodicus represented a kind of Gnostics who did not pray at all (Strom. VII.41). He does not explain the reason. Probably the answer is found in what he says about the doctrine of Prodicus in another context : He (sc. Prodicus) as with Basilides, presupposes a class saved by nature and that this different race has come hither to us from above, for the abolition of death, and that the origin of death is the work of the creator of the world. Presumably those saved by nature had no need for prayer at all. They were also 'lords of the sabbath' and felt free to lead a life of libertinism. (Strom. IV.12. Cf. III.4). In order to test the evidence of Clement let us look into the testimony of some Nag Hammadi texts.

The Gospel of Philip (= EP) logion 7 (100: 25-32 here quoted after W. Till's edition, 1963) contains an anti-prayer text which has occasioned much speculation. Wilson (*The Gospel of Philip*, p. 70) says that "the reference to prayer presents some difficulty, since it is difficult to see any connexion".

The text reads :

"Those who sow in the winter reap in the summer.
The winter is the world, the summer the other aion.
Let us sow in the world, that
we may reap in the summer. Because of this it is fitting
for us not to pray (ϢⲖⲎⲖ) in the winter. What comes out of
the winter is the summer. But if any man reap
in winter, he will not reap but pluck out".

If this logion makes any sense at all it must be that prayer belongs to the other aion. If we start to pray in the world it means an anticipation of the spiritual stage belonging to the other aion. By praying in winter, you do "not reap but pluck out". One has pretended to have reached a stage from which one is far away, and this harms one's soul. If this interpretation is right the question remains : how do we define that type of prayer, which belongs to the other aion ?

EP 69 is in many ways obscure (cf. Wilson p. 132 sq.) If the quotations of Mt. 8.16 slightly modified really have to do with prayer, is uncertain. The quotations were made not for the sake of "prayer" mentioned but rather for the sake of ἐν τῷ κρυπτῷ (in secret.) But in case we here find an authoritative Gnostic interpretation it brings us to the problem : "if the pleroma is within you, how do you pray to it" ? The relevant part of the logion (116 : 8-17) runs : "He said 'Go into thy chamber and shut thy door upon thee, and pray (ϢⲖⲎⲖ) to thy father which is in secret' which is 'he who is within them all'. But 'what is within them all' is the pleroma. After it (Wilson p. 132 less accurately *him*) there is no other thing inside of it. This is it of which they say 'That which is above them'".

There are some other EP texts dealing with prayer. EP 100 (123:13-14) mentions the eucharistic chalice as the ⲠⲞⲦⲎ ⲢⲒⲞⲚ ⲘⲠϢⲖⲎⲖ, the cup of prayer, and the special kind of prayer related to the act is the thanksgiving, εὐχαριστεῖν. Here we find a terminology very close to the Christian. The term εὐχαριστία recurs 106:11, 111:21, 115:29 (conjecture).

Logion 76 (117: 14 - 118: 4) is fragmented to such an extent that it is not possible to state what is the context of the word "prayer" ϣⲗⲏⲗ (117: 30).

The quotation of a eucharistic prayer will be dealt with below.

The petitionary aspect of prayer is obvious in the loanward αἰτεῖν (EP 107: 24, 26) in Logion 34 (trsl. Wilson p. 98).

"The saints are ministered unto
by the evil powers,
for they (the evil powers) are blind because of the holy spirit,
that they may think they are serving
a man when they act for the
saints. Because of this a disciple asked
the Lord one day for a
thing of the world. He said to him :
Ask (aitein) thy mother, and she will give thee
of that which is another's (ἀλλότριον alien)".

Interestingly enough the holy spirit is equated with the mother (Wilson quoting Schenke). This text could be understood as a criticism of petitionary prayer. When Christ is asked by a disciple for something of this world, he is not pleased but corrects his disciple by referring him to the mother, achamot, (the alien), who will give him that which it is not worthy of a true Gnostic to ask for. This text could be taken as referring to a type of prayer which befits a psychikos yet a disciple although not a true Gnostic.

The term worship (σέβεσθαι) 119:27 occurs in a broken text which cannot be restored. At the end of EP 26 (105:28 - 106:14) there is a quotation which could be regarded as deriving from a eucharistic prayer. Jesus appeared to his disciples in "a glory" on "the mountain". On that occasion he said in the "eucharistia" : He (or thou) who has united the perfect, the light, with the holy spirit, unite the angels also with us, the images". In his thorough and admirable study on the sacraments in EP, H-G. Gaffron (p. 184 sq.) also discusses this prayer. He points out that the terminology is genuinely Gnostic. "Jesus dankt (dem Vater) für die Syzygie Christus-Heiliger Geist oder Soter-Achamot. Merkwürdig ist, dass er bei der folgenden Bitte um die Vereinigung der Jünger mit ihren Engeln sich selbst einschliesst. Am besten lässt sich das durch die zuvor berichtete Polymorphie Jesu erklären : 'er zeigte sich nicht so, wie er [wirklich] war, sondern er hat sich so gezeigt, wie [sie] ihn [würden] sehen können. (S. 57, 29-31). Die Bitte ist also im uneigentlichen Sinne zu verstehen; sie hat ihren Sinn vom Assimilationsgedanken her". And he points out that Jesus does not need to be united because he is already united with his father or the Sophia.

Gaffron is obviously right in pointing out that Jesus is already united. But he may be somewhat too ingenious in explaining the peculiar wording of the prayer. We have here a strict quotation from a longer prayer. ⲡⲉⲛⲧⲁϩϩⲱⲧⲣ has the peculiar form of Pf. I which sometimes occurs in the Nag Hammadi texts. It does not indicate the subject but refers to what precedes it. Here the preceding is lost: it should of course be "thou".

The very circumstance that the text has not been changed into pentakhotr shows that this phrase was well known and unchangeable. The subject of the prayer is the Gnostic community, which has every reason to pray for "union". The problem why Jesus is made to use such a prayer, should perhaps not be explained by the polymorphy as in Gaffron. Without careful consideration a liturgical prayer has been put into the mouth of Jesus. The problem of a possible prayer in the name of Jesus among Gnostics or with Jesus as the subject of their liturgy will not be dealt with here.

The important point here is to emphasize that certain Gnostics even at such a central act as the eucharist had to pray for the "union". They had not reached a stage when prayer was without any meaning to them. But what was the case after the supreme initiation into the *nymphon*?

A very negative attitude to prayer as well as to fasting and almsgiving is found in the Gospel of Thomas (= ET) logion 14. Those three good deeds according to both Jewish and Christian belief are here dealt with differently: "If you fast you are creating sin for yourselves and if you pray, you will be condemned (κατακρίνειν) and if you give alms, you will do evil to your spirits".

This logion supports the interpretation given (p. 57) of EP 7, that you shall not pray "in winter" in this world, because it is harmful. This negative attitude of Jesus to praying, fasting and almsgiving is also witnessed to by ET 6 where on his disciples' inquiries about the observance of such practices, Jesus does not give a direct answer but instead turns to ethical exhortations: to not lie and what you hate do not do. (Cf. Wilson, op. cit. p. 70).

ET 104 (50:10 - 16) seems to indicate that the saviour and the disciples should not pray, whereas there are others who should pray, those who have not yet reached spiritual prefection.

"They (sc. the disciples) said [to him] : Come, let us pray today and let us fast. Jesus said : Which then is the sin that I have committed, or in what have I been vanquished ? But when the bridegroom comes out of the bridal chamber, then let them fast and let them pray".

The disciples suggest that they should pray together with Jesus. But the perfect man, who has the pleroma within himself has no reason to pray. If Jesus had sinned or been vanquished by the powers of this world, would he have fallen deep enough to have a need for fasting and prayer ? At the time when "the bridegroom comes out of the bridal chamber then let *them* pray and fast". That indicates that neither he nor the disciples will pray, but rather those who are not within the fold of the perfect ones. Who is the bridegroom ? The eschatological Jesus coming ? Or the initiates from his supreme initiation ? Or the bridegroom of this world ?

Johannes Leipoldt (*Das Evangelium nach Thomas*, p. 74) quotes a supposedly Jewish-Christian text about Jesus asking in what he has sinned which would necessitate his being baptized by John. Here is an obvious similarity ; Leipoldt says that Thomas knows of this tradition, but he transforms it completely. "Er reisst sie aus dem Zusammenhang heraus und fügt Beten und Fasten ein, so dass unser Text dem Spruch 5 ähnlich wird. Neu ist, dass Beten und Fasten unter Umständen keine Sünde sind, nähmlich wenn der Bräutigam aus dem Brautgemach herauskommt". He further thinks the bridegroom is Jesus and that the end of the logion refers to the "Einweihungssakrament des Brautgemachs".

Leipoldt may be right in his comments on this logion. But we would ask further questions. What is actually stated in this logion ? First, that prayer and fasting are appropriate for him who has sinned. Jesus has not committed sin nor has he been vanquished by the evil powers. There is then no reason for him to pray. But when the bridegroom comes out of the bridal chamber, then let *them* fast and pray. One should note the turn to the third person plural : let them pray. It has nothing to do with Jesus or his disciples. If now the bridal chamber denotes the initiation into the supreme stage why does it oblige you to pray?

Having reached the stage, one should probably not pray. Let us assume the bridal chamber is that of this world. Those who have entered that chamber and come out are defiled. Therefore they have to pray and to fast. If this interpretation is correct, prayer is not fitting for the perfect man; its true function concerns the imperfect. The text could hardly be referring to an eschatological appearance of the bridegroom, the "saviour", when they who are unprepared should pray. How could prayer mean anything at all at that stage?

Prayer in the Exegesis of the Soul

The Exegesis of the Soul (Cod. II, p. 127 - 137)[1] is a good example of a Gnostic understanding of the way of salvation. There is no doubt about its Christian - Gnostic character.[2] Its several and sometimes lengthy quotations from both the Old and New Testament are sufficient proof. Both the Gospels and the Paulines are quoted. Matthew 5.4 and 6 and John 6.44 and 63 as well as I Cor. 5.9-10 and Eph. 6.12 are among the full quotations. Odysseus weeping and longing for home and Aphrodite's seduction of the soul illustrate the Gnostic myth. These quotations from Homer are among the earliest examples of Christian and Christian-Gnostic traditions being influenced by "the sacred, scripture" of Greek culture.[3] Prayer as a function close to the $\mu\epsilon\tau\acute{a}\nu o\iota a$ is well attested in this short text. The first term referring to prayer is $\epsilon\pi\iota\kappa a\lambda\epsilon\hat{\iota}\nu$ which appears in 128: 31, 32. The soul is aware of her deplorable state and turns to the Father. She starts to invoke his name ꝑ€ⲡⲓⲕⲁⲗⲉⲓ ⲉ2ⲣⲁⲓ̈ ⲉⲡ[ⲉϥ]ⲣⲁⲛ) for help saying:

Save me, my father. Lo, I shall give
account (logos) (to you), (because) I (have) abandoned
    my house and fled from my *parthenon*.
Again turn me to thee.

The purification of the soul seems to be a purely mental-spiritual process as seems also to be the case with its baptism (132:2). The

---

[1] Here as with the following Texts ed. Krause — Labib has been used.

[2] Cf. Krause, Stand der Veröffentlichung. p. 72.

[3] Cf. Clem. Alex. Strom. III.4, V.14, VI.2.

connexion between penance and prayer is again ascertained p. 135: 1-15. Here John 6:44 gives a reason for praying :

"No man can come to me if not my Father draw him and brings him to me and I will raise him up at the last day". It is thus fitting to pray (ⲱⲗⲏⲗ) to the Father and call him (ⲙⲟⲩⲧⲉ ⲉϨⲣⲁⲓ ⲉⲣⲟϥ) with all our soul (ϨⲚ ⲦⲘ𝜓ⲩⲭⲏ ⲦⲎⲢⲤ̄). (ⲙⲟⲩⲧⲉ seems to render ἐπικαλεῖν) (135:1-5).

This invocation should not be with the outer lips but with the spirit which is in the innermost (ⲡⲤⲀ Ⲛ̄ϨⲞⲨⲚ) with sighing and making repentance. This repentance is stressed again 135: 21 sq. when a free rendering of Luke 14.26 is interpreted : The beginning of salvation is the *metanoia*. That is the reason why John the Baptist came before the parousia of Christ proclaiming the baptism of penitence. (135; 22-24). God listens to the soul which invokes (ἐπικαλεῖν) him (135: 27 sq). God's salvation and remission of sins is illustrated and motivated by O.T. quotations. Therefore again it is the proper thing to pray (προσεύχεσθαι) day and night wholeheartedly lifting up ⲡⲱⲣϣ hands in the same way as those do who are on the stormy sea not deceiving ourselves (ἀπατᾶν). Sighing (ⲀϣⲉϨⲞⲙ) and *metanoia* are again paired 137: 9 sq. and further illustrated by a quotation from a psalm (6: 7-10 a) and the conclusion of the whole tractate reads :

If we will sincerely metanoien (μετανοεῖν)
God will listen to us, longsuffering
and of great mercy. To him praise
belongs in all ages.

In this text we have no evidence of prayer for the soul that is in a stage of perfection but only a consistent stressing of the need of sincere prayer and invocation with true penitence. The terminology is Christian and Christian spirituality has strongly influenced the text.

The Book of Thomas (Cod. II, 7: 138,1 - 145, 19)

The Book of Thomas is another representative of Christian Gnosticism or of a Christianized text with encratitic tendency. Its teaching is a fairly clear and distinct explanation of the two ways possible and much emphasis is laid on the danger not to accept the true knowledge. At the end of this text (145: 1-16) there are a number of *makarismoi*

influenced by the beatitudes of the Sermon on the Mount, ending up
in an exhortation to prayer. The term here is ⲥⲟⲡⲥ which has not
been the common term in these writings where ϣⲗⲏⲗ seems to domina-
te.

The text reads :

Blessed are ye who cry and who are caused affliction (θλῖψις) by
those who have no hope, because you will be freed from all bonds.
Watch and pray that you will not remain in the flesh but come out
of the bond of bitternees of life. And when you pray (ⲥⲟⲡⲥ) you will
find rest (ἀνάπαυσις).

Again prayer, being watchful or keeping vigil have the function of
helping the soul on its way from this miserable world to reach *anapausis*,
but there is no indication of their use when once you have achieved
anapausis, which could be reached in this life.

There is an indication, from his note at the end of the Book of
Thomas (145: 20-23), that at least the scribe wanted the intercession
of his brethren. "Remember me, o brethren in your prayers (προσευχή).
Peace be to the holy ones and the pneumatics". We do not know if the
scribe's attitude to prayer is also that of any of the texts. The impression is that we have here an attitude more closely resembling Christian
notion although *pneumatikos* might indicate a Gnostic element.

The Acts of Peter and the Twelve Apostles (Cod. VI: 1-12)

M. Krause has indicated that this work is composed of two different
stories and a background story. The latter contains the Christian
ideas whereas the main bulk of the text is for the most part free from
Christian influence and expresses in a popular way central Gnostic
themes. (Krause, M., Der Stand der Veröffentlichung der Nag Hamma-
di-Texte, in *Le Origine dello Gnosticismo*, ed. Ugo Bianchi, Leiden,
1967, p. 76 sq.).

The first instance of petition in the widest sense of the word is found
p. 4: 4 sq. The poor of the town ask the man selling pearls to interpret
the meaning of his merchandise : "(We) ask you ([ⲧⲛ]ϯⲍⲟⲉ ⲙⲙⲟⲕ)
that you teach (us about) that pearl, (that) we at least will (see) it
because we (are poor)". This is not a prayer in the strictest meaning
but a request for information. A similar petition is repeated 4: 17-29.
The crucial phrase of that petition reads : ⲡⲛⲁⲉ ⲉⲧⲛⲟⲩⲉϣ ϫⲓⲧϥ

 N̄ΤΟΟΤΚ the grace which we wish to receive from you (4: 21-23). A proper Christian prayer is found in the tale combining the two stories. Having heard from the man with the pearls about the many dangers and hardships on the way to his city, Peter (referred to as "I") says : "How many are the hardships on the road ! O that now Jesus would give us strength that we go to him" (6: 10-12). In a Gnostic setting it is a prayer which marks the first steps homewards. This is further confirmed by the question : "Why are you sighing when you also know this name of 'Jesus' and you believe in him that he is a great power who gives strength, because I believe also in the father who has sent him" (6: 14-19). A prayer for power to do the will of God is repeated (9: 26-29). He who prays has not yet reached the mature faith, he is still sighing. He believes in Jesus but has not grasped the consequences. Further on, when the mystical name of the town has been told, he says : "Let us praise God (ΜΑΡΝ̄†ΕΟΟΥ Μ̄ΠΝΟΥΤΕ)."This may mark his having reached a higher step. Therefore he could go away from the man in peace (2N̄ ΟΥΕΙΡΗΝΗ). Christian vocabulary is certainly used in these passages.

When later on Jesus reveals himself to Peter, who is the spokesman of the twelve, the subject changes to "we" : "we prostrated ourselves on the earth, we greeted him submissively, we, the eleven disciples". (In spite of the title ... "and the twelve apostles", the text speaks about the eleven, in order to indicate that this story takes place before the election of Matthias and before the ascension).

Here Jesus is greeted with prostration and devotion, but Jesus stretches forth his hand, and raises them up. Prostration is recurring at the end of these Acts (12: 16-19).

Here the term is ΝΟΥΧΕ : (throw yourself down) ΑΥΝΟΧΟΥ ΕΧΜ̄ ΠΚΑ2 whereas 9: 19 uses ΠΩ2Τ : ΑΝΠΑ2ΤΝ, bend, bow down. In both passages (6: 27 and 12: 19), they are said to part in peace.

It should also be indicated that he who wants to walk the way has to renounce everything he has and daily fast from one station (monē) to the other (5: 21-25). The term for renunciation is ΑΠΟΤΑССΕ (ἀποτάσσεσθαι) (Luke 14.33) recurring also 7: 24 and 10: 15. This term is used in the Christian baptismal service when world and Satan are renounced. Here it seems to include everything earthly, a gnostic variant. Both renouncing and fasting have here a positive function unlike what ET log. 14 (see p. 58). Generally the text here referred to belongs to the Christian background story. Some terms are definitely Christian (apotassesthai, eirene) as is also the prayer attitude. There is reason to ask to what extent this text can be taken as a source illustrating the function of prayer among Gnostics. The christianization seems to have gone too far. This also raises the question of the nature of the Christian background story. Was it added to make a possibly popular Gnostic text attractive and even useful to Christians or was it used by Gnostics to deceive Christians ? Possibly one must answer this question for each particular text of this kind separately. Such a text could most likely be used either way. A church on the offensive around the year 300 A.D. or in the 3rd century might very well have tried to use a text of this type to draw the adherents of the gnostic sects into its fold. In spite of its obvious lack of the *scandalon* of the cross it contains much teaching useful in a special kind of missionary situation.

The Hermetic text without title

Codex VI, 52-63, 32 contains a supposedly Hermetic text (Krause, Stand der Veröffentlichung p. 77sq.) which together with the prayer VI, 63, 33-65, 7 and the end of the tractate "The authentic *logos*" p. VI, 35 has given Krause the reason for starting again the discussion about the existence of Hermetic congregations and rites. If these texts are authentic Hermetic writings, which Krause (Stand p. 77) feels certain about, it seems unavoidable to conclude that there were such religious groups with rites and possibly sacraments.

Written in the way of a dialogue, this text contains a good deal of material relating to prayer. Already 53,27 sqq brings an exhortation to prayer : "Let us pray (ΜΑΡΝ̄ϢΛΗΛ), o my son, to the father of all thy brethren, who are my children, that he may give the spirit of ϢΑΧΕ (the word, or speaking)." Hereupon follows a question : "How do they pray (ϢΛΗΛ), o my father, when they come together to the books ?" The text is broken from 53, 35 to 54, 7 and it is not possible to fill the gap. Further we learn that prayers were not extemporaneus but already to some extent codified. We do find, however, that the text presupposes not the prayer of an individual but a prayer of a group : "let us pray (ΜΑΡΝϢΛΗΛ)", the same kind of exhortation to prayer as we meet with among Christians at an early time.

The communal prayer is further emphasized in 54, 18-22 : "O my son, when thou recognizest the truth of thy word (ϢΑΧΕ), thou wilt find your brethren, who are my children, praying with you".

An example of prayer, the text of which is partly broken, is preserved 55, 23-57, 25. It begins with an exhortation to prayer : May we pray,

o my father (ⲙⲁⲣⲛ̄ⲱⲗⲏⲗ). Then follows a long introduction recalling
the nature of the father, introduced by: "I call upon you (ϯⲣⲉⲡⲓⲕⲁⲗⲉⲓ)
55, 24-56, 22. Here at last we learn what the prayer is about : "Lord,
give us wisdom (note the change back to 1 plural) from thy power
which teaches to us, that we tell ourselves the *theoria* (contemplation)
of the *ogdoas* and the *enneas*". They had already reached to seventh
step (*hebdomas*) and they were not discouraged by their sin or short-
comings because they maintain they are pious (*eusebes* 56,28), they
have followed the law and have always fulfilled God's will. The impli-
cation of what they pray for is truth (ἀλήθεια 57, 4), spirit (πνεῦμα
57, 5), and what it means is further elaborated on. Now follows (57,
18 - 57, 23) a turning to the sacrificial aspect of the prayer : "Receive
from us the spiritual sacrifices (λογικὴ θυσία, cf. Rom. 12.1) which we
offer up to thee (ⲉⲧⲛ̄ⲧⲛⲛⲟⲟⲩ ... ⲛⲁⲕ, probably renders a Greek
ἀναπέμπομεν, frequently used in Christian liturgical language,) of all
our heart and all our soul and all our power". It is difficult to avoid
recognizing here influence both from the NT (cf. Luke 10.27) and from
Christian liturgical tradition of not the most primitive type. A short
petition marks the end of this long prayer : 'Save, what is in us, and
give us the immortal wisdom (57, 23-25)'. As is indicated at the end
of the prayer (65, 4) they give 'peace' to each other (ἀσπάζεσθαι) in
love (or truth).

This liturgical greeting recurs at the end of the prayer following
this text p. 65, 3-4. Cf. the Mandaean *kushṭa*. What follows (57, 28 -
58, 22) expresses the joy of having received the power which is light.
The speaker sees the depth which cannot be explained, he sees the one
who has awakened him from his stage of forgetfulness, he sees himself,
he wants to speak but does not dare, he sees a well full of life, the stage
of the *ogdoas* and the *enneas* is reached, the stage where both angels and
souls are praising (ὑμνεῖν) in silence. This motif of *sigē* — silence is
developed further in 58, 23-59, 14.

What now follows is a dialogue between Hermes and his son about
the supreme mysteries, how the soul is deprived of the vision and how
it receives the light (57, 15-60, 1).

O, Trismegistos, my soul is deprived of the vision (θεωρία) although
she is divine (θεῖον). (But) to you everything is possible, as the
teacher of the whole place. — Turn yourself to death, o my son, and
say in that you keep silence. Ask (αἰτεῖν) what you want keeping
silence.

When he stopped blessing (praising) he cried out :

Father, Trismegistos, what shall I say ? We have received this light and I see this one vision (*theoria*) in you. And I see the *ogdoas* and the angels praising the *enneas* and its powers. And I see him having the power of all of them, creating in the spirit.

Two lines 59, 26-27 are especially interesting because they remind of the famous troparion of the Constantinople liturgy : "We saw the true light, we received spirit from heaven". In its liturgical context it refers to the eucharist and the communion which has just been received. The Hermetic text emphasizes the reception of light and the contemplation in the father : "We have received this light and I see the one theoria on you".

It is quite conceivable that there is some connexion between the two texts. At present we are not able to prove the existence of that Christian text in the 4th century. However, it is not unlikely that the church has introduced that troparion in an attempt to combat Gnostic and especially Hermetic thought. This text as a whole is rich in references to prayer and the praise of God, but here we have only discussed some few passages. Most terms used are Greek loanwords indicating the original language of the text. A preliminary stage of spiritual development may be indicated by the term *aitein*, to ask. In the introduction to the oath taken by the reader of this sacred and possibly secret document it is said that the readers should not fight against the works of fate (*heimarmene*) but follow the law of God and in purity *ask* God for knowledge (*gnosis*) and wisdom (*sophia*) (62, 27-33). Another example of *aitein* has already been quoted (p. 65) as has an instance of *epikalein* which seems to be synonomous to ϣⲗⲏⲗ (55, 23-24).

A more advanced spiritual stage seems to be expressed by the praising and giving thanks. The verb sing praise, *hymnein* occurs nine times here and nowhere else in the whole of Codex VI. That it belongs to an advanced stage is shown by 58, 20 : The souls and the angels (of the *ogdoas*) praise (*hymnein*) silently, in a wordless hymn. The initiate will also praise : "I keep silence, o my father. I want to praise thee keeping my silence" (58, 24-26). In the "Hermetic Magnificat" (60, 17 - 61, 2) we find both the words used in various ways *hymnein* and *psallein* together with the Coptic ⲥⲟⲡⲥⲡ (60, 19) and ⲥⲙⲟⲩ (60, 18) meaning to pray and to bless, to give thanks respectively. Also here we recognize Christian or biblical influence, the most obvious passage being the way God is addressed as the "sower of the word" (60, 24).

This rich text certainly indicates that the adherents of its faith which most likely were Hermetic Gnostics had some kind of ordered liturgical life with symbolic and/or sacramental acts with prayers and thanksgiving and that they in their liturgical language and probably also in their attitude to prayer were influenced by the Christian Church.

The prayer which they spoke

The short prayer VI, 63, 33-65, 7 here called the Asclepios prayer has been commented upon by Krause already 1966 (Stand der Veröffentlichung, p. 79). It was known before both in Greek and Latin versions (A. D. Nock and A. J. Festugière, *Hermès Trismégiste*, II, 353 sq.). Comparing the three texts Krause finds that the Coptic is closer to the Greek than to the Latin. The Coptic is also useful in restoring the Greek text, the only manuscript of which is not perfect.

If one assumes that its Hermetic attribution is correct, this text will give some insight into the religious atmosphere of the Hermetic tradition. The ritual context indicated at the end of the Coptic version and slightly differently by the Latin has some bearing on the understanding of the nature of Hermetism. It must have had some organization and recognized liturgical functions. According to the Coptic version the prayer is followed by mutual greeting, kissing — they kissed each other ἀσπάζεσθαι, — and "they went to eat their sacred food, in which there is no blood" (65: 3-7). In the Latin version the food is "puram et sine animalibus cenam" (Nock-Festugière, op. cit. II, p. 355). We may here have a reference to one of the many kinds of Gnostic cultic meals. A meal without blood may be understood as influenced by Jewish tradition; it might also be taken as an anti-Christian text opposing Christian sacramental realism. But pure *trophē* could also refer to some kind of meal which like a Manicheaan cultic meal, is pure since containing food rich in light particles. From the short text it is hard to reach a more definite interpretation of the liturgical practice.

As to the text of the prayer we shall not enter on a full analysis of it here. However, we should observe that it begins with a thanksgiving : "We give thanks (ⲦⲚ ϣ ⲡ̄ϩ̄ⲙⲟⲧ)". This may indicate that we have a continuation of a Jewish *beraka* tradition. A further indication of Jewish background is the central place given to the *name* which is honoured by the *onomasia*, being called God. Such Jewish elements could be handed down via Christian tradition. The persons praying, having

received the true knowledge continue : "We rejoice when we received
the light in your knowledge. We rejoice because you have taught us
about yourself. We rejoice, because you — while we are still in the
body — have made us gods in your knowledge". This is an unusually
straightforward and beautiful expression of an advanced stage of
Gnostic perfection. At the end of the prayer (64: 30 - 65: 2) we come
across the part which especially illustrates the question posed in this
article. "We ask for (*aitein*) one single wish : that we may be preserved
in the knowledge. One particular preservation it is, however, that we
ask for, that we may not go astray in this so peculiar life". Here we
have valuable proof of the practice of prayer among certain Gnostics,
in spite of the fact that they regarded themselves to some extent
having reached a stage of being "god". Even the one who achieved
such could slip away from this advanced state. He had to watch his
step in order not to fall. Like the advanced Christian he is experiencing
the stage of being *inter spem et metum*. The cultic meal that followed
probably had the function of strengthening the conviction of having
received the knowledge; and the life in the community was of further
assistance in maintaining the advanced stage. The "kiss of peace"
indicates a well-knit community of faithful, of perfected ones who
struggled to remain such until the end of life. If this interpretation is
correct there were at least some advanced Gnostics who never graduated
from prayer and sacraments.

The result of this study is that we got some confirmation of Clement's
statement. The two second century texts and thus contemporary of
Prodicus, give some evidence of a negative attitude to prayer, although
the texts are fairly obscure and we cannot say that we understand
the reasoning behind completely. To what extent there is any connexion
between Prodicus and the two Gospels quoted remains questionable.
We know very little about Prodicus and the little we known is not
entirely in agreement with the main trend of thought we come across
in ET and EP. Prodicus was probably not the only one who took
that stand.

In some of those texts which are basically Gnostic but later influenced
by Christian thought, yes Christianized, we find ample evidence of
the practice of prayer. The texts quoted are most likely belonging to
the third century. The indication may be that Christian spirituality
was strong enough to make the need of prayer obvious. However,
prayer is such elementary a need that it is hard to see how a Gnostic

group could be successful if not conforming to that need. The Church certainly understood the situation. Not the least interesting is the evidence of the Hermetic texts. In the prayer of Asclepios, we have found evidence of prayer among those who regard themselves as already in some sense 'god'. In spite of their elevated stage, they are aware of the danger of falling out of Gnosis. They are between fear and hope.

DAS PROBLEM DES BÖSEN IN APOKALYPTIK UND GNOSTIK

VON

CARL-A. KELLER

1. *Apokalyptik und Gnostik*

Es ist schon mehrfach und mit Recht darauf hingewiesen worden, dass zwischen Apokalyptik und Gnostik gewisse Beziehungen bestehen müssen, wenn auch über die Art dieser Beziehungen noch keine Einigkeit erzielt worden ist. Jedenfalls hat die seinerzeit von R. M. Grant aufgestellte These, wonach die Gnostik zu verstehen wäre als eine durch die Ereignisse von 70 n. Chr. bedingte Spiritualisierung apokalyptischer Erwartungen, wenig Anklang gefunden. Indessen ist bei aller Skepsis gegenüber dieser radikalen These auf gewisse Zusammenhänge immer wieder hingewiesen worden.[1] In der Tat lassen sich ohne Weiteres eine ganze Reihe von Berührungspunkten aufzeigen, die eine vergleichende Betrachtung von Apokalyptik und Gnostik rechtfertigen. Davon seien kurz die folgenden genannt:[2]

1. Apokalyptiker und Gnostiker bedienen sich weithin *derselben Literaturformen*. Hüben und drüben finden sich Offenbarungen ("Apokalypsen"), angeblich lange geheim gehalten, jetzt endlich zur Kenntnis der Auserwählten gelangt; ferner Ermahnungen und Unterweisungen, oft mit Weherufen und Seligpreisungen gespickt; Dialoge zwischen Wissenden und zu Unterweisenden; Visionsschilderungen usw. Obwohl das Gebiet der Literaturformen von der Forschung manchmal etwas vernachlässigt wird, kann noch schon jetzt gesagt werden, dass vermut-

---

[1] R. M. Grant, *Gnosticism and Early Christianity*, New York 1959 (²1966). Ein Vorläufer von Grant war H. Blumenberg (1958) vgl. K. Rudolph in *ThR* 36 (1972), S. 7 und 95f. Die Beziehungen zwischen Apokalyptik, vor allem Qumran-Apokalyptik, und Gnostik wurden auf dem Kongress von Messina (1966) ausgiebig diskutiert, cf *Le Origine dello Gnosticismo* Leiden, 1967, S. 380-410. Zum Ganzen K. Rudolph, *ThR* 36 (1972), S. 95-103. Neuerdings auch W. Schmithals, *Die Apokalyptik*, Göttingen 1973.

[2] Die im Folgenden genannten Punkte berühren sich in etwa mit den von K. Rudolph a.a.O. S. 108f. aufgezählten "Nahtstellen" zwischen Judentum und Gnostik.

lich die Palette der literarischen Gattungen auf Seite der Gnostik
reicher ausgebildet ist als auf Seiten der Apokalyptik.

2. Die *Sprache* beider Textgruppen ist sehr stark mit *alttl. Zitaten
und Reminiszenzen* durchsetzt. Dies überrascht im Falle der jüdischen
Apokalyptik keineswegs; doch gibt es auch auf Seite der Gnostik sehr
wenig Texte, die nicht irgendwie das Alte Testament benützen, was
bekanntlich immer wieder zwingt, auf die Frage des jüdischen Hinter-
grundes der Gnostik einzugehen.

3. In beiden Literaturgruppen wird ein *geoffenbartes*, im Prinzip
geheimes, jedoch zur Erlösung *notwendiges Wissen* gelehrt. Der Apokalyptiker ist der in alle Geheimnisse Eingeweihte, der die rechte Weisheit
und die für Gegenwert und Zukunft entscheidenden Erkenntnisse
vermittelt.[3] Genauso ist Gnostik in erster Linie literarische Ausge-
staltung von Gnosis, d.h. Erkenntnis und Wissen. Dies Wissen betrifft
einerseits die raum-zeitliche Gesamtstruktur des Universums : Him-
melsräume, Mittelmächte zwischen Gott und Menschenwelt (Engel,
Dämonen, ihre je besondere Funktion und Geschichte), und andererseits die Existenz des Menschen, den Sinn seines Lebens, seine Herkunft
und seine Zukunft. Kosmologisches und anthropologisches, existen-
zielles Wissen gehören aufs engste zusammen und es geht nicht an,
etwa bei der Apokalyptik die kosmologische Dimension zugunsten
der existentiell-geschichtlichen zu vernachlässigen,[4] wie man umgekehrt
bei der Gnostik die existentiell-geschichtliche Verankerung kosmologischer Spekulationen nicht übersehen sollte.

4. Sowohl in apokalyptischer wie in gnostischer Literatur lehrt man
an entscheidender Stelle eine *Entzweiung innerhalb der überirdischen
Welt*, einen Bruch, der wichtigste Aspekte irdisch-menschlicher Existenz
metaphysisch begründet. In der Henochliteratur zB besteht dieser
Bruch im eigenmächtigen Eingreifen gewisser Engelmächte in das
Geschehen innerhalb der *geschöpflichen* Welt; in Qumran hört man
von zwei sich diametral gegenüberstehenden, jedoch in ihrer Gegen-

---

[3] Cf die "Weisheit" Daniels; ausserdem vor allem äth. Henoch 93, 10ff. (der Apokalyptiker vermittelt vollkommenes Wissen) und 42 (die Weisheit nur im Himmel, wo
sie allerdings dem Apokalyptiker mitgeteilt wird). Seit G.v. Rad, *Theologie des Alten
Testaments*, Bd II (München 1960), S. 314-328, wird bekanntlich der Zusammenhang
zwischen "Weisheit" und Apokalyptik immer wieder diskutiert. v. Rad hat übrigens
das apokalyptische Wissen "Gnosis" genannt (S. 315).

[4] Wie das z.B. bei W. Schmithals in seinem A.1. genannten Buch über die Apokalyptik
geschieht. Dieselbe Tendenz, die geschichtlich-existentielle Dimension auf Kosten der
kosmologischen zu überbetonen, findet sich auch bei Chr. Barth, *Diesseits und Jenseits
im Glauben des späten Israel*, Stuttgart 1974.

sätzlichkeit vom Schöpfergott gewollten, Engelmächten; die Gnostik berichtet vom eigenmächtigen Handeln der Sophia, oder auch von Entzweiung im Kreise der niederen himmlischen Gewalten. In jedem Fall aber bestimmt der so oder so formulierte Konflikt im "Himmel" das Ergehen der irdischen Geschöpfe.

5. Sowohl das apokalyptische wie das gnostische Wissen münden in eine *klar umschriebene Ethik* asketisch-restriktiver Prägung: hüben wie drüben ist das rechte Tun des Menschen unabweisbare Forderung. Zwar ist in der modernen gelehrten Literatur gelegentlich die Rede von "libertinistischer" Gnostik; doch ist mehr als zweifelhaft, dass es dies je gegeben hat. "Libertinismus" wird so weit ich sehe von keinem einzigen echten gnostischen Text gelehrt, während die positiven ethischen Konsequenzen der Gnosis überall breit ausgeführt werden. Das Postulat einer "libertinistischen" Gnostik geht zurück auf die allzu billige Polemik der Kirchenväter, die ihrerseits vielleicht in gewissen gnostischen Sakramenten (dem "Brautgemach" zB) und in der gnostischen Frontstellung gegen die legalistischen Forderungen des Demiurgen eine (allerdings gründlich missverstandene) scheinbare Grundlage hat.

6. Den apokalyptischen wie den gnostischen Schriften ist schliesslich und vor allem eine ausgesprochen *polemische Grundhaltung* gemeinsam. Das geheime Wissen wird hier wie dort den Auserwählten allein vorbehalten, während alle übrigen Menschen im Irrtum leben und als verloren zu betrachten sind.

Eine vergleichende, eventuell kontrastierende, Analyse von Apokalyptik und Gnostik rechtfertigt sich also durchaus. Im Folgenden wählen wir als Ausgangspunkt das zuletzt erwähnte, beiden Gruppen gemeinsame Element: Sowohl die *Apokalyptiker* wie die *Gnostiker* verstehen sich als privilegierte *Verwalter eines besonderen metaphysischen und ethischen Wissens, das sie vor den Nichtwissenden auszeichnet* und in den Genuss bestimmter Vorrechte bringt. Mit dieser Feststellung finden wir uns ganz allgemein im Bereiche dessen, was man soziologisch als "Sekte" bezeichnen könnte: sowohl die apokalyptischen wie die gnostischen Schriften lassen auf die Existenz von "Sekten" schliessen, d.h. von mehr oder weniger organisierten oder strukturierten Gruppen, welche aus spezifischen Gründen anderen Gruppen, oder auch der Gesellschaft als Ganzem und ihrer Ideologie, Widerstand leisten und sich in diesem Widerstand konstituieren als Kern einer zukünftigen neuen Gesellschaft. "Sekte" ist hier lediglich ein Formal-

begriff, der durch oppositionelles Verhalten gekennzeichnet ist, wobei
der numerische Aspekt (die "Sekte" kann sich u.U. auf eine minimale
Zahl von Anhängerern einer Führerpersönlichkeit beschränken) eben-
sowenig eine Rolle spielt wie das im gewöhnlichen Gebrauch mitschwin-
gende abschätzige Werturteil im Vergleich mit einer als "normal"
empfundenen "Orthodoxie".

Wenn auch der Grad der Institutionalisierung apokalyptischer und
gnostischer Gruppen, von wenigen Ausnahmen abgesehen (Qumran-
Gemeinde; gewisse Gnostiker bei den Kirchenvätern), gering zu
sein scheint, geht doch ihre Existenz aus manchen Indizien unzwei-
deutig hervor. Als solche Indizien nennen wir u.a. den kompositen
Charakter der wichtigsten apokalyptischen Schriften (zB Daniel,
äth. Henoch), von denen einige als eigentliche Sammelcodices im Sinne
etwa der NHC anzusehen sind, was auf Sammel- und Interpretierungs-
tätigkeit interessierter Kreise hindeutet; die Wichtigkeit der Paränese,
die sich — ähnlich wie in neutest. Briefen — an konkrete Gruppen zu
richten scheint; die Anspielungen in apokalyptischen wie gnostischen
Texten auf das "Sammeln" der Erwählten, der "Brüder" und "Glieder"
des Erlösers, auf "Gemeinden" oder "Versammlungen"; schliesslich
auch und besonders die Erwähnung sakramenteller Handlungen. Dies
alles sind nur Indizien von Gruppenbildungen und es lässt sich schwer
sagen, wie weit die interessierten Kreise wirklich durchorganisiert
waren; dennoch sind wir berechtigt, bei Apokalyptikern wie Gnostikern
von "Sekten"-Bildungen zu sprechen.

Dazu gesellen sich natürlich, im Falle der Gnostiker, die bewegten
Klagen der Kirchenväter über erfolgreiche Missionstätigkeit einzelner
gnostischer Führer, wobei gelegentlich ausdrücklich von Gruppenbildung die Rede ist.

Im Verlauf der Religionsgeschichte haben sich derartige "Sekten",
oppositionelle Religionsgemeinschaften und Gruppen, eschatologische,
messianische, nativistische und sonstige Erneuerungsbewegungen,
"neue Religionen" usw zu Tausenden gebildet, und zwar bis in die
Gegenwart hinein, die auf diesem Gebiet ganz besonders fruchtbar
ist. Diese Phänomene bilden denn auch ein bevorzugtes Arbeitsgebiet
der Religionswissenschaft, insbesondere der Religionssoziologie und
der Ethnologie. Es ist höchste Zeit, dass sich die Apokalyptik- und
Gnostik-Forschung die Fragestellungen, Methoden und Lösungs-
vorschläge der Religionswissenschaft zunutze macht. Darüber hat auf
dem Gnostizismus-Kongress von Messina im Jahre 1966 der Anthropo-
loge E. M. Mendelson das Entscheidende gesagt: er schlug vor, dem

Phänomen der Gruppenbildung innerhalb einer gegebenen Gesellschaft unter Zuhilfenahme soziologischer Methoden grössere Aufmerksamkeit zu schenken.[5] Die Tatsache, dass E. M. Mendelson in Messina weihin auf Unverständnis gestossen zu sein scheint,[6] ist bezeichnend für die Tendenz mancher Forscher, gnostische Texte lediglich als abstrakte Geistesprodukte zu deuten, statt sie zu verstehen als Exponenten umfassender sozialer und kultureller Vorgänge. Es soll darum im Folgenden der *Versuch einer religionswissenschaftlichen Analyse* von Apokalyptik und Gnostik gewagt werden, und zwar unter besonderer Berücksichtigung neuerer Arbeiten über die Entstehung von "Sekten" und "neuen Religionen".

Zuvor jedoch ein warnender Hinweis : sowohl "Apokalyptik" wie "Gnostik" sind künstliche Sammelbegriffe, deren historische Tragfähigkeit erst einmal kritisch untersucht werden müsste. Was wir besitzen, das sind zunächst eine Anzahl Schriften, die man unter Zuhilfenahme konventioneller Kriterien als "apokalyptisch" bzw. "gnostisch" bezeichnet, und ausserdem eine Anzahl polemischer Darstellungen aus der Feder von Vertretern derjenigen "Sekte", die sich im Verlauf der Geschichte als "orthodoxe Kirche" durchgesetzt hat. Die hinter der "Apokalyptik" stehenden Gruppen haben sich selber nicht als "Apokalyptiker" bezeichnet — "Apokalyptik" und "Apokalyptiker" sind moderne Termini. Was die "Gnostiker" betrifft, so haben vermutlich (nach dem Zeugnis der Kirchenväter) einzelne Gruppen diesen Ausdruck auf sich selber angewandt;[7] indessen darf nicht vergessen werden, dass "Gnosis " ein Kennzeichen fast aller hellenistischen Philosophie und Spiritualität ist, insbesondere auch der sog. "orthodoxen" Kirche; ein "Gnostiker" ist einfach ein Mensch, der "Gnosis" besitzt oder zu besitzen behauptet, und dieser Terminus wird gerade von Kirchenvätern mit Vorliebe für sich beansprucht.

---

[5] *Le Origine dello Gnosticismo* (Leiden 1967), S. 668-675 : Some Notes on a Sociological Approach to Gnosticism.

[6] Cf K. Rudolph, a.a.O. S. 124 : "M. scheint wenig Ahnung von der Quellenlage des Gnostizismus und der Gnosisforschung zu haben, wenn er glaubt, mit seinen Ausführungen der Gnosisforschung weiterzuhelfen" (!). Rudolph fügt allerdings hinzu : "Die Mahnung, dass Religionsgeschichte und Soziologie Hand in Hand arbeiten sollten, bleibt allerdings beherzigenswert" (!)

[7] z.B. Valentin (Iren. I, 11, 1), Naassener (Hipp. V, 6, 4), die Anhänger des Prodikos (Clem. Strom. III, 4). Die Valentinianer setzen allerdings den Terminus "Gnostiker" mit der höchsten Klasse der Initiierten, den "Pneumatikern" in eins; bei den Naassenern hängt die Beziechnung "Gnostiker" ausdrücklich mit der Tatsache zusammen, dass sie "Erkenntnis" besitzen.

Die Trennungslinie verlief nicht zwischen "Orthodoxie" und "Gnostizismus", sondern zwischen "wahrer" und "falscher" Gnosis, "wahren"
und "falschen" Gnostikern (cf. 1 Tim 6, 20). Es ist immer gefährlich,
die Vielfalt des Lebens in künstlichen Kategorien einfangen zu wollen,
und eine schematische Handhabung der Begriffe "Apokalyptik" und
"Gnostik" wird unfehlbar zu falschen Urteilen führen. In Wirklichkeit handelt es sich um weithin unbewusste Traditionsströme, die sich
da und dort in Bewegungen und Gruppen kristallisierten, wobei die
verwirrende Mannigfaltigkeit der Konkretisierungen, die vielfachen
Ueberschneidungen, Begegnungen, Spaltungen, Verbindungen, lokalen
Ausprägungen, ständig wechselnden Konstellationen, nur höchst
unvollkommen entwirrt werden können.[8] Die zufällig erhaltenen
Dokumente sind nur Exponenten umfassender Gegebenheiten, die
uns immer nur unzulänglich bekannt sein werden.

2. *Methodologische Grundlegung*

Während die Apokalyptikforschung eben erst begonnen hat, sich an
den einschlägigen Arbeiten der Religionssoziologie und Ethnologie
zu orientieren, und zwar mit verheissungsvollem Erfolg,[9] hat sich
die Gnostikforschung, abgesehen von dem Vorstoss von E. M. Mendelson, noch kaum auf dieses Gebiet gewagt.[10] Wir beginnen darum mit
der Darstellung des Instrumentariums, d.h. mit der Definition der
Begriffe und Fragestellungen, welche der Analyse der zur Diskussion
stehenden Bewegungen dienen sollen. Diese Begriffe sind vor allem
von Bryan Wilson und Kenelm Burridge erarbeitet worden.[11] Unter

---

[8] Über die Leichtfertigkeit, mit der manchmal (auch in der vorliegenden Studie!)
die Gnostik als Einheit betrachtet wird, hat E. Yamauchi, *Pre-Christian Gnosticism* :
A Survey of the Evidences, London 1973, beherzigenswerte Dinge geschrieben.

[9] S. R. Isenberg, Millenarism in Greco-Roman Palestine, in : *Religion. Journal of
Religion and Religions* (London), 4 (1974), S. 26-46.

[10] In seiner Studie "Versuch einer soziologischen Verortung des antiken Gnostizismus",
Numen 17 (1970), S. 211-239, geht H. S. Kippenberg nicht von eigentlich soziologischen,
sondern von ideologischen Gesichtspunkten aus. Wir werden auf seine Thesen noch
zurückkommen. Der Aufsatz von P. Pokorny, Der soziale Hintergrund der Gnosis,
in : *Gnosis und Neues Testament* (ed. K. W. Tröger), Gütersloh 1973, S. 77-87 kommt zu
interessanten Ergebnissen (die Gnosis als Lösung des Problems der geistigen Entwurze-
lung bei den jüdischen Kleinbürgern hellenistischer Städte); jedoch scheinen mir die
methodologischen Voraussetzungen zu wenig klar dargelegt. Zum ganzen Problem,
cf K. Rudolph, a.a.O. S. 119-124.

[11] K. O. L. Burridge, *Mambu, A Melanesian Millennium*, London 1960; dars. :*New
Heaven New Earth*, Oxford 1969; B. R. Wilson, *Magic and the Millennium*, London

den vielen sonst noch von den Spezialisten verwendeten Begriffen
scheinen die folgenden sich durch besondere Brauchbarkeit auszu-
zeichnen.

1. Determinierend für das Verhalten eines Individuums oder einer
Gemeinschaft ist der *Response to the world*,[12] d.h. die je und je charak-
teristische Einstellung zur "Welt", konkret zur bestehenden Gesellschaft, ihren Institutionen, ihrer Ideologie, ihrer Wirtschaft, ihrer
Kultur. Der "response to the world" bestimmt die Reaktionen, Affilia-
tionen und Initiativen von Einzelnen und von Gruppen. In der
Regel, d.h. unter dem, was man "normale Umstände" nennen könnte,
ist die Einstellung durchaus positiv; die bestehende Ordnung wird
trotz etwelcher Mängel als annehmbar empfunden; man passt sich
ihr an, man hat den Eindruck, in ihr auf seine Rechnung zu kommen
und fruchtbringend mitarbeiten zu können. Die "Sekte" aber, d.h.
die oppositionelle religiöse oder politische Bewegung, steht im Gegensatz zur Gesellschaft und ihrer Ideologie, und insbesondere zu den
diese Ideologie tragenden und verteidigenden Kreisen; sie reagiert
negativ auf die herrschende Ordnung, äussert sich kritisch ihr gegenüber, ja lässt sich zu offener Feindschaft hinreisen. Die "Welt" wird als
"schlecht" bezeichnet; man stellt sie als unbefriedigend oder zum
mindesten stark verbesserungsbedürftig hin.

2. Wie kommt es zu dieser negativen Haltung gegenüber der Gesellschaft? Hier bietet sich der Begriff der *Redemption* an, d.h. der *Selbstverwirklichung*.[13] Die "Welt" (d.h. die Gesellschaft und ihre Organisation) wird darum als "böse" und feindlich empfunden, weil ihre
Strukturen es dem Einzelnen oder bestimmten Gruppen nicht mehr
gestatten, sich in ihrem Rahmen als vollwertige Glieder, d.h. ganz
einfach als *Menschen*, zu entwickeln. Die Gesellschaft organisiert
sich nämlich in einem unendlich feinen und komplizierten Gewebe von
Leistungen und Gegenleistungen, von Transaktionen, in welchem
jeder Einzelne ganz bestimmte Rechte und Verpflichtungen hat. In dem
Masse nun als jemand fähig ist, seine Rechte wahrzunehmen und
seine Pflicht zu erfüllen, ist er ein vollwertiges Glied der Gesellschaft
und wird als solches anerkannt. Seine Stellung ist befriedigend, er hat

---

1973. — Im Obigen werden die Definitionen der beiden Forscher aufgenommen und
leicht erweitert.

[12] Cf. B. Wilson, a.a.O. S. 18-30.

[13] Cf K. O. L. Burridge, *New Heaven.*, S. 4ff. — Was Burridge mit "redemption"
meint, bezeichnet Wilson als "salvation".

keinen Anlass, in die Opposition zu gehen. Leistet er mehr als wozu er verpflichtet wäre, erringt er durch seine Mehrleistung eine Status-verbesserung [14]; gelingt es ihm hingegen nicht mehr, und zwar aus irgendwelchen Gründen, seine Schuld abzutragen und durch sinnvolles Handeln zur Selbstverwirklichung oder gar zu Status zu gelangen, fühlt er sich frustriert. Frustration, m.a.W. das Gefühl, Unrecht zu erleiden und nicht als vollwertig zu gelten, äussert sich notwendiger-weise in einem negativen "response to the world" und in oppositionel-lem Verhalten.

3. Von ganz besonderer Bedeutung und Nützlichkeit ist der von K. Burridge in die Diskussion eingeführte Begriff des *"Myth-dream"* oder *"Mythentraums"*.[15] Darunter ist zu verstehen der der Gesell-schaft und ihren Gliedern eigene, meist mehr oder weniger unbewusste, unter bestimmten Bedingungen sich äussernde, Schatz an Erfahrungen, Kenntnissen, Ueberzeugungen, Lehren, Vorstellungen, Wünschen, Träumen und Hoffnungen, die in ihrer vagen, stets fluktuierenden Gesamtheit den kulturellen Besitz der Gesellschaft ausmachen. An diesem Mythentraum haben alle teil, die einen mehr, die andern weni-ger; er ist identisch mit der "Sprache" der Gesellschaft im weitesten Sinne, d.h. mit der Totalität aller potentiellen Ausdrucksmittel. Die Elemente des Mythentraumes fliessen aus den verschiedensten Quellen : alte Traditionen, neue Erkenntnisse, fremde Einflüsse aller Art, Informationen, Gerüchte, vermutlich auch die Schatzkammern des (kollektiven) Unbewussten. Letzlich ist die Herkunft der Elemente völlig unwichtig im Vergleich zu ihrem effektiven Vorhandensein im Mythentraum und zu ihrer Verwendbarkeit in der konkreten "Rede" (d.h. in der Haltung und im Handeln) des Einzelnen und ganzer Grup-pen.

Der Mythentraum ist der Nährboden aller Philosophie und Religion, und vor allem aller oppositionellen Philosophie und Religion. Die herrschende Ideologie kann sich damit begnügen, dass sie einfach besteht und gilt, sie funktioniert, ist banal geworden und starr, hat den Charakter des "Traumes" verloren; sie ist Ordnung, Gesetz, d.h. ein Abstraktum, jeder Phantasie abhold. Oppositionelle Bewegungen

---

[14] Aus der überaus lehrreichen Literatur zu diesen Prozessen seien — ausser dem klassischen "Essai sur le don" von M. Mauss (1923/24; Neuausgabe in : M. Mauss, *Sociologie et anthropologie*, Paris 1950, ⁵1973) — folgende Werke genannt ; P. M. Blau, *Exchange and Power in Social Life*, London 1964; Fr. Barth, *Models of Social Organiza-tion*, London 1966 (³1970).

[15] K. O. L. Burridge, *Mambu*, S. 26f.

aber tauchen in den Mythentraum, greifen die wirksamsten Elemente auf, beleben sie, gestalten sie zu Triebfedern des Handelns.

In der Religionswissenschaft und vor allem in der Apokalyptik- und Gnostik-Forschung, kann der Begriff des Mythentraumes in höchst fruchtbarer Weise denjenigen des "Synkretismus" ersetzen. Der letztere suggeriert eine eigentlich unerlaubte Kombination zweier oder mehrerer unvereinbarer Dinge, eine Vermischung von Gegenständen, die eigentlich getrennt bleiben sollten.[16] So verstanden ist jedoch der Begriff des "Synkretismus" in der Religionswissenschaft durchaus unbrauchbar. Im religiösen Leben der Menschheit gibt es nur je und je spezifische, von den Beteiligten als kohärent empfundene, globale Phänomene; diese bauen auf auf dem Mythentraum, und niemand fragt nach der Herkunft oder Vereinbarkeit der Element desselben.

4. In der frustrierten, d.h. potentiell sektiererischen, Gruppe, in ihrem Denken und Fühlen, findet eine *Polarisierung des Mythentraums* statt. Die frustrierte Gruppe fühlt sich hintangestellt, in ihrer Würde bedroht, der Möglichkeit zur Selbstverwirklichung und zu Statusverbesserung beraubt. Sie empfindet die "Welt" als böse. Der Mythentraum liefert ihr die Möglichkeit, sich ihre Lage bewusst zu machen und eine Lösung zu erfinden. Der Mythentraum enthält nämlich positive und negative Werte, Symbole des Guten wie des Bösen. Die Frustration bewirkt, dass sich die negativen Elemente — Vorstellungen über das Böse, über dessen Herkunft und Zukunft — kristallisieren am herrschenden "System", sich konkretisieren im Unbehagen über die versagte Selbstverwirklichung, sich Luft machen in schaurigen Mythen und Riten, sich verdichten zu immer deutlicheren polemischen Aussagen und Haltungen. Ebenso verdichten sich die Hoffnungen und Wünsche des Mythentraumes zu progressiv sich präzisierenden Aussagen über den verlorenen, oder noch nicht erreichten, Idealzustand. Aus dem in dieser Weise aktivierten bipolaren Mythentraum bildet sich langsam die Ideologie der Sekte. Die Ideologie jeder Sekte ist darum grundsätzlich dualistisch : ein Zustand wird abgelehnt und bekämpft — welches auch immer im Einzelnen die ideologische

---

[16] Vgl. die Definition des Terminus "Synkretismus" bei A. Böhlig, *Mysterion und Wahrheit*, Leiden 1968, S. 71 : "Man gebrauchte es (sc. das Wort Synkretismus) in der Neuzeit dazu, um die Vereinigung dessen zu bezeichnen, was einem ganz gegensätzlich vorkam. Die Religionsgeschichte der Gegenwart hat den Terminus besonders für die Vermischung von Religionen verwendet...". — Der Begriff "Myth-dream" macht die so beliebte Suche nach der "Herkunft" der gnostischen Motive zwar nicht überflüssig, aber doch weithin irrelevant.

Begründung dieser Ablehnung sein mag, — ein anderer Zustand wird als sichere, den Sektengliedern und durch sie allen Mitläufern verheissene, Zukunft proklamiert.

5. Bevor jedoch aus dem polarisierten Mythentraum die Ideologie einer Sekte werden kann, müssen sich die beiden Pole *auf die gelebte Wirklichkeit projizieren und sich in ihr fixieren.* Der polarisierte Mythentraum wird operationell, indem er sich an bestimmte Personen, Gruppen oder Institutionen heftet, die als Katalysatoren wirken. Der negative Pol "inkarniert" sich in Individuen, Institutionen oder Gruppen, in welchen man die Ursache der Frustration erblickt, bzw. an der als böse erfahrenen Welt überhaupt; der positive Pol hingegen fixiert sich mit Vorliebe an bestimmten Persönlichkeiten, den Führern, Lehrern und Agitatoren, denen es gelingt, eben diese Fixation durchzusetzen: die frustrierte Gruppe projiziert ihre Sehnsüchte und Hoffnungen auf den Führer, empfindet ihn darum als gottgesandt, inspiriert und charismatisch, macht ihn so zum Propheten, Heiligen, Gottmenschen — zum "Religionsstifter". Als Religionsstifter erscheint in der Tat ein Mensch, der die Gabe hat, bei frustrierten Menschen die Verwirklichung ihres Mythentraumes in Gang zu setzen.[17]

6. Der so polarisierte und fixierte Mythentraum manifestiert sich nicht immer in derselben Haltung der "Welt" gegenüber. Im Gegenteil, der *"response to the world" ist verschieden*, je nach Gehalt und Komposition des Mythentraums und seiner je spezifischen Polarisation. Hier spielen die kulturellen Variablen eine ganz grosse Rolle, und ausserdem die Persönlichkeit sowohl des charismatischen Führers wie diejenige der frustrierten, nach einer neuen Art der Selbstverwirklichung hungernden, Menschen. Bryan Wilson hat sieben ideelle responses herausgearbeitet, d.h. sieben verschiedene, grundsätzlich überall mögliche, jedoch je nach Lage der kulturellen Variablen sich verschieden ausprägende, Handlungsweisen im Blick auf die Errichtung einer neuen Welt; man könnte auch sagen: sieben Methoden, den polarisierten Mythentraum zu verwirklichen.[18] Diese Typologie gestattet es,

---

[17] K. O. L. Burridge, *Mambu*, S. 28f. — Ein höchst instruktives Beispiel dafür, wie ein "myth-dream" (der allerdings hier nur als "myth" bezeichnet ist) sich immer wieder neu, durch Jahrzehnte und Jahrhunderte hindruch, an "charismatische " Führer heftet, findet sich in dem schönen Buch von Fr. Ch. Kamma, *Koreri -Messianic Movements in the Biak-Numfor Culture Area*, The Hague, 1972.

[18] B. Wilson, a.a.O. S. 22-26. Die verschiedenen responses sind: conversionist, revolutionist, introversionist, manipulationist, thaumaturgical, reformist, utopian. Natürlich gibt es Bewegungen, die mehrere dieser Haltungen dialektisch miteinander vereinigen.

tiefer in das Wesen einer sektiererischen Bewegung einzudringen und ihr in dem ungeheuer weiten Gebiet der Entstehung neuer Religionen einen Platz anzuweisen.

Aufgrund der besprochenen sechs Begriffe und Fragestellungen : Haltung gegenüber der "Welt" ; Selbstverwirklichung und Frustration ; Mythentraum ; Polarisierung des Mythentraums ; Fixierung des Mythentraums ; typologische Verschiedenheit der aus der Aktualisierung des Mythentraums entstehenden Haltung zur "Welt" — lässt sich die uns beschäftigende Frage wie folgt formulieren :

Davon ausgehend, dass es sich bei Apokalyptik und Gnostik um sektiererische Protestbewegungen handelt, muss gefragt werden, inwiefern hier und dort die Welt bzw. die Gesellschaft als unbefriedigend, schlecht oder gar hassenswert erfahren wird. Inwiefern gestalten es die Verhältnisse den sich um Apokalyptik und Gnostik scharenden Kreisen nicht, sich zu verwirklichen, ihre Funktion als volle Glieder der Gesellschaft wahrzunehmen und sich so spontan in sie einzuordnen ? Welches ist der Grund ihrer Frustration ? Wie gestaltet sich der negative Pol des Mythentraums ? Wo droht das Böse ? Wie wird es beschrieben ? Wo fixiert es sich ? Und schliesslich : wie beschreiben Apokalyptiker und Gnostiker den Weg zur vollen Selbstverwirklichung und damit zur Verwirklichung einer neuen, vollkommenen Welt ?

Aus diesen Überlegungen und Untersuchungen lassen sich vielleicht einige Rückschlüsse ziehen auf die soziale Stellung der betr. Bewegungen, m.a.W. auf die soziale "Verortung" von Apolakyptik und Gnostik.

3. *Die Apokalyptik*

Was die Apokalyptik angeht, so fällt zunächst die Antwort leicht. Man kann ausgehen von der ziemlich *eindeutigen Fixation des negativen Pols des Mythentraums*. In den älteren Vulgärapokalypsen [19] scheut man sich nicht, den verhassten Gegner wenigstens indirekt zu bezeichnen. Bei Daniel ist es Antiochus IV., auf den sich alles Hassenswerte, Frustrierende, die Welt Entstellende, konzentriert. Antiochus IV. hat

---

[19] Ich unterscheide zwischen den älteren "Vulgärapokalypsen", die ich vor allem in äth. Henoch vertreten sehe, und den jüngeren "literarischen" Apokalypsen, als welche ich vor allem syr. Baruch und 4. Esra beurteile. Die letzteren Werke sind, im Gegensatz zu äth. Henoch, theologisch und philosophisch bewusst konzipiert und literarisch in kunstvoller Weise durchkomponiert. Während m.E. die ältere Apokalyptik aus "apokalyptischen" Bewegungen stammt, sind die "literarischen" Apokalypsen Werke von schöpferischen Einzelpersönlichkeiten. — Im Uebrigen verzichte ich auf die im Prinzip notwendige Miteinbeziehung der christlichen Apokalyptik.

bekanntlich im Tempel von Jerusalem gewisse Kultmassnahmen ergriffen, die als überaus gravierend beurteilt werden. Er ist darum der eigentlich Böse, dem der Untergang angekündigt wird. — In der Henochliteratur wird der negative Pol anders, jedoch mit gleicher Eindeutigkeit identifiziert : hier sind es gewisse soziale Gruppen, die Reichen und Mächtigen, die Herrscher und Könige, die mit lügnerischen Worten, mit Gewalttaten, unter Missachtung des Rechts, sich bereichern und die Armen aussagen.[20] Ganz ähnlich wird in der griechischen Baruchapokalypse [21] das Böse identifiziert mit den "Turmbauern", d.h. den Erbauern von Städten und Menschenreichen, die in rücksichtsloser Grausamkeit (selbst hochschwangere Frauen werden nicht verschont !) die Menschen zur Arbeit antreiben. Die Frustration der apokalyptischen Gruppen wird also verursacht einerseits durch die, rechten Kult verhindernden, feindseligen Massnahmen,[22] andererseits durch das unverantwortliche Verhalten der Reichen und Mächtigen. Das soziale Milieu lässt sich daraus ohne Schwierigkeit ableiten : es handelt sich um frustrierte Priester und ausgebeutete Proletarier.

Doch liegen die Dinge nicht ganz so einfach. In den Apokalypsen geht es nicht nur darum, Antiochus IV. einerseits, den Reichen und Mächtigen andererseits, den Kampf anzusagen. Es geht um viel mehr. Die gegnerischen Personen und Personengruppen dienen lediglich als Katalysatoren und negative Fixpunkte eines umfassenden Mythentraumes. Die politische und soziale Situation wird erfahren als eine Krise, die die ganze Existenz bedroht und unweigerlich nach einem Neubau ruft. Ereignisse und Verhältnisse sind lediglich auslösende Faktoren, die die Aktivierung des gesamten Mythentraumes zur Folge haben.

Was zunächst das Danielbuch betrifft, so dreht es sich ja nicht nur um die Kultmassnahmen Antiochus IV., sondern um das fundamentale Problem der religiös-rituellen Selbstverwirklichung überhaupt. Für die Verfasserkreise des Danielbuches wird diese nicht nur bedroht durch den seleuzidischen König, sondern auch durch einflussreiche Leute innerhalb der jüdischen Gesellschaft, durch diejenigen nämlich, die die heiligen Verpflichtungen vernachlässigen, ja sich ihnen gegenüber ablehnend verhalten (Dn 11,30.32), und somit ihrerseits das rechte Funktionieren der Institutionen in Frage stellen. Wenn wir zum Daniel-

---

[20] So vor allem in den sog. "Bilderreden", sowie in den paränetischen Teilen äth. Hen. 92-105 ; cf. auch slav. Henoch lo.

[21] Diesen Text setze ich vor 70 n. Chr. an, etwa in die Zeit Herodes' des Grossen.

[22] Dazu vgl. vor allem S. R. Isenberg, a.a.O. ; auch J. C. H. Lebram, Apokalyptik und Hellenismus im Buche Daniel, *VT* 20 (1970), S. 503 - 524.

buch die allerdings einseitig hasmonäisch ausgerichtete Darstellung
der Makkabäerbücher [23] zur Ergänzung hinzunehmen dürfen, ergibt
sich als Hintergrund ein allgemeines, soziales, wirtschaftliches und
kulturelles Malaise, das Leute aus den verschiedensten Volksschichten
— Bauern, Priester, die dem alten Landadel angehörigen Ḥasīdīm
(sie waren nach 1 Makk. 2, 42 ἰσχυροὶ δυνάμει, d.h. hebr. 'anše ḥail)
zwang, sich zum Widerstand auf die Berge und in die Wüste, genauer
in die dort befindlichen Höhlen, zurückzuziehen. Dies bedrängende
Erleben hat im Buche Daniel eine Gestaltung des Mythentraumes
ausgelöst, welche die als monstruös und unheimlich empfundene
politische Macht als das Böse schlechthin, als Chaosmacht, erscheinen
lässt, als Manifestationen der Tiefe, denen als Manifestation des Heils
ein völlig neues Eingreifen von oben gegenübersteht. Allerdings haben
andere Elemente im Mythentraum die Ausbildung eines radikalen
Dualismus verhindert: das Wirken der Chaosmacht ist letztlich auf
Vorgänge in der Himmelswelt zurückzuführen (cf 4, 14; 10, 20-21),
im Weltplan vorgesehen und als negative Vorstufe zum Heil unausweichlich.

Anders, aber ebenso eindeutig, liegen die Dinge in der Henochliteratur. Auch hier fungieren die Reichen und Mächtigen nur als negative
Fixationspunkte eines den ganzen Kosmos und die ganze Weltgeschich-
te umfassenden Mythentraums. Zwar wird — vor allem in späteren
Teilen der Henochliteratur [24] — die Verantwortung des Menschen
vollumfänglich aufrechterhalten; doch wird immer wieder betont,
dass nicht eigentlich die Menschen schuld sind am Bösen in der Welt,
sondern Engel. Diese Engel — sie werden mit Namen aufgezählt —
hätten sich mit Menschentöchtern verbunden und diesen gewisse
Himmelsgeheimnisse verraten (Hen. 6-8; 67-69).[25] Als solche Himmelsgeheimnisse werden vornehmlich aufgezählt: Magie und Gegenmagie,
Medizin, Metallbearbeitung, insbesondere Fabrikation und Gebrauch
von Waffen, Herstellung von Schmuck und Kosmetika, Herstellung
von Farben, Divination aller Art, ferner aber auch die Kunst des

---

[23] Darüber vor allem J. C. H. Lebram, a.a.O. (vorige Anm.)

[24] äth. Hen. 98,4f: "Die Sünde ist nicht auf die Erde geschickt worden, sondern die
Menschen haben sie von sich selbst aus geschaffen ... Unfruchtbarkeit ist der Frau nicht
gegeben worden, sondern wegen des Tuns ihrer Hände stirbt sie kinderlos ...".

[25] Leider wird aus äth. Hen. 16,3 nicht klar, ob die Engel in *alle* Himmelsgeheimnisse
eingeweiht waren, ob sie nur einen Teil davon kannten, oder ob sie die Geheimnisse
ungenügend erfasst hatten; der Text scheint verderbt. Festzuhalten ist jedoch, dass es
sich um die Bekanntgabe von *himmlischen Geheimnissen* handelt.

Schreibens, u.z.w. nach dem Zusammenhang die Abfassung von bin-
denden Verträgen und Urkunden, daneben allerlei "Schläge", u.a. die
Technik der Abtreibungen. Jene vom Himmel herabgestiegenen Engel
(Semjasas und seine Genossen) amtieren somit als Kulturbringer, als
Demafiguren, zu denen man aus der Mythologie aller Völker Parallelen
aufzählen kann, als "héros civilisateurs", denen die Menschen alle
Segnungen der Kultur zu verdanken haben. Im Henochbuch werden indessen die so auf die Erbe herabgekommenen Segnungen
der Kultur, mit der bezeichnenden Ausnahme von Landwirtschaft
und einigen elementaren Gewerben, samt und sonders *negativ bewertet* :
in Hen. 13, 2 und 67, 4 wird zusammenfassend gesagt, die Engel hätten
die Menschen "Ungerechtigkeit gelehrt". Die Kulturbringer haben
ein *verhängnisvolles* Wissen und Können gebracht, das die Menschen
ins Elend stürzt.

Der Mythentraum der Henochleute entwirft negativ das Bild einer
korrumpierten, wenn auch — wie alle Kultur — auf übermenschlichen
Grundlagen beruhenden Kulturwelt. Diese negativ beurteilte Kultur
fixiert sich an den eigentlichen Kulturträgern, den Gruppen der
"Mächtigen und Reichen" : jene Gruppen sind es, die Waffen verwenden, sich mit Schmuck bedecken (98,2), die Schreibkunst missbrauchen
(98, 15f.). Die feinere Kultur — es handelt sich konkret um die hellenistische Zivilsation — wird kompromisslos abgelehnt : sie ist zum
Untergang verurteilt.

Ihr wird eine neue, vollkommene Welt entgegengesetzt, basierend
auf einem neuen, vollkommenen, ebenfalls aus dem Himmel stammen-
den (58, 5 ; cf. 42) Wissen, nämlich dem durch den Apokalyptiker
vermittelten, den jetzt Verfolgten, Leidenden und Ausgebeuteten
offenbarten, wahren Wissen. Am Ende der die bisherige Geschichte
abschliessenden Geschichtswoche, d.h. genau zum Zeitpunkt, da der
Apokalyptiker seine Offenbarungen niederschreibt, wird den "auserwählten Gerechten" *siebenfache Belehrung* zuteil, ein schlechthin
umfassendes, vollkommenes Wissen über die gesamte Schöpfung.
(93,10ff.). Dies Wissen hat der Apokalyptiker auf Reisen durch den
gesamten Kosmos erworben, ja er hat es aus unmittelbarem Kontakt
mit der Quelle des Wissens geschöpft — weshalb die kosmologische
und metaphysische Komponente des apokalyptischen Wissens von
ausschlaggebender Bedeutung ist und von der Forschung nicht
vernachlässigt werden sollte.[26] Der Apokalyptiker ist der neue Kultur-

---

[26] Cf. oben Anm. 4.

bringer, die neue, bessere Demafigur; er ist der Mann, der Menschensohn, der Messias, um den sich der positive Pol des Mythentraumes
kristallisiert (cf Kap. 71).

Aus all dem ist ersichtlich, dass die Henochapokalyptik in Bevölke-
rungskreisen entstanden sein muss, die sich von der hellenistischen
Kultur und Zivilisation überwalzt und übervorteilt fühlten, deren
althergebrachte kleinstädtische Lebensweise in den unerbittlichen
Zwängen der hellenistischen Kultur zu ersticken drohte. Wenn wir
an die phantastischen wirtschaftlichen, politischen und kulturellen
Veränderungen denken, die in den Jahrhunderten um die Zeitwende
über Palästina hereingebrochen sind — das steigende Gewicht der
hellenistischen Kultur, die unsinnigen Bauten eines Herodes und die
dadurch bedingten Bevölkerungsverschiebungen, die ständigen sozialen Wirren, die fortschreitende Verarmung mancher Bevölkerungs-
teile,[27] dann wird die Ausbildung eines derartigen Mythentraumes
nur zu verständlich.

Nach B. Wilson's Typologie muss die aus diesem Mythentraum resul-
tierende Haltung zur Welt als "revolutionist" bezeichnet werden:[28]
der Apokalyptiker hält die gegenwärtige Welt für verdorben und
unwiderruflich dem Untergang geweiht, und zwar durch verirrte
Himmelsmächte verdorben und von Gott selber, bzw. von den höchsten
für den Kosmos verantwortlichen Mächten, zum Untergang bestimmt.
Entschlossen wendet er sich der neuen, endgültigen und vollkommenen
Welt zu, der Welt, deren Konturen aus dem positiven Mythentraum

---

27 Über das Eindringen des Hellenismus in Palästina vgl. das bekannte Buch von
M. Hengel, *Judentum und Hellenismus*, Tübingen 1969. Darin z.B. S. 21ff. die für die
Beurteilung gewisser "Offenbarungen" Semjasas und seiner Genossen besonders auf-
schlussreichen Bemerkungen über die hell. Militärmacht. Zur sozialen Entwicklung um
die Zeitwende, vgl. W. W. Buehler, *The Pre-Herodian Civil War and Social Debate*,
Basel 1974; H. Kreissig, *Die sozialen Zusammenhänge des judäischen Krieges*, Berlin
1970. — Eine Darstellung der Situation wie diejenige von Chr. Barth, a.a.O. S. 36:
"Die klassische Zeit der jüdischen Apokalypsen kann demnach unmöglich als reine
"Katastrophenzeit" bezeichnet werden. Zwischen den Perioden schwerer Bedrückung
durch Römer und Syrer hat es an solchen relativ friedlicher Entwicklung keineswegs
gefehlt; eine solche hat Judäa unter Herodes, eine andere unter den makkabäisch-
hasmonäischen Königen und Priesterfürsten erlebt" ist mir schlechthin unverständlich;
sie verkennt die dauernden innenpolitischen Spannungen, von welchen zB bei Josephus
fortwährend die Rede ist.

28 Unter "revolutionist response" versteht Wilson a.a.O. S. 23: "to declare that only
the destruction of the world, of the natural, but more specifically of the social order,
will suffice to save men. This process of destruction must be supernaturally wrought,
for men lack the power if not to destroy the world, then certainly to re-create it ...".

bereits bekannt sind, und die hauptsächlich in einer *neuen Gesellschaft* besteht.

4. *Die Gnostik*

Auch die Gnostik hat einen zweipoligen Mythentraum hervorgebracht : eine Welt wird abgelehnt, eine andere mit Inbrunst erschaut. Jedoch ist die "Welt", die hier verworfen wird, nicht diejenige einer konkreten Gesellschaft oder einer bestimmten Zivilisation — auch wenn es sich natürlich implizit, unausgesprochen, ebenfalls um die hellenistische Zivilisation handelt, in welcher die Gnostiker zu leiden gezwungen waren. Die "schlechte" Welt wird auch nicht durch eine einzelne Klasse oder Gruppe von Menschen repräsentiert.[29] Was abgelehnt, als böse bezeichnet und durch eine andere Wirklichkeit ersetzt wird, ist die Existenz als solche, die Existenz in der Welt schlechthin, genauer : die physische, die körperliche Existenz des Menschen. Den Archonten wird vorgeworfen (und zwar in allen Texten, die von Archonten handeln), dass sie dem Menschen einen Körper gegeben haben, dass sie tölpisch und stümperhaft ein ihnen erschienenes himmlisches Bild nachahmen wollten und so den Körper, dies lächerliche, hilflose Gebilde produzierten. Durch ihre Schuld wird jetzt der Geist, oder die Seele, das Eigentliche des Menschen, im Körper gefangen gehalten. Der Körper ist tierisch (Thomasbuch, NHC II, 7, 139, 5ff.), er verkleinert den Menschen und "begrenzt" ihn, gemäss dem Willen des kleinlichen, zornigen und eifersüchtigen Archonten und Demiurgen (Apok. Ad. 64,20ff.). Gefangen in den Körpern, gebunden an immer neue Körper, "hurt" die Seele, wird sie misshandelt und geschändet (Exegese über die Seele). Ueber diejenigen, die diesen Zustand nicht erkennen wollen, spricht der Heiland im Thomasbuch sein "Wehe" : "Wehe" den Gottlosen, die ihre Hoffnung auf das Gefängnis setzen, das zugrunde geht, und die so ihre Seele verderben ; verzehrt durch das Feuer der Leidenschaft und des Lebensdranges, verliebt in das schmutzige Zusammensein mit Frauen, erdrückt vom Rad ihrer eigenen Gedanken, bleiben sie verblendet und gebunden in ihren Höhlen.

---

[29] Aus der Verwendung gewisser Termini, wie z.B. "Archonten", zur Kennzeichnung der die Welt beherrschenden Mächte, will H. S. Kippenberg, a.a.O. (Anm. 10) schliessen, die Gnostik sei eine Protestbewegung politisch entmachteter Bürger, gegen die römische Besetzungsmacht. Aber welche andern Termini hätten die Gnostiker verwenden sollen, um die Gewalt des die Welt beherrschenden Demiurgen und Gesetzgebers zubezeichnen, als eben gerade politische ?

Warum ballt sich alles Böse und Abscheuliche im Körper ? Weil er
Materie ist und weil die Materie prinzipiell den radikal transzendenten
Vater nicht erkennt, nicht erkennen kann. Im Anfang des "Evangeliums
der Wahrheit" wird der Ursprung der Materie aus dem Nichterkennen
in geradezu advaitistischer Schärfe (wenn auch durchaus nicht in
advaitistischen Kategorien : es wäre vorschnell, auf indische Vorbilder
schliessen zu wollen !) vorgetragen : aus dem *Nichterkennen* des "Vaters"
entstehen *Angst und Furcht*; die Frucht verdichtet sich, einem Nebel
gleich, sodass der *Irrtum* an Kraft gewinnt und ihre *Materie* — den
aus dem Nichtwissen entstandenen Nebel — erfolglos zu bearbeiten
sucht. Dies alles — das Nichterkennen, die Furcht, das Vergessen, der
Irrtum — ist ein *Nichts*; es kann nicht bestehen vor der Erkenntnis
des Vaters, es ist ein "Ding" ohne Wurzel.[30] Im Reginusbrief (OnRes,
NHC I, 3) erfahren wir ausserdem, die Welt sei ein Hirngespinst, eine
Illusion, deren Erscheinungen vergehen. Knechtschaft und Aus-
geliefertsein des wahren Wesens an die Nichtwelt des Nichterkennens,
des Irrtums, der Angst und der Furcht, des Vergessens — dies sind
die Stichwörter, welche im gnostischen Mythentraum das Böse umschreiben.

Das Philippusevangelium (Spruch 11) zieht aus dieser Einsicht
die letzten Konsequenzen : da die Welt aus Irrtum und Unwissenheit
besteht, ist auch die Sprache mit denselben Fehlern behaftet. Alle
Sprache, auch die religiöse, ja die "gnostische", gehört zur Welt
und kann darum nur in Irrtum münden. Beim Versuch, die gnostische
Haltung zur Welt abschliessend zu definieren, wird auf diese kühne
Aussage besonders zu achten sein : Sprache allein kann das gnostische
Erleben nicht vermitteln.

Doch mit all dem ist das eigentliche Verhängnis des Bösen noch
nicht genannt. Solange der Mensch nämlich in Nichtwissen und Vergessen vegetiert, wird ihm sein Elend gar nicht bewusst; er lebt ja im
Nichtwissen, darum weiss er auch um seine erbärmliche Lage nicht.
Er wähnt sich lebendig, ja glücklich. Er handelt, schreitet rüstig
voran, erkundet die ganze Welt, wie ein Esel — nur merkt er nicht,
dass er sich ständig im Kreise bewegt, also sich "vergeblich müht"
(EvPhil Spruch 52). Solange der Mensch nicht "erweckt", zu sich
gekommen ist (cf EvVer 29, 33ff.), spürt er seine Fesseln überhaupt
nicht, glaubt er sich wachend, wo er doch träumt. Darum erfahren

---

[30] Vgl. auch EvPhil. Spruch 123 : "Die aus der Unwissenheit stammen, existieren
nicht". — Die im obigen Text zitierten Beispiele könnten natürlich beliebig vermehrt
werden.

wir aus EvPhil (Spruch 4), dass der Nichterkennende, also im Gefängnis Sitzende, niemals sterben könne, weil er gar nie gelebt habe, dass jedoch der zum "Glauben an die Wahrheit" Gekommene, der sie also "erkannt" hat, das Leben gefunden habe und nunmehr erst in Gefahr sei, zu sterben. Erst das "Finden" des Lebens, das Bewusstwerden des wahren Seins, das Aufleuchten der unvergänglichen, der Welt entgegengesetzten Wirklichkeit, macht die Existenz in der Welt, zur unerträglichen Sklaverei.

Dies wird im gnostischen Buch Baruch unvergleichlich schön ausgedrückt. Solange das geistige Prinzip, Elohim genannt — so erfahren wir dort — nichts weiss von der absoluten, jenseitigen Wahrheit, dem "Guten", leben er und seine Geschöpfe harmonisch und glücklich mit Eden zusammen, der Materie und ihren Geschöpfen; das Geistige im Menschen leidet nicht unter dem Materiellen. Sowie jedoch Elohim aufsteigt zur Wahrheit, zum "Guten", kann er die Materie nicht mehr ertragen und verlässt Eden, die sich nun rächt, indem sie zielsicher und unerbittlich das Geistige zu versklaven sucht. Damit erst beginnt die Qual des an die Materie gefesselten Geistigen. — Dass erst das Entdecken und Erleben der Wahrheit den Seelen die physische Existenz zur Folter macht, weiss auch Basilides (nach Hippolyt); er sagt nämlich voraus, nach der Rettung der Geist-Elemente werde über die in den "untern Räumen" befindlichen Seelen das Vergessen kommen, die "grosse Unwissenheit", damit sie nicht von der Sehnsucht nach Höherem verzehrt würden.

Man kann deshalb von einer *rythmischen Struktur des gnostischen Mythentraums* sprechen: der negative Pol bildet sich erst im Gefolge des positiven Pols, er ist sein unvermeidlicher Schatten. Primär ist die Entdeckung des wahren geistigen Seins, das Aufleuchten des Lichts und seiner Quelle; erst dies Aufleuchten zieht die Konstitution des negativen Pols nach sich. Primär ist die "Erkenntnis" des "Ganzen", des "Pleromas", der wundersam gegliederten, alles überstrahlenden Wirklichkeit des "Vaters", sowie seiner eigenen, innersten Zugehörigkeit zu derselben; diese Erkenntnis ist es, die den Gegner, die Welt, als solchen entlarvt. Um das Böse zu durchschauen, muss man das Gute verwirklicht haben.[31]

---

[31] Wie man sieht, nähern sich die Ergebnisse meiner Analyse weitgehend der Wesenbestimmung der Gnostik, die seinerzeit von H. Jonas in seinem berühmten Buche über "Gnosis und spätantiker Geist" (1934) vorgenommen wurde; jedoch möchte ich die eigentümliche *Genese* des polarisierten gnostischen Mythentraumes, nämlich aus

In welchem sozialen Milieu sind die Baumeister dieses Mythentraums zu suchen? Vor allem fällt der globale, kompromisslose, Charakter der Polarisierung auf: der positive Pol fällt zusammen mit der radikalen Transzendenz, der negative ist identisch mit der Welt als solcher. Die Gnostiker wenden sich nicht wie die Apokalyptiker gegen einen individuellen Tyrannen oder gegen die "Klasse" der Reichen und Mächtigen; sie haben überhaupt keinen bestimmten Gegner im Auge — es sei denn das Sichtbare und Vergängliche in seiner Totalität. Wenn sich in ihren Texten der negative Pol des Mythentraumes dennoch auf bestimmte Personen zu fixieren scheint, so sind es (zB im Thomasbuch, oder in den "Akten des Petrus und der 12 Apostel", NHC VI,I)[32] *global* diejenigen, die sich in der Welt so wohl fühlen, dass sie die Wahrheit zurückweisen. Die Archonten kann man nur dann als Decknamen für die verhassten römischen Imperialisten halten,[33] wenn man sich von den nach gnostischer Ueberzeugung grundsätzlich immer irreführenden Wörtern täuschen lässt (EvPhil Spruch 11) und sich um die Struktur des gnostischen Erlebens überhaupt nicht kümmert. Freilich litten die Gnostiker an Frustration; Grund davon aber war nicht der Verlust politischer Autorität, sondern die Entdeckung einer neuen Wirklichkeit, deren völliges Erfassen durch die Existenz in der Welt verhindert wurde.

Vielleicht darf man aufgrund der mannigfachen, immer neuen und überraschenden Ausdruckmittel der gnostischen Sprache auf gebildete, intellektuelle Kreise schliessen? Charakteristisch an gnostischen Texten ist ja ihre unendliche Erfindungskraft und schöpferische Mannigfaltigkeit: es ist, als ob die Erkenntnis des Trugcharakters der Sprache deren mythen- und symbolbildenden Potenzen entfesselt und um ein Vielfaches vermehrt hätte.[34] Man ist versucht, anzunehmen, solcher Ideenreichtum setze eine gewisse Bildung voraus. Indessen ist sogleich auf die gebrochene Stellung der Gnostiker zur Philosophie hinzuweisen: einerseits zitieren sie Philosophen wie Aristoteless und Platon (Hip-

---

dem Transzendenzerlebnis, stärker betont wissen, und damit auch den initiatorischen Charakter der "Gnosis".

[32] Den durch und durch gnostischen Charakter der "Akten des Petrus und der zwölf Apostel" verteidige ich (gegen den Berliner Arbeitskreis, *ThLZt* 98 (1973), Kol. 13ff) in einem demnächst in Revue de théologie et de philosophie erscheinenden Aufsatz. Cf auch M. Krause, Die Petrusakten in Codex VI, *Essays on the Nag Hammadi Texts in Honour of Alexander Böhlig*, Leiden 1972, S. 36-58.

[33] So H. S. Kippenberg, a.a.O. (Anm. 10).

[34] Ich denke vor allem an den schier unerschöpflichen Symbolreichtum des EvPhil., aber auch sonst an die erstaunliche Mannigfaltigkeit gnostischer literarischer "Erfindung"

polyt Ref. VII, 22, 10; 24,1), ja reproduzieren Plato in ihren Schriften (NHC VI,5), und verfassen Texte, die nur auf platonischem Hintergrund verständlich sind (Exegese über die Seele); einige von ihnen sollen Bilder von Christus gleichzeitig mit Bildern der grossen Philosophen verehrt haben (Iren. I,25,6). Andererseits werden sowohl im Reginusbrief (On Res, NHC I,3) wie im Eugnostosbrief die Philosophen kritisiert — sie haben zwar gute Fragen gestellt, aber die rechte Antwort nicht gefunden (NHC III,70f.) —, und erfährt man aus dem Evangelium der Wahrheit, dass die Philosophenschulen die Wahrheit nicht erkannt haben (EvVer 19,18ff.). Gnostische Erkenntnis geht weit über das hinaus, was von den Philosophen gelehrt wird; denn auch philosophische Einsicht gehört zur "Welt", ist also "Unwissenheit".

Trotzdem dürfen wir mit Sicherheit sagen, dass griechische, insbesondere platonische, Philosopheme im Mythentraum der Gnostiker ihren Platz hatten, wie auch homerische und andere Reminiszenzen. Und da alle Sprache für die Gnostiker nur unzulänglicher Hinweis ist, haben sie sich nicht gescheut, solche Philosopheme zu verwenden, ja vielleicht den Platonismus zum "ontologischen Grundgerüst"[35] ihrer Aussagen zu machen. *Nur* ihrer Aussagen, möchte ich betonen; denn das eigentliche Grundgerüst der Gnostik ist das Erkennen des ganz Anderen, in seinem radikalen Gegensatz zur gesamten phänomenalen Welt.

Die stark von der Bibel her bereicherte Sprache lässt an Kreise denken, die irgendwie mit dem Judentum bzw. dem Judenchristentum in Berührung gekommen sind. Indessen ist die Stellung zur jüdisch-christlichen (d.h. der rabbinischen und im Laufe der Zeit dominierenden christlichen) Überlieferung in der Regel negativ : die Texte werden durchwegs neu interpretiert, der jüdische Gott mit dem eifersüchtigen, eingebildeten und törichten Erz-Archonten identifiziert, und Christus zum Erlöser auch vom dominierenden Christentum gestempelt (Act-Petr); ausserdem zögert man nicht, mancherlei heidnische Ueberlieferungen heranzuziehen. Genau wie die Philosophie, so werden Judentum und dominierendes Christentum von den Gnostikern überwunden und unwiderruflich transzendiert.

Für den echten Gnostiker ist seine soziale Herkunft und Stellung völlig belanglos; sie ist grundsätzlich abgetan, nicht mehr der Erwäh-

---

[35] So H. J. Krämer, *Der Ursprung der Geistmetaphysik*, Amsterdam 1974 ([2]1967), S. 228. Vgl. die höchst anregende Zusammenfassung und Diskussion der Gedanken Krämers bei K. Rudolph, *ThR* 38 (1973), S. 15-25.

nung wert. Und darum ist vermutlich das Suchen nach einer "sozialen Verortung des Gnostizismus" zwar sicher notwendig und spannend, jedoch auf die Länge aussichtslos. Wenn manche Gnostiker gebildete Leute waren, haben sie auf diese Bildung nichts gegeben, sowenig wie auf ihre eventuelle Zugehörigkeit zum Judentum oder zum breiten Strom christlicher Traditionen.

Das Einzige, was sich von der Persönlichkeit der Gnostiker schon jetzt sagen lässt, ist, dass sie — getroffen vom Strahl der Wahrheit — bemüht sind, ihre Befreiung von der Welt festzuhalten und stets neu zu erleben. Daher ihre Sakramente, daher vor allem die unendlich einfallreichen, stets neu überraschenden Versuche, das initiatorische Erleben anders auszudrücken. Damit ist das entscheidende Wort gefallen : die Gnostiker sind Initiaten, ihr Leben und ihre Lehre sind initiatorisch. Darum die Geheimhaltung. Daher auch der unbändige Wille, die Welt und alle Unwissenheit abzutun. Vulgär ausgedrückt könnte man auch formulieren : die Gnostiker waren Mystiker.

Nach der Wilson'schen Typologie darf der gnostische "response to the world" als ausgesprochen "introversionist"[36] beurteilt werden : Welt und Gesellschaft werden abgelehnt, sie zählen nicht mehr; die wahre und darum zukünftige Wirklichkeit ist identisch mit der in Initiation und innerer Erleuchtung ihr eigentliches Selbst verwirklichenden Gemeinde und ihren Gliedern.

Wir haben damit zwei typische "responses to the world" herausgearbeitet, sind uns aber bewusst, die historische Wirklichkeit schematisiert zu haben. Es ist durchaus möglich, dass in manchen Fällen das gnostische Erleben zwar nicht ausgelöst, aber doch begünstigt wurde durch Enttäuschung an konkreten politischen oder wirtschaftlichen Zuständen,[37] und es ist ebenso möglich, dass bei Apokalyptikern das Versenken in die offenbarten Wahrheiten nicht nur aus Reaktion gegen die herrschenden Kreise geschah, sondern aus echter "mystischer" Ergriffenheit. Das religiöse Erleben ist immer vieldeutig, manchmal auch ausgesprochen zweideutig. Und es gibt immer und überall zwei Wege : der eine führt von der Welt zur Transzendenz, der andere von der Transzendenz zur Welt — aber wer wagte es, die beiden reinlich zu scheiden ?

---

[36] Unter "introversionist response" versteht B. Wilson, a.a.O. S. 23 : "to see the world as irredeemably evil and salvation to be attained only by the fullest possible withdrawal from it. The self may be purified by renouncing the world and leaving it ...".

[37] Gelegentlich mag auch die eine oder andere Formulierung rein spekulativ entstanden sein.

B. MANICHAEISM

COMMANDEMENTS DE LA JUSTICE ET VIE
MISSIONNAIRE DANS L'ÉGLISE DE MANI

PAR

JULIEN RIES

Dans son traité *De moribus manichaeorum*, Augustin s'efforce de montrer au grand jour les erreurs des manichéens concernant les principes de la morale.[1] La majeure partie de l'ouvrage est consacrée à l'explication et à la réfutation des trois *signacula* : le sceau de la bouche, le sceau des mains, le sceau du sein.[2] La lecture du texte augustinien donne l'impression que ces trois sceaux constituaient l'essentiel de la morale manichéenne.

Les textes coptes découverts en 1930 à Médînet Mâdi, dans le Fayoum, viennent heureusement compléter notre information.[3] Parmi les ouvrages de cette bibliothèque gnostique, les *Kephalaia* — des instructions brèves destinées à la catéchèse des communautés et attribuées par le rédacteur à Mani lui-même — abordent les divers aspects de la doctrine et tracent les grandes lignes des obligations imposées aux élus et aux auditeurs. Dans ce recueil nous trouvons sept chapitres du Maître, fort rapprochés les uns des autres à l'intérieur du codex et consacrés à la conduite des disciples. Nous allons procéder à une première analyse de ce compendium de morale gnostique.[4]

1. *Commandements de la justice et révélation gnostique*

Dans le *Kephalaion 80*, en un remarquable exposé de cinquante-deux lignes, l'Illuminateur (φωστήρ) explique à ses fidèles les commande-

---

[1] Augustinus. *De moribus Ecclesiae catholicae et de moribus manichaeroum*, P.L. 32, 1309-1378. Edition du texte latin et traduction dans B. Roland-Gosselin, *La morale chrétienne*, Bibliothèque augustinienne, 1, Paris, 2e éd. 1949.

[2] *De moribus manichaeorum*, P.L. 1345-1378 : B. Roland-Gosselin, *La morale ...*, p. 283-353.

[3] C. R. C. Allberry, *A Manichaean Psalm-Book*, Part II, Stuttgart, 1938. H. J. Polotsky, *Manichäische Homelien*, Stuttgart, 1934. A. Böhlig, *Kephalaia I*, Stuttgart 1940; *Kephalaia II*, Stuttgart, 1966.

[4] Il s'agit des *Kephalaia 79, 80, 81, 84, 85, 87, 93.*

ments (ἐντολή) de la justice (δικαιοσύνη). Le mot ἐντολή nous oriente vers les obligations imposées par un maître à ses disciples et nous fait penser à la prédication de Jésus.[5] Ces commandements sont groupés en trois ensembles dont chacun constitue une justice (δικαιοσύνη).

Pour comprendre la signification de cet enseignement, il faut retourner au *Kephalaion 1*, intitulé *Discours sur la venue de l'Apôtre*.[6] Dans ce long préambule à sa catéchèse, Mani situe sa mission dans la ligne des grands fondateurs religieux et se présente comme le Paraclet envoyé par Jésus. Il n'hésite pas à utiliser les paroles mêmes de Jésus : "Lorsque l'Église du Sauveur se fut élevée dans les hauteurs, alors s'accomplit mon apostolat au sujet duquel vous m'avez interrogé. A partir de ce moment fut envoyé le Paraclet, l'Esprit de Vérité qui est venu auprès de vous en cette génération, comme le Sauveur l'a dit : "Quand je m'en irai, je vous enverrai le Paraclet et quand le Paraclet viendra, il blâmera le monde au sujet du péché et il parlera avec vous de la justice ... et du jugement".[7]

Le texte johannique de l'annonce du Paraclet (*Joa.*, 16,8-11) repris ici par Mani va nous éclairer dans l'interprétation du *Kephalaion 80*. Chez Jean, le témoignage de l'Esprit qui vient sur les disciples porte "sur trois données principales du régime salvifique ; il définit, si l'on peut dire, le point de vue de Dieu sur le péché, la justice et le jugement — trois thèmes qui résument à eux seuls le kérygme et contiennent toute la vérité religieuse".[8] Dans le texte sur la mission du Paraclet cité par Mani nous avons bien les trois thèmes johanniques : péché, justice, jugement. Cependant, par l'introduction d'un dualisme radical dans le groupe des auditeurs du Paraclet, le rédacteur manichéen modifie profondément le sens du texte néotestamentaire. Alors que chez Jean, le Paraclet "blâmera le monde au sujet du péché, de la justice et du jugement",[9] selon Mani, Jésus a dit : "Le Paraclet blâmera le monde au sujet du péché, mais avec vous il parlera de la justice (δικαιοσύνη) et du jugement". Ce discours sur la justice et le jugement fait aux disciples prend des allures d'un plaidoyer.[10] En effet, il s'agit de justifier

---

[5] *Mt.*, 15,3; 19,7; *Mc.*, 7, 8-9; *Joa.*, 10, 18; 13, 33; 14, 15.

[6] *Keph. 1*, 9-16.

[7] *Keph. 1*, 14, 9-10; *Joa.*, 16, 8-10.

[8] A. Descamps, *Les Justes et la Justice dans les évangiles et le christianisme primitif*, Louvain, 1950, 89-90.

[9] Dans le texte copte de *Joa*, 16, 8, ϥⲛⲁϫⲡⲓⲉ en sahidique et ⲉϥⲉⲥⲟϩⲓ en bohairique dans le texte de Horner, ϥⲛⲁϫⲡⲓⲁ dans le manusscrit Thompson (S).

[10] ϥⲁϫⲡⲓⲉ ⲡⲕⲟⲥⲙⲟⲥ ... ϥⲁⲥⲉϫⲉ ⲛⲉⲙⲏⲧⲛ̄ ϩⲁ. Le verbe ϣⲁϫⲉ ϩⲁ traduit dans *Act.* 24, 10, S., le grec ἀπολογεισθαι περι, plaider la cause de.

une cause, en l'occurence celle que les disciples ont choisie. Au couple monde – péché le rédacteur manichéen oppose le couple disciple – justice. Chez *Jean*, 16, 10, il s'agit de la justice du Christ source de celle des croyants.[11] Le texte lacuneux de *Keph.* 1, 14, 10-24 nous empêche d'avoir toutes les précisions sur la pensée gnostique. Cependant il ressort clairement du texte que le discours sur la justice que le Paraclet fera aux fidèles concerne la vie des disciples. Dès lors, nous pouvons sans hésiter nous tourner vers le *Kephalaion 80* pour avoir le sens précis de cette δικαιοσύνη opposée au péché dont il est question au *Keph. 1*, 14, 9. En effet, au *Kephalaion 80* Mani le Paraclet explique à son Église en quoi consiste la justice. Ce texte, heureusement bien conservé, accomplit la promesse faite au *Keph.1*, 14, 9-10 "Le Paraclet ... parlera avec vous de la justice". Par ailleurs, pour les disciples, la parole de l'Illuminateur est ⲥⲁⲩⲛⲉ : elle est gnose.[12] En d'autres mots, le discours sur la justice constitue une pièce importante dans la révélation gnostique.

2. *Les trois justices dans l'Église gnostique*

Il y a une "première justice" que doit pratiquer tout homme qui veut devenir un juste. "Celui-ci doit faire siennes la continence (ἐγκράτεια) et la pureté; il doit arriver à la paix des mains et garder sa main de la croix de lumière. En troisième lieu, il s'agit de la pureté de la bouche : il doit garder sa bouche de toute chair et du sang et ne doit pas goûter ce qu'on appelle vin et boissons alcoolisées (σίκερα)".[13] Voilà énumérés, en quelques formules brèves et claires, les trois *signacula*, les sceaux du sein, des mains et de la bouche. Cette première justice est la justice du corps (*Keph. 80*, 192, 14). Elle est visible aux yeux des hommes. Grâce à elle, celui qui la pratique porte le nom de juste auprès de ses semblables.[14]

Voici la "deuxième justice" (*K. 80*, 192, 16). Le rédacteur ne lui donne pas de dénomination particulière. Il la définit en la montrant à l'oeuvre dans le comportement de l'homme juste. "Il doit mettre [...] en lui la sagesse (σοφία) et la foi (ⲛⲁϩⲧⲉ) afin de communiquer par la sagesse, la sagesse à ceux qui l'entendent. Par sa foi il doit donner la foi à ceux qui appartiennent à la foi. Par sa [charité] il doit leur

---

[11] A. Descamps, *Les Justes ...*, p. 90-91.

[12] J. Ries, *La gnose dans les textes liturgiques manichéens coptes*, dans *Le Origini dello Gnosticismo*, Leiden, 1967, 614-624.

[13] *Keph. 80*, 192, 8-13.

[14] *Keph. 80*, 192, 15.

faire don de son amour (ἀγάπη), les en revêtir afin de les unir à lui".[15]
Ainsi, cette deuxième justice se trouve sous l'emprise de la σοφία. Dans
ce contexte gnostique, la sagesse n'est pas une simple valeur humaine,
car le *Kephalaion 3* a fait comprendre à la communauté des disciples
le sens de la σοφία. Cette sagesse est le Grand Esprit du Père (*K. 3*, 24, 1),
elle est la Mère de la Vie (*K. 3*, 24, 13), elle est la Vierge de Lumière
(*K. 3*, 24, 19), elle constitue les Cinq Fils de l'Esprit Vivant (*K. 3*, 24, 25)
et les messagers présents au milieu de la sainte Église (*K. 3*, 24, 32).
L'énumération passe en revue les émanations sorties du Père et qui
sont intervenues les unes à la suite des autres en vue de communiquer
aux hommes la connaissance des mystères gnostiques dont le *Kephalaion 1* a donné la liste.[16] Dès lors, la σοφία est la personnification de la
gnose qui, selon les termes du *Kephalaion 84* (205, 16-17) transforme
celui qui, au lieu de la garder pour lui-même, la communique aux
autres. La deuxième justice est à la fois possession et transmission des
mystères gnostiques. Elle est une justice d'initié. Grâce à elle, ce dernier
est à même de créer, à l'intérieur de l'Église, un réseau de foi et d'amour.
Trois mots rendent ce climat fraternel de la communauté : ⲚⲀϨⲦⲈ qui
traduit πίστις de Mt, 8, 10, χάρις, ἀγάπη. Le détenteur "du trésor
(χρῆμα) de cette justice acquiert comme une nature divine".[17] Il est
capable de rendre d'autres hommes semblables à lui-même (192, 24-25).
Il devient un élu parfait.[18] En peu de mots, ces quelques versets font
saisir à la fois la nature et la fonction de la justice des élus : transmission de la foi, de la grâce, de l'amour. Cette justice est le lien de la
communauté ecclésiale. Elle place l'élu dans un contexte divin qui
réalise sa perfection personnelle. Elle assure la croissance de l'Eglise.
Elle rend présent dans la communauté le Royaume de la lumière.

Il y a enfin une "troisième justice", celle du catéchumène.[19] La
moitié du *Kephalaion 80* est consacrée à l'explication des oeuvres du
catéchuménat. La première de ces oeuvres est le jeûne, la prière et
l'aumône. Le rédacteur rappelle les obligations principales de cette
première voie : jeûne et repos le jour du Seigneur, prière en direction
des grands luminaires, soleil et lune, aumônes faites aux membres

---

[15] *Keph. 80*, 192, 17-23.

[16] *Keph. 1*, 15, 1-20 énumère les mystères révélés par Mani le Paraclet.

[17] Voir aussi *2 Cor.*, 1, 15 ; 3, 4 ; 8, 22 ; 10, 2 ; *Eph.* 3, 12 ; 4, 4 ; *1 Joa.*, 3, 3. *Le Keph.* 80,
192, 22-23 parle de ⲘⲚⲦⲚⲞⲨⲦⲈ, la divinisation, comme *Rom.*, 1, 21. Ce mot désigne
la transformation de l'élu qui, par l'adhésion aux mystères gnostiques, devient un être
lumineux dans le Royaume de la lumière.

[18] *Keph. 80*, 192, 26. Le τέλειος ἐκκλέκτος est l'élu qui vit pleinement les mystères.

[19] *Keph. 80*, 192, 27-33 et 193, 1-22.

de l'Église.[20] Mais il y a une seconde voie que doit parcourir le catéchumène parfait. Elle concerne la mission apostolique et la croissance
de l'Église. Le catéchumène est invité à "donner à la justice un fils
de l'Église, ou un membre de sa famille ou de sa maison; ou bien il
sauvera quelqu'un qui se trouve dans la détresse; ou encore il achètera
un esclave en vue de le donner à la justice.[21] Et voici que le rédacteur,
qui avait annoncé deux voies, en ajoute une troisième: "L'homme
construira une habitation ou un quartier dont on pourra faire en
partie une aumône dans la sainte Église".[22] En fait, ce don à l'Église
est une contribution à la mission apostolique de l'Église. Tout en
restant dans la ligne de la deuxième voie, ce don constitue un élément
nouveau: à côté de la croissance de l'Église considérée sous son aspect
de multiplication des fidèles, on envisage ici l'aide matérielle indispensable en vue du rassemblement de la communauté. Ainsi la voie du
catéchuménat est constituée par deux routes qu'on pourrait appeler
complémentaires et parallèles: la prière, le jeûne et l'aumône personnelle d'une part, le recrutement de fidèles, la compassion à l'égard des
malheureux et l'assistance matérielle à l'Église d'autre part.

3. La justice des élus

a) Les trois sceaux

Augustin reproche amèrement aux élus de la secte leur infidélité
aux préceptes de Mani.[23] Selon le De moribus manichaeorum, la doctrine
des trois signacula résume la morale manichéenne.[24] Notre compendium
copte souligne lui aussi la nécessité de ces trois préceptes qu'il groupe
sous le nom de justice du corps, et qu'il appelle justice de l'homme,
une expression que nous trouvons chez Augustin.[25]

Un seul passage des Kephalaia parle du signaculum sinus: "L'homme

---

[20] Keph. 80, 192, 30-33 et 193, 1-3.

[21] Keph. 80, 193, 5-11.

[22] Keph. 80, 193, 11-14.

[23] De moribus manichaeorum, XX, 74. Voir aussi les accusations portées contre les
moeurs des élus: XIX, 68 et 70; XX, 74. Augustin leur dit: "Jam enim satis apparet
qualia sint tria vestra signacula. Hi sunt vestri mores, hic finis admirabilium praecepto-
rum, ubi nihil certum, nihil constans, nihil rationabile, nihil inculpabile", De moribus,
XIX, 67.

[24] De moribus manichaeorum, XIII, 30.

[25] Keph. 80, 192, 14-15. Le texte souligne l'importance de l'élément visible dans les
pratiques de la première justice. Augustin, De moribus manichaeorum, X,19.

saint châtie son corps au moyen du jeûne et ainsi dompte tous les
archontes qui y habitent".[26] Ce texte nous place dans l'optique de
Keph. 80, 192, 9. où il est question de vivre dans l'ἐγκράτεια et dans la
pureté. Si le texte copte met la pureté du corps en relation avec le
jeûne, Augustin par contre insiste à la fois sur la dissolution des
moeurs, sur l'intempérance et sur la gourmandise des élus.[27]

C'est aussi dans le contexte du jeûne, présenté comme une obligation
permanente de l'élu que les *Kephalaia* parlent du sceau de la bouche
mais en retenant surtout un des deux aspects décrits par Augustin,
à savoir l'économie alimentaire. Augustin, lui, souligne deux obligations
découlant du *signaculum oris* : d'une part l'interdiction du blasphème,
d'autre part l'abstinence de viande et d'alcool.[28] Dans l'optique du
rédacteur copte l'économie alimentaire est entièrement orientée vers
le salut. En effet, chaque jour, grâce aux aliments choisis, une parcelle
de l'âme vivante entre dans le corps de l'élu. Elle y est "sanctifiée,
purifiée, lavée, et séparée de la matière ténébreuse".[29] Par ailleurs,
au *Kephalaion 85,* dans le contexte du respect de la croix de lumière
nous avons une allusion aux paroles qui nuisent (βλάπτειν) à l'âme
lumineuse.[30] La catéchèse distingue les deux sortes de paroles : celles
qui sont paroles de salut et celles qui sont blasphème, mensonge,
jalousie, colère et péché. Ainsi les textes coptes catéchétiques qui
n'ont qu'un seul passage sur l'obligation de mener une vie pure et
chaste, insistent davantage sur le sceau de la bouche mais en conférant
au double précepte de l'interdiction du blasphème et de l'abstinence de
viande, de vin et de boissons fermentées un aspect sotériologique.
Du fait qu'elle est destinée à la proclamation des mystères gnostiques,
la bouche de l'élu ne doit proférer ni mensonge ni blasphème.[31] Par
ailleurs, elle n'absorbe que des aliments lumineux car il s'agit pour les
élus de libérer les parcelles de lumière prisonnières de la matière. Le
sceau de la bouche prend place dans le grand mystère des enfants de la
lumière.[32]

Les *Kephalaia* ont consacré des commentaires plus longs au sceau
des mains qui impose le respect de la croix de lumière appelée aussi

---

[26] *Keph. 79,* 191, 14-15.

[27] *De moribus manichaeorum,* XIII, 29 ; XVI, 52.

[28] *De moribus manichaeorum,* XI, 20 et XIII, 27.

[29] *Keph. 79,* 191, 17. C'est ⲦⲞⲒⲔⲞⲚⲞⲘⲒⲀ ⲚⲦϤⲦⲢⲞⲪⲎ.

[30] *Keph. 85,* 211, 3-19.

[31] *Keph. 85,* 209, 3-7.

[32] *Keph. 79,* 191, 16-19 et 20-24. Le texte montre comment la ψυχή est libérée de la
σύγκρασις avec les ténèbres. La notion de mélange est fondamentale dans le manichéisme.

Jesus patibilis. Il s'agit de veiller à ne pas blesser l'âme du monde constituée des parcelles de lumière arrachées par les ténèbres au Royaume de la lumière.[33] En fait, la doctrine de Mani impose aux élus trois obligations : le végétarisme alimentaire, le respect de toute végétation, l'obligation de parcourir le monde afin de prêcher la sophia. Comment concilier ces trois préceptes, apparemment contradictoires ? A ce sujet, le *Kephalaion 85* donne les instructions du Prophète.[34]

La doctrine de la marche missionnaire. Voici, énoncé par le rédacteur copte, le commandement du respect de la croix de lumière : "L'homme doit regarder par terre quand il marche, afin de ne pas marcher sur la croix de lumière, afin de ne pas abîmer les plantes".[35] Dans ces conditions comment la vie missionnaire est-elle possible ? Prévoyant l'objection, le Prophète donne des indications pratiques au disciple qu'il envoie sur les routes du monde : "Tout élu, tout juste qui marche sur la route en vue de l'oeuvre de Dieu, même quand il marche sur la croix de lumière et qu'il la piétine, ne commet pas de péché. Au contraire, sa route est une couronne, une palme".[36] Ailleurs nous trouvons un énoncé analogue, basé conjointement sur l'impérieuse nécessité de la diffusion de la gnose et sur le désintéressement de l'élu.[37] Aussi, celui qui est envoyé en mission pour travailler à l'oeuvre de Dieu n'a aucune crainte à avoir, même s'il marche sur la croix de lumière. En vue de mieux faire saisir par l'élu cette doctrine paradoxale, Mani développe l'allégorie du médecin qui, pour guérir, met son pied sur le membre malade.[38] L'âme vivante est semblable à un malade accablé par la douleur et la langueur. Survient un médecin expert qui, en vue de la guérison de son patient, marche sur les membres de son corps. Le malade se laisse faire. Sachant que le médecin ne cherche qu'à le guérir, il ne se révolte pas contre lui. Il agirait tout autrement à l'égard d'un ennemi qui le foulerait aux pieds. Il en est de même de l'âme vivante et de la croix de lumière. Elles ne se dressent pas contre l'élu car elles savent que l'élu marche en vue de faire connaître les mystères gnostiques.

Le repas de l'élu et l'âme du monde. Le sceau des mains pose des problèmes analogues au sujet du repas de l'élu. C'est aux catéchumènes que les élus demandent les légumes et les fruits destinés à leur subsis-

---

[33] H. Ch. Puech, *Le Manichéisme, son fondateur, sa doctrine*, Paris, 1949, p. 61-92.

[34] *Keph. 85*, 208 à 213.

[35] *Keph. 85*, 208, 17-19.

[36] *Keph. 85*, 209, 13-18.

[37] *Keph. 81*, 196, 17-25.

[38] *Keph. 85*, 209, 25-31 ; 210, 1-32 ; 211, 1-3.

tance. Est-ce que cette obligation n'est pas en contradiction avec le respect que l'élu doit à la croix de lumière ? Quand il demande un repas aux catéchumènes, ses paroles ne sont-elles pas un blasphème du fait qu'elles vont provoquer une lésion de l'âme du monde ? Dans sa réponse, Mani fait une distinction importante "car il y a une différence entre parole et parole".[39] Parler de destruction des arbres et des plantes, c'est proférer des paroles qui sont blasphèmes, mensonges et péchés, sauf si ces paroles concernent l'aumône : "Le juste qui parle de la nécessité de l'aumône parle de guérison et de salut".[40] En effet, le précepte de l'aumône modifie de manière radicale le sens des paroles. Dès lors, les obligations imposées aux élus par le Maître sont les suivantes : ne pas frapper inutilement la croix de lumière; expliquer aux catéchumènes le vrai sens de l'aumône; manger ni par plaisir ni par gourmandise mais uniquement par nécessité.[41] Comme on le voit ici encore, ce sont les exigences missionnaires de l'Église gnostique qui président aux commandements et donnent son véritable sens à la morale manichéenne.

b). *La diffusion de la gnose*

Les commentaires sur la justice de l'homme appelée aussi première justice dans le *Kephalaion 85* et désignée par Augustin sous le nom de morale des trois sceaux viennent de montrer avec plus de clarté le premier volet des commandements imposés aux élus. Venons à présent au second volet de la justice des élus, celle que le *Kephalaion 85* appelle deuxième justice ou justice de l'élu parfait. Augustin n'en dit mot. Cette justice est totalement orientée vers les besoins missionnaires de l'Église de Mani.

Rempli de la force des mystères du Royaume, l'élu communique autour de lui la σοφία. Trois mots caractérisent son action : ⲚⲀϨⲦⲈ, la foi; χάρις, la grâce bienveillante; ἀγάπη l'amour qui tisse les liens. Le *Kephalaion 84* est consacré à cette mission itinérante des élus chargés de proclamer la révélation reçue du Paraclet.[42] La σοφία a bien plus de valeur sur la langue de l'homme que dans son coeur.

---

[39] *Keph. 85*, 211, 7-8. Toute la seconde partie de ce *Kephalaion* consacré à la croix de lumière parle du précepte de l'aumône et de son application au repas des élus.

[40] *Keph. 85*: 211, 25-26.

[41] *Keph. 85*, 213, 6-12. Ce texte est en contradiction avec ce que nous dit Augustin, *De moribus manichaeorum*, XIII, 29; XVI, 51 et XVI, 41 où il parle d'une morale de cuisiniers et de confiseurs.

[42] *Keph. 84*, 204-208.

Aussi, selon les vues de Mani, la proclamation des mystères gnostiques transforme les élus bien plus que ne le ferait une méditation. Celle-ci n'est qu'une possession de la vérité. La proclamation, elle, est la vérité en action. Ici nous sommes en présence d'une véritable théologie du Verbe fait Gnose. "Le Verbe que j'ai proclamé existe réellement". L'élu en a conscience.[43] Ce Verbe gnostique est semblable à une semence jetée en terre et dont l'élu voit la croissance. Plus il proclame ce Verbe, plus ce dernier transforme sa vie. La perfection ne réside pas dans la méditation du Verbe mais dans sa proclamation. L'Église de Mani n'est pas une Église contemplative. Elle est une Église missionnaire fondée sur la possession des mystères et sur leur diffusion.

Deux allégories font comprendre davantage ce deuxième aspect de la justice des élus. La première de ces allégories présente la femme enceinte qui devient mère.[44] Durant sa portée, cette femme est dans la joie : elle sait que l'enfant qui vit en elle est son enfant. Mais voici qu'après la naissance elle peut contempler la beauté de son enfant : elle le voit plein de vie; leurs yeux se rencontrent; elle entend sa parole. Aussi, après la naissance de l'enfant la joie de cette mère est bien plus grande. Elle est portée au centuple. Il en est de même de la sophia. Tant qu'elle reste enfouie dans le coeur de l'élu elle ressemble au fils vivant dans le sein de sa mère. Dès qu'elle est proclamée elle se manifeste aux yeux de tous. Sa grandeur et sa beauté éclatent et redoublent. La splendeur du Verbe se révèle à ceux qui l'écoutent, elle éblouit et transforme l'élu qui la proclame.

La seconde allégorie compare la σοφία au feu qui enflamme le bois.[45] Le feu est présent dans le bois mais personne ne le voit. Voici que le bois est entré dans une maison et déposé sur un brasier. Aussitôt le bois s'enflamme : le feu caché dans le bois en sort et illumine toute la maison. Il en est de même de la σοφία. Aussi longtemps qu'elle est enfouie dans le coeur, sa lumière n'apparaît point. Dès que l'homme la proclame, elle révèle toute sa splendeur qui éclate aux yeux de beaucoup.

Cette théologie de la mission, second volet de la justice des élus, est confirmée par les textes asiatiques découverts dans l'oasis de Tourfan. Dans un traité manichéen nous lisons : "L'élu est un voyageur. Il ne peut rester au même endroit. Comme un roi qui ne dépend de personne, qui ne reste pas toujours dans sa capitale mais se met en

---

43 *Keph. 84*, 205, 6.
44 *Keph. 84*, 205, 26-32 et 206, 1-29.
45 *Keph. 84*, 206, 23-34 et 207, 1-11.

route avec ses soldats en armes et toujours prêt à se battre, il marche. Sur son passage se terrent les animaux sauvages et les ennemis chargés de haine".[46]

Comme nous l'avons vu, cette oeuvre de la mission se situe dans un contexte ecclésial que les controversistes ont passé sous silence. Et pourtant ici nous sommes au coeur même des commandements de la justice. L'enthousiasme des élus ne s'explique pas par une morale des trois sceaux. Le secret de l'Église gnostique résidait dans le climat fraternel et chaud des communautés. ⲚⲀϨⲦⲈ, χάρις, ἀγάπη : voilà les mots clés de la δικαιοσύνη des élus.

4. La justice des catéchumènes

a) Une participation à la justice des trois sceaux

Augustin considère les trois signacula comme la morale des élus.[47] Ainsi, le sceau du sein ne peut concerner les auditeurs puisque ces derniers ont la permission de se marier et de vivre dans le mariage.[48] Chargés de préparer les repas des élus, les catéchumènes doivent pouvoir arracher les plantes et cueillir les fruits. Dans ces conditions, les exigences du sceau des mains ne les concernent pas directement.[49] Reste le signaculum oris : interdiction du blasphème, abstinence de viande, de vin, de boissons fermentées. Selon Augustin, les auditeurs ne sont pas tenus par le précepte de l'abstinence de viande.[50]

Les Kephalaia nous obligent à nuancer les affirmations d'Augustin. En effet, nos textes coptes montrent comment les catéchumènes sont invités à participer à la justice des élus. Le Kephalaion 80 définit par trois mots la première oeuvre de justice des catéchumènes : "jeûne, prière, aumône".[51] Ces trois mots paraissent bien correspondre aux trois signacula. C'est grâce au jeûne que les catéchumènes, eux aussi, doivent s'efforcer de dominer les archontes présents en eux : voilà le signaculum sinus. Cependant, pour l'auditeur l'obligation du jeûne n'existe que le jour du Seigneur. La prière doit se faire en direction des deux grands luminaires, soleil et lune. Cette adoration de la lumière

---

[46] E. Chavannes et P. Pelliot, Un traité manichéen retrouvé en Chine, traduit et annoté, dans Journal Asiatique, S. 10, t. 18, Paris, 1911, p. 576.

[47] De moribus manichaeorum, XIII, 30 : electus vester tribus signaculis praedicatus.

[48] De moribus, XVIII, 65.

[49] De moribus, XVII, 57.

[50] De moribus, XVI, 53.

[51] Keph. 79, 192, 1 ; Keph. 80, 192, 32.

nous conduit dans le contexte du sceau de la bouche, elle est un corol-
laire de la doctrine de la lumière divine.[52] L'aumône, elle, est au service
des élus. Voilà le sceau de la main considéré de manière positive, à
savoir la contribution à l'oeuvre de libération de la lumière.[53] Pour le
catéchumène, jeûne, aumône et prière constituent une participation
à la justice des élus. Le verbe κοινωνεῖν, plusieurs fois présent sous la
plume du rédacteur, souligne bien cet aspect d'une communion entre
élus et auditeurs, ces derniers vivant en dépendance et en participation
avec les premiers.[54]

Le sceau des mains est une des grandes préoccupations de la catéchèse manichéenne. L'enjeu est sérieux : pour les élus il s'agit de trouver
la subsistance quotidienne grâce aux auditeurs chargés du service
du repas. Au *Kephalaion 93*, Mani est invité à répondre à une question
des catéchumènes : est-ce que l'aumône ne provoque pas une lésion
de l'âme vivante ?.[55] Déjà, le *Kephalaion 87* a fourni des éléments de
la réponse : la chose importante est le salut de l'âme vivante constituée
de parcelles lumineuses prisonnières de la matière. Retenue dans le
mélange, la lumière désire retourner dans la maison des siens. Mais les
puissances la tiennent sous leur emprise. Pour elle, seuls les deux luminaires, le soleil et la lune, sont des portes de salut, des lieux de repos
qui lui permettront de passer et de regagner le Royaume de la lumière.
L'Église gnostique seule est capable de réaliser cette libération : c'est
le travail des élus qui pour cela recoivent les offrandes indispensables
apportées par les catéchumènes.[56] Au *Kephalaion 93*, au moyen d'une
allégorie, Mani donne à cette question une réponse claire.[57] Un ennemi
frappe un contradicteur et le blesse; puis, redoublant de violence, il
provoque des lésions très graves. Il est traîné devant le tribunal et
sévèrement condamné. Le blessé n'est pas guéri pour autant. On fait
venir un médecin qui commence par un examen des blessures puis,
au moyen de son bistouri coupe dans les chairs tuméfiées. Le sang
jaillit, le blessé hurle de douleur. Cependant, il n'accuse pas le médecin.
Au contraire, il lui offre un cadeau et il le comble d'honneurs. Car,
c'est grâce au médecin, que ce malade retrouve la santé. Il en est de

---

[52] *Keph. 79*, 192, 1; *Keph. 80*, 192, 32.
[53] *De moribus*, XI, 22.
[54] *Keph. 77*, 190, 1; *Keph. 79*, 192, 1; *Keph. 80*, 193, 19.
[55] *Keph. 93*, 236-239.
[56] *Keph. 87*, 217, 2-11.
[57] *Keph. 93*, 236, 27-32; 237, 1-31; 238, 1-9.

même pour l'âme vivante enchainée depuis les origines. L'oeuvre des catéchumènes est à l'origine de sa libération et de son salut.

b) *La justice du don*

La seconde oeuvre de justice des catéchumènes s'exprime par un mot, δῶρον, le don. Comme nous l'avons vu, cette justice englobe deux orientations : d'une part la croissance de l'Église gnostique par le recrutement de fidèles ou par la miséricorde spirituelle à l'égard de ceux qui souffrent; d'autre part, l'assistance matérielle à l'Église en vue du logement des élus et des réunions de l'assemblée.[58] Pour désigner cette assistance des catéchumènes à leur Église, nos textes coptes ont une expression suggestive : ⲀⲰⲢⲞⲚ [ⲀⲦⲀⲒ]ⲔⲀⲒⲞⲤⲨⲚⲎ, don [de ou à] la justice. Une lacune du texte nous oblige à faire cette conjecture.[59] De toute manière, il est certain qu'ici nous n'avons plus affaire à une simple aumône en faveur des élus. Il s'agit de l'oeuvre même de l'Église qui, en définitive, utilise en vue du salut tout ce qui est mis à son service. Toutes les aumônes amassées par les sectes du monde, au nom de Dieu, deviennent tristesse, misère et malice. Seule, l'Église sainte dans laquelle se trouvent les commandements des aumônes peut les sauver, les purifier et les conduire au repos. Les aumônes quittent la sainte Église pour arriver au Dieu de vérité au nom duquel elles furent données. Et le *Kephalaion* ajoute : "la sainte Église n'a sur terre aucun endroit de repos si ce n'est grâce aux catéchumènes".[60]

C'est le don qui fait le catéchumène. Le catéchuménat est indispensable à la vie de l'Église. Il est l'honneur de l'Église. L'assemblée des catéchumènes est "semblable à une bonne terre — celle-ci doit se trouver sous la surveillance du cultivateur — dans laquelle est planté le bon arbre".[61] Afin de montrer à quel point l'Église de Mani honore le catéchuménat, le rédacteur copte n'hésite pas à écrire : "La communauté des catéchumènes prend en charge la sainte Église, elle en porte le souci, elle lui procure le repos dans toutes ses oeuvres. Partout elle lui permet de vivre dans la tranquillité. Là où il n'y a pas de catéchumènes, la sainte Église ne vit pas en paix".[62]

Au terme de cette analyse, essayons d'en dégager les lignes maîtresses de la morale manichéenne. A la suite de son traité sur la morale chré-

---

[58] *Keph. 80*, 193, 4-14.
[59] *Keph. 80*, 193, 9-10.
[60] *Keph. 87*, 217, 11-25.
[61] *Keph. 87*, 217, 26-28.
[62] *Keph. 87*, 218, 5-10.

tienne, Augustin a rédigé un ouvrage sur les moeurs des manichéens.
Il y passe d'abord en revue leurs erreurs concernant les principes de
la morale. Puis il souligne les faiblesses contenues dans les préceptes
moraux enseignés par les élus de la secte. Pour ce faire, Augustin
utilise une classification restée célèbre, celle des trois *signacula* :
sceaux de la bouche, des mains, du sein. Le sceau de la bouche interdit
tout blasphème et prescrit l'abstinence de viande, de vin, de boissons
fermentées. Le sceau des mains défend d'arracher les plantes, de
couper les arbres, de tuer les animaux. Le sceau du sein exige des élus
une chasteté totale. Un chapitre circonstancié sur les moeurs dissolues
des manichéens termine l'ouvrage. Le traité d'Augustin est une oeuvre
polémique. Tout au long de l'exposé, le controversiste tout en expli-
quant les principes de la morale de Mani, en souligne les erreurs et
montre combien les élus sont infidèles aux commandements du Maître.

Les *Kephalaia* coptes sont des exposés catéchétiques en usage dans
l'Église de Mani. Dans le recueil publié, sept chapitres constituent une
sorte de compendium de morale donnant aux élus et aux catéchumènes
les principes de leur comportement au milieu d'un monde fait du
mélange de la Lumière et de la Ténèbre. La base de cette morale
gnostique est bien l'ensemble des trois *signacula*. Cependant, les textes
coptes nous invitent à rectifier et à complèter les informations données
par Augustin. Le comportement des élus et des auditeurs porte le
nom de δικαιοσύνη. Cette justice est mise en relation directe avec la
promesse du Paraclet faite par Jésus à ses disciples. C'est Mani, le
Paraclet promis et envoyé qui enseigne lui-même à son Église comment
elle doit vivre au milieu du siècle. L'élu veillera à devenir un juste
parfait entièrement préoccupé par l'oeuvre de la gnose à savoir la
libération des parcelles lumineuses retenues dans la matière ténébreuse.
C'est le salut de cette âme vivante qui commande la vie des élus et des
catéchumènes. Sans nul doute, les trois *signacula* concernent d'abord
les élus chargés de porter le fardeau de la diffusion de la σοφία. Cependant les catéchumènes sont tenus de participer à cette justice des
trois sceaux et cela, grâce au jeûne, à la prière, à l'aumône. Leur
justice est considérée comme une participation à la justice des élus.

Parallèlement à cette justice fondamentale, les textes catéchétiques
font état d'une justice ecclésiale. Celle-ci concerne directement l'enga-
gement du gnostique dans l'oeuvre de son Église et montre en quoi
consiste l'idéal de perfection d'un véritable élu et d'un catéchumène
accompli. L'élu est un envoyé, messager du Royaume de lumière,
toujours sur les routes missionnaires afin de communiquer aux hommes

sa foi aux mystères et d'en faire des disciples du Paraclet. Il est responsable de la croissance de l'Église en nombre et en ferveur. C'est de lui que dépend le climat fraternel des groupes de fidèles. Nous touchons ici du doigt un aspect du manichéisme et le secret de son extraordinaire diffusion dans le temps et dans l'espace : l'idéal apostolique des élus et la chaude atmosphère à l'intérieur des communautés. Les catéchumènes doivent participer à cette oeuvre ecclésiale. Leurs obligations ne se limitent pas aux repas ou à l'hébergement des élus. Ils ont leur rôle dans la croissance matérielle et morale de l'Église. Engagés davantage dans la vie quotidienne, ils font servir leur influence et leurs biens à l'oeuvre missionnaire : toute leur vie est don et service. Grâce à eux, l'Église de Mani trouvera protecteurs et bienfaiteurs, gîtes d'étapes et lieux de rassemblement et, à l'heure des persécutions, refuge et sécurité.

L'UTILISATION DES ACTES APOCRYPHES DES APÔTRES DANS LE MANICHÉISME

PAR

JEAN-DANIEL KAESTLI

Parmi les écrits chrétiens qui ont circulé dans les milieux manichéens, les Actes apocryphes des apôtres figurent en bonne place. Le fait est attesté aussi bien par le témoignage indirect de Philastre,[1] d'Augustin,[2] d'Évode d'Uzala[3] ou de Turribius d'Astorga,[4] que par des documents proprement manichéens, chez Fauste de Milève[5] et dans le *Psautier* copte.[6] Je me propose d'examiner ici trois questions relatives à cette utilisation :

I. Est-il juste de parler d'un *corpus* manichéen d'Actes apocryphes, réunissant les seuls *Actes de Pierre, Jean, André, Thomas* et *Paul*, c'est-à-dire identique à l'ouvrage que Photius a eu entre les mains au 9e siècle ?[7]

II. Pourquoi et comment les Manichéens lisaient-ils ces textes ?

III. A quand remonte cette utilisation ?

---

[1] Philastre de Brescia, *Diversarum hereseon liber* 80 (éd. F. Heylen, *CCL* 9, p. 255-256).

[2] Augustin, *Contra Faustum* 22, 79 (éd. Zycha, *CSEL* 25, p. 681,6-682,2); *Contra Adimantum* 17,2 et 17,5 (*CSEL* 25, p. 166,6-22 et p. 170, 9-13); *De sermone Domini in monte* I,20,65 (éd. A. Mutzenbecher, *CCL* 35, p. 75); *Contra Felicem* II,6 (*CSEL* 25, p. 833,8-17); *Epistula 237 ad Ceretium* 2 (éd. A. Goldbacher *CSEL* 57, pp. 526-527).

[3] Évode d'Uzala, *De fide contra Manicheos* 5 (*CSEL* 25, p. 952,16-20); 38 (*ibid.* p. 968,24-969,10) et 40 (*ibid.* p. 970,31-971,2).

[4] Turribius d'Astorga, *Epistula ad Idacium et Ceponium* 5, (*PL* 54, 694).

[5] dans Augustin, *Contra Faustum* 30,4 (*CSEL* 25, p. 751-24,752,9).

[6] *A Manichean Psalm-Book*, Part II, éd. C. R. C. Allberry, Stuttgart 1938 (= *Psaut.*). Les passages mentionnant des personnages et des épisodes des Actes apocryphes, ou dénotant une connaissance de ces textes, sont les suivants : p. 142,17-143,14 (psaume "de la patience"); p. 192,4-193,3 (psaume "des dix vierges"); p. 179,25-27 et 180,29-31 (psaume "vierge — continente — mariée") et p. 189,30-191,17 (psaume "de l'Amen").

[7] Photius, *Bibliothèque* 114 (éd. R. Henry, t. 2, Paris 1960, p. 84) : "Lu un livre intitulé *Pérégrinations des apôtres*; on y trouvait les *Actes de Pierre, de Jean, d'André, de Thomas* et *de Paul*. Comme le livre lui-même l'indique, c'est Leucius Charinus qui les a écrites". Ces textes seront cités d'après l'édition de R. A. Lipsius et M. Bonnet, *Acta Apostolorum Apocrypha*, Leipzig 1891-1903 (= *Aa*).

I.   La thèse du *corpus* manichéen est bien résumée par cette phrase
de J. Flamion dans son excellente étude sur les *Actes d'André* : "S'il
est un fait incontestable, au milieu de toute la série touffue des contro-
verses qu'a suscitées la fameuse question de Leucius, c'est bien que
les Manichéens adjoignaient aux Écritures et, dès le milieu du IVème
siècle, mettaient dans le Canon une collection d'Actes apocryphes des
apôtres Jean, Pierre, Thomas, André, Paul".[8] Parler d'un *corpus*
implique donc deux choses : d'abord, que les Manichéens ont accordé
un statut privilégié aux cinq Actes apocryphes précités, à l'exclusion
de toute autre tradition relative aux apôtres; ensuite, qu'ils ont reconnu à cette collection une valeur normative et qu'ils l'ont substituée,
dans le canon du Nouveau Testament, à la seconde partie de l'oeuvre
lucanienne, qu'ils rejetaient.[9]

Cette thèse, très généralement acceptée,[10] a été reprise récemment
par P. Nagel, qui pense en trouver une confirmation nouvelle dans les
allusions du *Psautier manichéen*.[11] Mais l'idée de corpus me semble
contestable, aussi bien sous son aspect limitatif que sous son aspect
normatif.

Tout d'abord, qui dit *corpus* dit collection aux limites bien arrêtées.
Or, aucun des Pères qui ont combattu le manichéisme ne mentionne
un recueil de cinq Actes. Lorsqu'ils énumèrent les Actes apocryphes
en usage chez leurs adversaires, il manque toujours au moins une des
parties du *corpus* présumé. Philastre de Brescia,[12] par exemple, sait
que les Manichéens possèdent les *Actes d'André, de Jean, de Pierre* et
de Paul. Mais il ne souffle pas mot des *Actes de Thomas* — silence
d'autant plus surprenant quand on sait les affinités de ce texte avec
les idées manichéennes.[13]

---

[8] J. Flamion, *Les Actes apocryphes de l'Apôtre André*, Louvain 1911, p. 180-181.

[9] Sur le rejet des Actes canoniques des apôtres chez les Manichéens, cf. Augustin,
Contra Faustum 32,15 (*CSEL* 25, p. 774,24 ss.) ; *Contra Adimantum* 17,5 (*CSEL* 25, p.169,
27-170,1) ; *Epistula 237 ad Ceretium* 2 (*CSEL* 57, p. 527,2-9). Dans ce dernier passage,
Augustin semble limiter le rejet à "quidam Manichei".

[10] Voir entre autres C. Schmidt, *Die alten Petrusakten* (*TU* 24,1) 1903, p. 44 et K.
Schäferdiek dans Hennecke-Schneemelcher, *Neutestamentliche Apokryphen* II, 1971⁴,
p. 117-121.

[11] P. Nagel, "Die apokryphen Apostelakten des 2. und 3. Jahrhunderts in der mani-
chäischen Literatur" dans *Gnosis und Neues Testament*, Berlin 1973, p. 149-182.

[12] Cf. note 1.

[13] A ce sujet, voir W. Bousset, "Manichäisches in den Thomasakten", *ZNW* 18
(1917-18), p. 1-39; G. Bornkamm, *Mythos und Legende in den apokryphen Thomasakten*
(*FRLANT* NF 31), 1933.

Qu'en est-il des sources directes ? Le Manichéen Fauste, défendant sa conception de la continence sexuelle contre les attaques des Catholiques, prend appui sur les *Actes de Paul et Thècle*, dont l'autorité est acceptée par ses adversaires ; mais il s'empresse d'ajouter qu'il s'abstiendra de citer le témoignage des autres apôtres qui ont exalté la virginité, Pierre et André, Thomas et "celui qui est ignorant de Vénus entre tous, le bienheureux Jean". Il sait en effet que les Actes qui portent leur nom sont exclus du canon catholique.[14] Pour Fauste, les cinq Actes apocryphes ont indéniablement la même autorité. Mais rien n'indique qu'ils constituent un tout inséparable, excluant tout autre tradition sur les apôtres.

Deux passages du *Psautier manichéen* sont également cités pour démontrer l'existence d'un Pentateuque d'Actes apocryphes. Le premier se trouve dans un psaume qui célèbre la patience de la longue lignée des Fils de la Lumière, depuis l'Homme Primordial jusqu'à Mani et aux contemporains du Psalmiste.[15] Après avoir évoqué les souffrances de Jésus,[16] le psaume fait l'éloge des apôtres chrétiens et des saintes femmes de l'âge apostolique, en rappelant, à propos de chacun d'eux, quelques traits caractéristiques de leur histoire,[17] empruntés le plus souvent aux Actes apocryphes. L'auteur donne ainsi la preuve qu'il connaît *les Actes de Pierre*,[18] *d'André*,[19] *de Jean*,[20]

---

14 Cf. note 5.

15 *Psaut.* p. 141-143.

16 *Psaut.* p. 142,11-16.

17 *Psaut.* p. 142,17-143,14.

18 "Pierre l'apôtre, celui qu'on a crucifié la tête en bas" (p. 142,18) évoque le martyre de l'apôtre tel que le rapportent les *Actes de Pierre* (= *APe*) ch. 37-38 (*Aa* I, p. 92,17ss.).

19 "André l'apôtre, on a mis le feu à la maison au-dessous de lui" (p. 142,20) fait allusion à un épisode des Actes primitifs qui ne nous est parvenu que dans le remaniement de Grégoire de Tours, *Liber de miraculis beati Andreae apostoli* 12 (éd. M. Bonnet, *Monumenta Germaniae Historica* I,2, p. 832). Plus loin, le psaume exalte la patience de Maximilla dans son combat pour la pureté (p. 143,13-14 cf. *Actes d'André* (= *AA*) ch. 2 et ss. (*Aa* II,1 p. 38,21ss.).

20 "Jean le vierge, on lui a fait boire la coupe à lui aussi, emprisonné pendant quatorze jours, pour qu'il meure de faim" (p. 142,23-24) ... "De même la bienheureuse Drusiane, elle a accepté cela aussi, emprisonnée pendant quatorze jours, comme son maître, son apôtre" (p. 143,11-12). Il y a là certainement l'écho d'un épisode aujourd'hui perdu des *Actes de Jean* (= *AJ*), mais dont il subsiste des réminiscences dans le texte actuel (cf. *AJ* 87 et 103, *Aa* II,1 p. 193,24-25 et 202,21). Notons encore que l'Aristoboula citée avec Maximilla à la p. 143,13-14 pourrait bien être le personnage mentionné en *AJ* 59 (p. 180,6).

de Thomas [21] et *de Paul.*[22] Mais il fait aussi allusion à la coupe des fils
de Zébédée [23] et à la mort de Jacques par lapidation [24]. Cela prouve
qu'il ne s'inspire pas ici d'un "catalogue de cinq apôtres" au caractère
exclusif. La tradition du martyre de Jacques par lapidation, qu'il
connaît sans doute à travers un récit développé, de contenu analogue
à celui des ῾Υπομνήματα d'Hégésippe [25] ou de la *IIème Apocalypse
de Jacques* (Codex V de Nag-Hammadi),[26] a pour lui même dignité et
même valeur que les autres apocryphes auxquels il fait allusion.

L'autre psaume [27] a pour thème la vigilance exemplaire des vierges
de la parabole, qui est illustrée successivement par Jésus,[28] ses douze
disciples,[29] les femmes de son entourage (Mariam, Marthe, Salomé et
Arsinoé),[30] par les héroïnes des Actes apocryphes [31] et enfin par Mani
lui-même. [32] La manière dont certains de ces personnages sont évoqués
prouve que la vénération des Manichéens pour les apôtres devait
s'alimenter à des récits extra-canoniques, extérieurs au cadre limité
du présumé *corpus*. Comment expliquer autrement l'allusion à la

---

[21] Thomas a été mis à mort par quatre soldats, qui l'ont entouré et transpercé de la
pointe de leur lance (p .142,27-30) : allusion claire à certains détails du martyre tel qu'il est
rapporté dans les *Actes de Thomas* (= *ATh*) ch. 165 (*Aa* II,2 p. 278,7-8 et 20-21) et 168
(*ibid.* p. 282,6-7 et 14-15).

[22] Si l'évocation des épreuves subies par Paul ne doit apparemment rien aux Actes
apocryphes (p. 142,31-143,3), l'éloge de Thècle (p. 143,4-10) suppose une connaissance
détaillée des *Actes de Paul* (= *AP*) : épisode du bûcher (*AP* 22, dans *Aa* I, p. 250,5ss),
de l'affrontement avec les ourses et les lions (*AP* 33, p. 259, 1ss.), avec les taureaux
(*AP* 35, p. 262,1ss) et avec les phoques (*AP* 34, p. 260,10ss.).

[23] "Les deux fils de Zébédée, on leur a fait boire la coupe du < Seigneur >" (p. 142,22) :
allusion à *Mc.* 10,38-39.

[24] "Jacques, quant à lui, on l'a lapidé, on l'a mis à mort. Ils ont tous jeté sur lui leur
pierre pour qu'il meure sous la tempête" (p. 142,25-26). Le Psalmiste identifie donc ici à
tort le fils de Zébédée et le frère du Seigneur. La même confusion se retrouve dans le
psaume "des dix vierges" (p. 192,8-9). Mais dans le psaume qui suit immédiatement ce
dernier, les deux Jacques font l'objet de mention séparée (p. 194, 10 et 194,14).

[25] cf. Eusèbe, *hist. eccl.* II,23,8 ss., en particulier II,23,21-24 (éd. E. Schwartz, *GCS*
9,1, p. 168-174.)

[26] cf. A. Böhlig et P. Labib, *Koptisch-gnostische Apokalypsen aus Codex V von Nag
Hammadi*, Halle-Wittenberg 1963, p. 83-85.

[27] *Psaut.* p. 191,18-193,12.

[28] p. 192,4.

[29] p. 192,5-20.

[30] p. 192,21-24

[31] p. 192,25-193,3. Sont mentionnées successivement Thècle, Maximilla, Iphidama,
Aristoboula, Euboula, Drusiane et Mygdonia.

[32] p. 193,4ss.

patience de Philippe "quand il était au pays des mangeurs d'hommes",[33] ou à Marie Madeleine, cette "jeteuse de filet qui cherche à capturer les onze égarés" ?[34] Par ailleurs, l'éloge des femmes gagnées par les apôtres à l'idéal de la chasteté ne mentionne aucune héroïne des *Actes de Pierre*. A mon avis en effet, Euboula "celle qui donne la lumière à d'autres, la noble ($\epsilon\dot{\upsilon}\gamma\epsilon\nu\dot{\eta}\varsigma$), qui attire le coeur du gouverneur ($\dot{\eta}\gamma\epsilon\mu\dot{\omega}\nu$)[35]" ne doit pas être identifiée avec le personnage homonyme des *Actes de Pierre*,[36] mais bien avec l'Euboula des *Actes de Paul*.[37] Dans *APe* 17, Eubola n'est pas rattachée à la prédication de la chasteté et elle ne joue pas le rôle d'"illuminatrice" que lui attribue le Psautier. Au contraire, dans les *AP*, l'affranchie[38] Euboula, disciple assidue de Paul, fait naître chez sa maîtresse Artemilla le désir d'embrasser la foi[39] et contribue indirectement au changement d'attitude du gouverneur Jérôme.[40] Le catalogue des cinq Actes est donc incomplet dans le Psaume "des dix vierges".

En second lieu, la thèse du corpus *manichéen* a le tort d'exagérer la valeur normative que Mani et ses disciples accordaient aux Ecritures chrétiennes, qu'elles soient canoniques ou apocryphes. Aux yeux du Manichéen, le seul Canon véritable est constitué par les livres que Mani lui-même a écrits, car le message divin y est exempt de toute déformation, à la différence de ce qui s'est passé avec Zoroastre, Bouddha

---

[33] p. 192,10. Cette indication est surprenante, car le pays des Anthropophages est habituellement rattaché à l'activité évangélisatrice des apôtres André et Matthieu (cf. Lipsius, *Apostelgeschichten* I, p. 570, 576, 579, 586-587, 603-605 (André); II,2 p. 113 (Matthieu). On sera tenté de la rapprocher de la Passion latine de Philippe, qui raconte les péripéties de la mission de l'apôtre en *Scythie*, région où la tradition antique localise le pays des Anthropophages (cf. Lipsius, *op. cit.* I, p. 603-604).

[34] p. 192,21-22. L'image utilisée ici s'éclaire à la lumière d'un autre psaume : Marie Madeleine y est l'interlocutrice privilégiée du Ressuscité, qui fait d'elle sa messagère auprès des "orphelins égarés", c'est-à-dire des onze disciples, abattus par la mort de leur Maître et retournés à leur métier de pêcheurs (*Psaut.* 187,2-36).

[35] p. 192,30-31.

[36] *APe* 17 (*Aa* I, p. 62,22-65,25) et 23 (*ibid.* p. 71,9-12).

[37] *AP* Papyrus de Hambourg p. 2-5 (éd. Schmidt-Schubart, *Praxeis Paulou*, p. 26-44). Contre P. Nagel, *op. cit.*, p. 158.

[38] Le terme $\epsilon\dot{\upsilon}\gamma\epsilon\nu\dot{\eta}\varsigma$ qui qualifie Euboula dans le *Psautier*, loin d'être incompatible avec son statut d'$\dot{\alpha}\pi\epsilon\lambda\epsilon\upsilon\theta\dot{\epsilon}\rho\alpha$ dans les *AP* (Pap. Hamb. p. 3,3), pourrait très bien être un écho de ce dernier (cf. Photius, *Nomocanon* I,36 (*PG* 104, 560 A) : $\dot{\epsilon}\lambda\epsilon\upsilon\theta\epsilon\rho\hat{o}\hat{\upsilon}\tau\alpha\iota$ $\kappa\alpha\dot{\iota}$ $\epsilon\dot{\upsilon}\gamma\epsilon\nu\dot{\eta}\varsigma$ $\gamma\dot{\iota}\nu\epsilon\tau\alpha\iota$, à propos d'un affranchi).

[39] cf. *AP* Pap. Hamb. p. 2,8-17.

[40] Le titre $\dot{\eta}\gamma\epsilon\mu\dot{\omega}\nu$ apparaît à la p. 1,23 du Papyrus de Hambourg. D'abord ennemi acharné de Paul, qu'il fait jeter aux bêtes, le gouverneur finit par implorer le "Dieu de l'homme qui a combattu les bêtes" (*AP* Pap. Hamb. p. 5,30ss.).

ou Jésus.[41] Les textes sacrés des autres religions, que le manichéisme prétend englober dans une synthèse définitive,[42] ne peuvent avoir qu'une valeur complémentaire et relative. Il est donc difficile d'imaginer que les Manichéens aient donné aux Actes apocryphes un statut suffisamment privilégié pour les réunir en un *corpus* aux limites bien arrêtées. En revanche, il est vraisemblable que ces Actes n'ont pas circulé isolément, mais groupés dans des recueils où ils cotôyaient sans doute d'autres récits apocryphes.

II. Pourquoi les Manichéens se sont-ils intéressés aux faits et gestes des apôtres chrétiens ? On pourrait penser qu'ils ont obéi à une préoccupation missionnaire : s'adapter au language et aux traditions chrétiennes pour gagner des adeptes à la foi nouvelle. Mais il y a davantage qu'un opportunisme missionnaire dans leur interêt pour les Actes apocryphes. En effet, la figure de l'Apôtre, de l'Envoyé, occupe une place éminente dans la pensée manichéenne.[43] Le grand combat qui, dès l'origine, oppose la Lumière et les Ténèbres est caractérisé par l'apparition successive d'une longue lignée d'Envoyés (l'Homme Primordial, le Troisième Envoyé ; Adam, son fils Seth et d'autres personnages de la préhistoire biblique ; les grands fondateurs de religion, Zoroastre, Bouddha et Jésus).[44] La série est couronnée par l'avènement de Mani, "l'Apôtre de la Lumière" par excellence.[45] Dans cette perspective, il était naturel que la religion nouvelle intégrât à sa vision de l'histoire du salut les apôtres choisis et envoyés par Jésus, et qu'elle reprît à son compte les traditions qui les exhaltaient.

A cette estime générale pour tous les Apôtres de l'histoire, il faut bien sûr ajouter les affinités particulières qui rapprochaient les héros des Actes apocryphes de l'idéal éthique des Manichéens. Les allusions

---

[41] cf. *Kephalaia* I, p. 7,18 ss. (éd. H. J. Polotsky-A. Böhlig, Stuttgart 1940).

[42] cf. *Kephalaia*, ch. 154, édité par Schmidt-Polotsky en annexe à "Ein Mani-Fund in Ägypten", *SPAW* 1933, p. 86.

[43] Suivant l'exemple de l'apôtre Paul, Mani revendique pour lui-même le titre d'"apôtre de Jésus-Christ" et le fait figurer en tête de son *Evangile* (Codex de Cologne p. 66,4ss. dans A. Henrichs-L. Koenen, "Ein griechischer Mani-Kodex", *Zeitschr. f. Papyrologie und Epigraphik* 5 (1970), p. 192) et de ses *épîtres* (*Épître du Fondement*, chez Augustin, *Contra Epistulam Fundamenti* 5, (*CSEL* 25, p. 197,10-11); *Épître à Ménoch*, chez Augustin, *Contra Juliani responsionem opus imperfectum*, III,172,1 (*CSEL* 85,1, p. 473).

[44] cf. Psaume "de la patience" (*Psaut.* p. 141-143) et *Kephalaia* I, ch. 1, p. 9-16.

[45] cf. par exemple *Psaut.* p. 22,23 ; 26,27 ; 28,13 ; etc.

du *Psautier* et des *Homélies*,[46] l'argumentation de Fauste en témoignent clairement : les apôtres du Christ sont essentiellement invoqués comme modèles de vie chaste et exemples d'endurance face aux persécutions et au martyre. La continence qu'ils prêchent et qu'ils pratiquent s'accorde parfaitement avec l'enseignement de Mani. Les multiples épreuves qu'ils ont subies préfigurent celles qu'affrontent Mani et ses disciples ; elles participent du même combat entre la Lumière et les Ténèbres.

A l'occasion, les Manichéens ont aussi pu trouver une source d'inspiration *liturgique* dans tel passage des Actes apocryphes. C'est ce que montre en tout cas la parenté indéniable que l'on constate entre un Psaume d'Héraclide, caractérisé par l'emploi répété du répons Amen,[47] et une partie des *Actes de Jean*. Les ressemblances portent non seulement sur l'hymne des ch. 94-96, mais aussi sur le discours de révélation des ch. 97-102. Elles sont trop nombreuses pour être fortuites et prouvent que le Psalmiste manichéen connaissait bien les *Actes de Jean*.[48]

Enfin, il faut faire une place à part aux *Actes de Thomas*, avec lesquels les Manichéens ont entretenu une relation privilégiée.[49] Ce texte présente en effet des analogies surprenantes avec le manichéisme : emploi de certaines expressions typiquement manichéennes ;[50] correspondance entre les 3 péchés "capitaux" du ch. 28 et la règle ascétique des 3 "sceaux" ; parallèles entre le mythe du Chant de la perle et la destinée de Mani ;[51] pratique d'une onction d'huile ($\sigma\phi\rho\alpha\gamma\iota\varsigma$),[52]

---

[46] *Manichäische Homilien*, éd. H. J. Polotsky, Stuttgart 1934 p. 14,17-26 et p. 68-69.

[47] *Psaut.* p. 189,30-191,17.

[48] Aux correspondances relevées par P. Nagel (*op. cit.* p. 168-171) qui concernent uniquement *AJ* 94-96, il faut en effet ajouter plusieurs points de contact entre le psaume manichéen et la révélation sur la "croix de lumière" d'*AJ* 97-102. 1) "Allons au Mont des Oliviers afin que je te montre la gloire de l'Amen" (*Psaut.* p. 190,31) semble bien renvoyer à une situation analogue à celle d'*AJ* 97ss (cf. en particulier *AJ* 97, p. 199,16-19 et 98, p. 200,4-5) : dans les deux cas, un personnage privilégié, obéissant à la volonté du Seigneur, doit se rendre au Mont des Oliviers pour y devenir le témoin de sa "gloire". 2) Les antithèses du psaume "de l'Amen" (p. 191,4-8) correspondent presque littéralement à celles d'*AJ* 101 (p. 201,19-21). 3) "Amen, je suis dans le Père. Amen encore, le Père est en moi" (*Psaut.* 191,9) fait écho à *AJ* 100 (p. 201,11-12).

[49] cf. note 13.

[50] Voir en particulier dans les prières d'*ATh* 27 ; 48 et 50 : *Aa* II,2 p. 142,19-143,1 ; p. 142,15 ; p. 164,12.

[51] cf. A. Henrichs-L. Koenen, *op. cit.* p. 172, n. 188.

[52] cf. *ATh* 26-27 ; 49-50 ; 121 ; 132 ; 157, en particulier les invocations des ch. 121 et 157 où sont exaltées les propriétés sanctifiantes de l'huile.

comparable à un rite manichéen;[53] conception de l'apôtre Thomas
comme jumeau du Christ et porteur privilégié de la révélation,[54]
ayant son pendant dans la relation de Mani avec son double céleste,
son σύζυγος.[55] Autant de points de contact qui ne peuvent pas s'expliquer seulement par un enracinement commun dans la mentalité
gnostique, mais qui supposent une influence réciproque : d'un côté,
les *Actes de Thomas* ont certainement joué un rôle dans l'élaboration
de la pensée religieuse de Mani (notamment en ce qui concerne sa
conception de l'apôtre investi d'une mission révélatrice par son jumeau
céleste); de l'autre, les Manichéens ont dû retoucher ici et là un texte
qui correspondait spécialement bien à leurs conceptions.

III.   Depuis quand les Actes apocryphes ont-ils été repris à leur
compte par les Manichéens ? Deux faits nous amènent à affirmer qu'il
ne s'agit pas d'un développement secondaire, né d'une adaptation
aux exigences de la mission auprès des chrétiens, mais bien d'un trait
primitif de la religion nouvelle, s'enracinant dans l'évolution spirituelle
de Mani lui-même.

Il y a d'abord l'ancienneté du *Psautier*, qui contient des allusions
évidentes aux Actes apocryphes. L'actuelle version copte est datée
des alentours de 340.[56] Mais elle présuppose l'existence d'un modèle
grec, lui-même dépendant d'un original syriaque, certainement anté-
rieur de plusieurs décennies. Ensuite, le manichéisme — avec ses
textes sacrés — a pénétré très tôt en Egypte [57] (peut-être du vivant
même de Mani), et il y a gagné assez d'adeptes pour susciter, dès
les dernières années du 3ème siècle, les réactions polémiques d'Alexandre de Lycopolis [58] ou d'un évêque chrétien.[59] Enfin, Thomas et
Héraclide, auxquels certains groupes de Psaumes sont attribués,

---

[53] A ce sujet, voir les intéressantes remarques de H. C. Puech, *Annuaire du Collège
de France*, 65 (1965), p. 261-264.

[54] cf. en particulier *ATh* 39 (p. 156,12 ss.)

[55] cf. Henrichs-Koenen, *op. cit.* p. 161-171, où sont réunis les textes relatifs à cette
figure du "compagnon céleste".

[56] cf. C. R. C. Allberry, *A Manichaean Psalm-Book*, Stuttgart 1938, p. XIX-XX.
Voir aussi, du même auteur, "Manichean Studies", *Journal of Theological Studies* 39
(1938) p. 347-349.

[57] Voir par exemple G. Widengren, *Mani und der Manichäismus*, Stuttgart 1961, p. 118.

[58] Il écrit sa réfutation du manichéisme vers l'an 300 (cf. *Contra Manichaei opiniones*,
éd. A. Brinkmann, Liepzig 1895, p. XIII-XIV).

[59] Voir la "Lettre contre les Manichéens" publiée par C. H. Roberts (*Catalogue of
the Greek and Latin Papyri in the John Rylands Library Manchester*, vol. III, Manchester
1938, p. 38-46) et datée du dernier quart du 3e siècle.

appartiennent au cercle des disciples directs de Mani.[60] Autant d'indices qui nous font situer la rédaction du *Psautier* dans les tout premiers temps de l'Eglise manichéenne, au dernier quart du 3ème siècle.

En second lieu, il y a le fait que la formation religieuse de Mani doit beaucoup au christianisme hétérodoxe de la région syro-méso-potamienne. Le Codex de Cologne révèle l'influence exercée sur la pensée du fondateur par son passage dans la secte judéo-chrétienne des Elchasaïtes [61]. Or, Épiphane nous apprend, dans sa notice sur les Ébionites dont la parenté avec l'elchasaïsme est évidente, que ceux-ci invoquaient, outre le livre d'Elchasaï, plusieurs écrits apocryphes : les *Voyages de Pierre* ($\Pi\epsilon\rho\acute{\iota}o\delta o\iota\ \Pi\acute{\epsilon}\tau\rho o\upsilon$) et les $\mathrm{'A}\nu\alpha\beta\alpha\theta\mu o\grave{\iota}\ \mathrm{'I}\alpha\kappa\acute{\omega}\beta o\upsilon$, qui se rattachent tous deux à la littérature pseudo-clémentine, ainsi que "d'autres *Actes d'apôtres* qui en maints endroits sont remplis de leur impiété et d'où ils tirent l'essentiel de leurs armes pour combattre la vérité".[62] Dans un autre passage, Épiphane leur reproche de se servir faussement du nom des apôtres pour en revêtir des livres forgés de toutes pièces, et il mentionne nommément Jacques, Matthieu et Jean.[63] Même si l'identification des écrits cités par l'évêque de Sala-mine avec tel ou tel apocryphe aujourd'hui connu reste problématique,[64] un fait nous semble acquis : des "Actes d'apôtres" ($\Pi\rho\acute{\alpha}\xi\epsilon\iota\varsigma\ \mathrm{\grave{\alpha}}\pi o\sigma\tau\acute{o}-\lambda\omega\nu$), des livres apocryphes ayant les apôtres pour garant étaient en usage dans le milieu judéo-chrétien et gnosticisant où Mani a passé sa jeunesse. Ce n'est certes là que l'un des canaux par lesquels les traditions apocryphes relatives aux apôtres sont parvenues à la con-

---

[60] Thomas est mentionné par Alexandre de Lycopolis (*op. cit.* p. 4,19) comme l'un des premiers propagateurs de la foi nouvelle en Egypte. Il figure également, avec Héraclide, dans les listes de disciples de Mani transmises par les deux formules grecques d'abjura-tion (*PG* 100, 1321 C et *PG* 1, 1468 B).

[61] Plusieurs éléments de l'enseignement de Mani proviennent sans doute directement de la doctrine d'Elchasaï. Aux points d'accord déjà relevés par Henrichs-Koenen, (*op. cit.* p. 158-160), on ajoutera l'attitude recommandée aux fidèles en cas de persécu-tions : abjurer sa foi pour sauver sa vie n'est pas un péché, à condition de ne le faire que des lèvres, et non du fond du coeur. Cf. pour Elchasaï, Épiphane, *Panarion* 19,1,8-9 (éd. Wendland, *GCS* 25, p. 218,15-219,4); pour Mani, le texte syriaque cité par A. Adam, *Texte zum Manichäismus*, Berlin (1954) 1969², p. 60-61, et la grande formule d'abjuration (*PG* 1, 1469 C-D).

[62] *Panarion* 30,16 (*GCS* 25, p. 354,10ss.).

[63] *Panarion* 30,23 (*GCS* 25, p. 364).

[64] Voir à ce sujet le jugement très réservé de H. J. Schoeps, *Theologie und Geschichte des Judenchristentums*, Tübingen 1949, p. 18.

naissance de l'hérésiarque. Il y en a certainement eu d'autres, plus difficiles à identifier parmi les diverses formes du christianisme syro-mésopotamien que Mani a dû connaître.[65]

---

[65] On songera par exemple aux communautés se réclamant de Bardesane, dont nous savons, par le témoignage d'Ephrem le Syrien, qu'elles plaçaient leurs enseignements dans la bouche des apôtres et produisaient des Actes apocryphes (cf. W. Bauer, *Rechtgläubigkeit und Ketzerei im ältesten Christentum*, Tübingen 1934, p. 46-47).

PART II

GNOSTICISM

UNERKANNTE GNOSTISCHE SCHRIFTEN IN HIPPOLYTS *REFUTATIO*

VON

JOSEF FRICKEL

Seit dem Handschriftenfund von Nag Hammadi erfreuen sich gnostische Originaldokumente großer Wertschätzung. Neben vielen Editionen ist die Zahl der verschiedensten Publikationen über diese (meist nur in koptischer Übersetzung vorliegenden) Originaltexte inzwischen Legion. Es war daher nur natürlich, daß angesichts der neugefundenen Nag Hammadi Texte die bereits bekannten gnostischen Schriften in den Hintergrund rückten, wenngleich die älteren Gnosistexte nie in Vergessenheit gerieten. Wenn ich mit diesem Beitrag die Aufmerksamkeit *auf einige* dieser älteren Texte lenke, so deshalb, weil diese in mehrfacher Hinsicht interessant und aufschlußreich sind. Zunächst einmal, weil es sich um gnostische Originaltexte handelt, die uns in ihrer Originalsprache und, wie ich meine, vollständig erhalten sind. Sodann, weil besagte Texte vielleicht helfen können, eine Reihe von Schriften bestimmter gnostischer Schulen des zweiten Jahrhunderts in ihrer philosophischen Grundanschauung besser zu verstehen. Vor allem jedoch, weil die hier zu behandelnden Texte bereits seit mehr als 120 Jahren bekannt und auch mehrfach publiziert worden sind, aber bisher von der Fachwelt weder als gnostische noch als authentische Texte erkannt worden sind. Dieser letzte Umstand hat es mit sich gebracht, daß die vorerwähnten Texte weder in gnostischen Quellensammlungen aufscheinen noch sonst in Abhandlungen über die Gnosis erwähnt oder verwertet werden.

Bisher unerkannte gnostische Texte finden sich in der Streitschrift des Hippolyt von Rom, im sog. *Elenchos* aller Häresien, auch Refutatio genannt, nach 222 in Rom verfaßt. Diesem Elenchos kommt in der antihäretischen Literatur der Kirchenväter eine besondere Bedeutung zu. Sie liegt in der besonderen Intention, die sein Verfasser bei der Abfassung verfolgte. Hippolyt begnügt sich nämlich nicht mit einer Aufzählung und kurzen Beschreibung der Häresien; er will vielmehr die verschiedenen Gnostiker als *Nachahmer* griechischer Philosophie und Weisheit überführen. Inwieweit dieses Unterfangen sachlich berechtigt und daher sinnvoll war, mag hier offen bleiben; ebenso, inwieweit es ihm auf diese Weise gelungen ist, die Lehren einzelner Gnostiker tatsächlich aus griechischen Quellen abzuleiten.

Auf jeden Fall hat diese seine spezielle Absicht bei der Widerlegung der Gnostiker es mit sich gebracht, daß er bestrebt war, die Schriften seiner gnostischen Gegner möglichst *ausführlich* und weitgehend sogar *wörtlich* wiederzugeben. Tatsache ist, daß wir es Hippolyts Ketzerwiderlegung verdanken, wenn eine ganze Reihe von gnostischen Texten teilweise oder sogar vollständig uns in wörtlicher Wiedergabe erhalten geblieben ist.

Dieser Umstand nun ist der Grund, warum nicht wenige der von Hippolyt überlieferten Gnostiker-Berichte für die Gnosisforschung *Quellen ersten Ranges* sind. Denn: hat Hippolyt solche gnostischen Vorlagen wörtlich abgeschrieben, dann sind diese Texte Originalabschriften; literargeschichtlich haben sie darum einen ähnlichen Stellenwert wie z.B. die Manuskripte von Nag Hammadi. Denn auch diese koptischen Manuskripte, die etwas allgemein als gnostische Originalschriften bezeichnet werden, sind nicht die ursprünglichen Handschriften selbst, sondern *Abschriften*. Das ergibt sich schon aus der Tatsache, daß die Texte von Nag Hammadi von sechs oder sieben Schreibern geschrieben, also von gnostischen Vorlagen abgeschrieben worden sind. Die gnostischen Texte im Elenchos Hippolyts sind daher aktuell, umso mehr, als man ihren Wert als wörtliche Kopien gnostischer Vorlagen bisher nicht oder doch nur ungenügend erkannt und berücksichtigt hat und weil sie überdies älter sind als die meisten Texte aus Nag Hammadi.

Die von Hippolyt überlieferten gnostischen Systeme kann man in *zwei* Gruppen teilen. Die erste und wichtigste Gruppe umfaßt jene Schriften, die aus früheren gnostischen Berichten noch nicht bekannt waren; die also durch Hippolyt erstmals der Öffentlichkeit bekannt gemacht wurden (z.B. die Naassenerschrift, die Berichte über die Peraten, die Sethianer oder über die Offenbarungsschrift Apophasis Megale). Die zweite Gruppe umfaßt die Berichte über Gnostiker und gnostische Schulen, die aus Irenäus oder anderen antignostischen Quellen bereits bekannt waren. Neben diesen beiden Gruppen glaube ich nun, im Elenchos noch eine *dritte* Art von gnostischen Schriften gefunden zu haben, die bisher noch nicht als solche erkannt wurden, die aber m.E. wortgetreue Abschriften gnostischer Vorlagen sind. Der Grund, warum man diese Schriften bisher übersehen hat, liegt vor

allem darin, daß Hippolyt dieselben nicht explicit als gnostische
Schriften kenntlich gemacht hat. Er benützt diese Dokumente im
Rahmen anderer Beweisführungen oder er bietet sie "scheinbar" als
seine eigene Erklärung und Auslegung an. Er stellt z.B. solche Schriften
als philosophische Beweisführung vor die Lehren eines bestimmten
Gnostikers, um zu zeigen, daß dieser Gnostiker von der zuvor dargelegten Philosophie abhängig sei. In Wirklichkeit ist die vorangestellte
philosophische Darlegung jedoch nicht die authentische Lehre eines
griechischen Philosophen, sondern ein *gnostischer Kommentar* zu einem
bestimmten Philosophen, also selbst eine gnostische Schrift. Nach
seiner literarischen Gattung ist so ein Kommentar die allegorische
Deutung eines bestimmten Philosophen durch eine philosophisch
orientierte Gnosis, die typischer Ausdruck einer synkretistischen
Theosophie ist.

I. *Eine gnostisch-allegorische Aratos-Paraphrase*

Die in der Reihenfolge des *Elenchos* erste bisher unerkannte gnostische Schrift bildet ein zusammenhängendes Lehrstück, das Hippolyt
(= H.) gegen Ende des vierten Buches etwas allgemein als "die Forschungsergebnisse des Aratos über die Stellung der Himmelsgestirne"
ankündigt.[1] Auf den ersten Blick könnte es scheinen, H. selbst habe
die folgenden Ausführungen zusammengestellt. Daß er hier jedoch
eine schriftliche Vorlage benutzt und ausschreibt, hat schon Paul
Wendland gesehen, der auch sonst die sklavische Abhängigkeit H.s.
von seinen Quellenschriften festgestellt hat.[2] Für das hier zur Frage
stehende Lehrstück stellt We. fest, daß H. in den Kapiteln 46-50 des
vierten Buches einen "Arat-Traktat, durchsetzt mit christlichen
Umdeutungen der Sternbilder" verwerte.[3] Überprüft man das Stück
genauer, so zeigt sich, daß We. in doppelter Hinsicht ungenau formuliert. Zunächst läßt sich das Lehrstück genauer abgrenzen: es
umfaßt nicht die Kapitel 46-50, sondern begint erst Kp 46,6 und
endet bereits Kp 49,4.[4] Eine polemische Redaktion H.s. umrahmt

---

[1] Hippolytus, *Refutatio omnium haeresium*, ed. P. Wendland, GCS 26 (Hipp. III),
Leipzig 1916, S. 68, Zeile 17 f. (= We). Zitationen erfolgen nach dieser Ausgabe.

[2] Wendland, Einleitung XVIII.

[3] Wendland, Einleitung XXI.

[4] IV 46, 6 - 49, 4 (68, 34-74, 2). In der Athoshandschrift der Pariser Nationalbibliothek
(Supplément grec 464) fol. 21r, Zeile 14-24r, Zeile 8.

das Ganze.[5] Unrichtig ist aber vor allem, daß es sich um einen christlich umgedeuteten Aratos-Traktat handle. Die allegorischen Deutungen der Aratosverse bildeten in der uns vorliegenden Form ursprünglich keinen selbständigen Kommentar, der später eine christliche Umdeutung erfahren hätte. Solcher Eindruck kann nur bei den als Einleitung dienenden Deutungen des ersten Teils [6] entstehen. Im weiteren Verlauf der Exegese wird Aratos jedoch meist direkt in christlicher Terminologie gedeutet, was die Umdeutung eines ursprünglcih heidnischen Traktates ausschließt. Man muß vielmehr folgern, daß ein mit den *Phainomena* des Aratos vertrauter christlicher Lehrer die entsprechenden Aratosverse allegorisch gedeutet und das Stück in seiner jetzigen Form zusammengestellt hat. Der Traktat ist nicht streng systematisch aufgebaut, zeigt jedoch eine einheitliche Gedankenführung, die auf den Erweis der an den Sternen bildlich sichtbaren doppelten Schöpfung hinausläuft.[8] Daß der Verfasser für seine Exegese auf einen älteren, nichtchristlichen Aratoskommentar zurückgreift bzw. ältere allegorische Deutungen des Aratos für seine ausgewählten Stücke übernommen hat, wird man als sicher annehmen dürfen. Ähnliche allegorische Deutungen in den uns erhaltenen Fragmenten anderer Aratoskommentare [9] legen diesen Schluß jedenfalls nahe. Die Auswahl und allegorisch-biblische Deutung der einzelnen Stücke sowie deren doktrinelle Komposition ist jedoch das Werk eines "christlichen" Lehrers. Da der Verfasser nicht eine fortlaufende Deutung des Aratos geben will, sondern nur einzelne Verse gemäß seinem doktrinellen Konzept auswählt und erklärt, ist sein Traktat nicht eigentlich ein Kommentar, sondern eine *Paraphrase* zu Aratos.

---

[5] Die Einleitung in 46, 2-5 (68, 16-34), dann als polemischer Abschluß Kp 50, 1-2 (74, 3-15).

[6] Das Lehrstück läßt sich in vier Abschnitte teilen. Teil I handelt über die vielen Sterne am Himmel und den Drachen (= der Teufel, vgl. Job 1, 7): Kp. 46, 6-47, 4 (68, 34 - 69, 25), Teil II erklärt die Menschengestalt (= Adam) mit der Leier und dem Kranz : Kp. 47, 4 - 48, 6 (70, 1 - 71, 20), Teil III deutet die zwei Bärinnen : Kp 48, 7 - 48, 10 (71, 20 - 72, 19), Teil IV erklärt den Hundsstern (mit Zusammenfassung) : Kp. 48, 11 - 48, 14 (72, 19 - 73, 10).

[7] Die jüngeren Ausgaben : ARATOS, *Phainomena, Sternbilder und Wetterzeichen.* Griechisch-deutsch ed. Manfred Erren, München 1971. — *Arati phaenomena.* Introduction, texte critique, commentaire et traduction par Jean Martin (Biblioteca di studi superiori 25, Firenze 1956).

[8] Siehe Anm. 6.

[9] Siehe *Commentariorum in Aratum reliquiae.* Collegit recensuit prolegomenis indicibus instruxit Ernst Maass, Berlin 1898. Siehe die Verweise auf solche Deutungen bei Wendland im Apparat zu S. 70-73.

Die kosmologische Auslegung der Aratosverse über die Leier zeigt die seit den Pythagoreern klassische Vorstellung von der Harmonie des Weltalls,[10] verbunden mit einer Anwendung auf das Siebentagewerk des biblischen Schöpfungsberichtes.[11] Die *pantheistische* Grundkonzeption des Verfassers zeigt sich besonders in der kosmogonischen Funktion des Logos, der mit dem Weltall schwanger ist und dieses gebiert.[12] Hier wird der Ursprung der Welt ganz ähnlich erklärt, wie z.B. in der Gnosis der Naassener,[13] der Peraten,[14] des Monoimos [15] und der Apophasis Megale.[16] Die Ähnlichkeit mit der kosmogonischen Weltwerdung dieser gnostischen Systeme ist so auffallend, daß man eine ähnliche gnostische Grundkonzeption auch bei dem Verfasser der Aratosparaphrase voraussetzen möchte. Tatsachlich läßt sich diese auf Grund von äußeren und inneren Kriterien als eine gnostischallegorische Deutung des Aratos erweisen. Vor allem hat H. selbst das scheinbar christlich anmutende Lehrstück als häretisch angesehen. In Kp 46,1 schließt er die sogenannten *Philosophumena* [17] ab und sagt, er habe die ganze Weisheit der Heiden nun hinreichend dargelegt und wolle jetzt die *Häresien* vorführen, um die einzelnen Sektenstifter und deren Schüler als Nachahmer heidnischer Lehren zu entlarven. Damit sein Vorhaben aber ganz einsichtig sei, will er auch die Forschungsergebnisse des Aratos darlegen, weil einige diese Forschungen auf die Worte der Schrift beziehen und so deren Sinn verfälschen und Gutgläubige in die Irre führen.[18] Nach einer für H. typischen Ironisierung [19] bringt er jedoch nicht die Lehren des Aratos selbst, sondern die allegorisch Aratoserklärung. Die kontinuierlich zitierten bzw. summarisch angeführten Aratosverse und jeweils entsprechenden Deutungen einerseits sowie der logisch fortschreitende Gedankengang andererseits rechtfertigen den Schluß, daß H. auch hier seine Vorlage

---

[10] 48, 2 (70, 20-71,1); vgl. auch We im Apparat zur Stelle.

[11] Siehe Gen 2,2 (Exod 20,17).

[12] 48, 10 (72, 15-19).

[13] Hippolyt, Ref. V 7, 25 (84, 14-16); 9,1 (97, 24 - 98, 3);

[14] ebd. V 16, 13-14 (113, 15-25).

[15] ebd. VIII 12, 5 (232, 15-19).

[16] ebd. VI 17, 3 (143, 7-11); 18, 3 (144, 14 f.).

[17] Dieser Name, früher als Titel für alle zehn Bücher der Refutatio gebraucht, trifft nur für die ersten vier Bücher zu.

[18] 46, 2 (68,16-22).

[19] 46, 3-5 (68, 22-34). Ähnliche Anekdoten zur Verspottung der Gegner H.s. in V 23,1-2 (125,3-21), 25,1-4 (126,8-18) oder in VI 7, 2 - 9, 1 (135, 5-136, 4).

vollständig und wörtlich wiedergegeben hat.[20] Eine polemische Unterbrechung des Textes der Vorlage hat H. offenbar nur in 47,5 [21] vorgenommen, wo sich der ursprüngliche Text jedoch auf Grund der Kenntnis von H.s Arbeitsmethode, wenigstens sinngemäß, rekonstruieren läßt.[22] In diesem Einschub bezeichnet H. die allegorischen Deutungen als die Lehren von Irrlehrern (οἱ αἱρετικοί), welche die Gestirne allegorisch auf die hl. Schrift beziehen und so deren Sinn verfälschen.[23] Und am Schluß des Traktates erklärt H. nochmals, diese Leute, die mittels der Astronomie die christliche Religion zu stützen vermeinten, seien Häretiker, die damit nur ihre eigenen Lehren (τὰ ἴδια δόγματα) untermauern wollten.[24] Das Zeugnis H.s ist also explizit. Wenn er den Verfasser der Aratosexegese nicht nennt, so deshalb, weil seine Vorlage keinen Namen trug, also anonym war.[25]

Innere Kriterien bestätigen nun die oben geäußerte Vermutung, daß die von H. nicht näher genannten Häretiker als *Gnostiker* anzusprechen sind. Das zeigt sich deutlich an dem pessimistischen Weltverständnis, das bei der Deutung der Gestirne der zwei Bärinnen als Gleichnisse der ersten und zweiten Schöpfung sichtbar wird. Diese christliche Unterscheidung wird typisch gnostisch gewendet, wenn jeder Schöpfung ihre Menschen zugeordnet werden : die erste Schöpfung (nach Adam) ist wie eine Spirale und führt die ihr folgenden Menschen rückwärts, d.h. im Kreis herum; die zweite Schöpfung (nach Christus) führt die ihr folgenden Menschen vorwärts, d.h. auf dem engen Pfad zum Leben.[26] Die einen sind wie Pflanzen, die wegen ihrer Blätter lebendig scheinen, ohne wurzelhaftes Leben in sich zu haben; die anderen aber haben Wurzeln geschlagen und sind wahrhaft lebendig. Der Logos wird als Richter die Toten von den Lebenden scheiden, die allein die himmlischen Pflanzen sind.[27] In dieser Welt sind die Menschen bedroht von dem großen Drachen (dem Teufel) und dessen Kind, der kleineren Schlange, welche die Menschen hindern wollen,

---

[20] Siehe Anm. 2 und ausführlicher J. Frickel, *Die Apophasis Megale in Hippolyts Refutatio* (VI 9-18) : *Eine Paraphrase zur Apophasis Simons*, Roma 1968 (Orientalia Christiana Analecta 182) 45-85.

[21] 47,5 (70,5-7).

[22] Zur Rekonstruktion von H.s. Vorlage siehe Anm. 20.

[23] 47,5 (70,5), vgl. auch den Vorwurf in 46,2 (68,18-21).

[24] 50,1-2 (74,3-15).

[25] Dieser Sachverhalt ist nicht außergewöhnlich. Eusebius und andere Historiker zitieren häufig aus anonymen Schriften.

[26] 48,7-10 (71,20-72,15).

[27] 48,11-12 (72,19-73,3).

zur göttlichen Schöpfung zu gelangen. Allein der göttliche Logos vermag den Menschen vor den ihm nachstellenden Untieren zu beschützen und den Weg zum Leben zu führen.[28] Noch deutlicher zeigt sich die gnostische Schau des Menschen in dieser Welt in der zweiten, kürzeren Allegorie über das Geschlecht des Kepheus, welche der Verfasser als kurze Verdeutlichung der eigentlichen Paraphrase anfügt.[29] Andromeda ist das Symbol der menschlichen Seele! Gefesselt ist sie in dieser Welt und dem ihr nachstellenden Untier ausgeliefert. Perseus, Sinnbild des Logos, befreit sie jedoch aus der Gewalt des Drachen und nimmt sie (als Gattin) zu sich. Bildhafter können Weltverfallenheit und Erlösung der menschlichen Seele kaum ausgedrückt werden. Ebenso heißt es auch vom Sternbild des Schwans, dem Symbol des in dieser Welt weilenden göttlichen Pneuma, er sende am Ende seines irdischen Lebens, weil mit guter Hoffnung von der verderbten Schöpfung befreit ($\tau\hat{\eta}s$ $\kappa\tau\acute{\iota}\sigma\epsilon\omega s$ $\tau\hat{\eta}s$ $\pi\sigma\nu\eta\rho\hat{a}s$ $\dot{a}\pi a\lambda\lambda a\sigma\sigma\acute{o}\mu\epsilon\nu\sigma\nu$), Loblieder zu Gott empor.[30] Dieses pessimistische Weltverständnis, das ähnlich z.B. auch bei dem Gnostiker Justin begegnet,[31] erweist ebenfalls unsere Aratosallegorie als eine *gnostische* Paraphrase zu Aratos. Eine Bestätigung dieses Charakters ist die typisch gnostische Mahnung, womit der Verfasser den Hauptteil seiner Deutung in Kp 48,14 abschließt [32]: Das Abbild der zweiten Schöpfung, sagt er, steht am Himmel und ist eine Lehre für die, welche zu sehen vermögen ($\tau\sigma\hat{\iota}s$ $\dot{\iota}\delta\epsilon\hat{\iota}\nu$ $\delta\nu\nu a\mu\acute{e}\nu\sigma\iota s$). Derselbe Ausdruck erscheint nochmals in Kp 49,1.[33] In diesem Zusammenhang ist aufschlußreich, daß die oben erwähnte gnostische Mahnung eine genaue Parallele bei den *Peraten* hat, und zwar gerade dort, wo deren allegorische Aratosdeutung beginnt.[34] Darin liegt, heißt es, das große Wunder (d.h. der Drache),[35] das am Himmel gesehen wird von denen, welche zu sehen vermögen. Doch ist der Drache hier nicht Sinnbild des dem Menschen nachstel-

---

[28] 48, 4-6 (71,11-20) und 48,13 (73,4-8).

[29] 48,14-49,4 (73,10-74,2). Auch hier greift der "christliche" Lehrer auf ältere Aratoserklärungen zurück; vgl. den Hinweis von We, S. 73 im Apparat.

[30] 49,3 (73,23-28).

[31] Siehe H., *Ref.* V 27,3 (133,9). Dort heißt das Wasser unterhalb des Firmamentes "das der verderbten Schöpfung".

[32] 48,14 (73,9 f.).

[33] 49,1 (73,15 f.).

[34] V 16,15 (113,25).

[35] Erklärt wird Aratos V.46, dann folgen die Verse 61-62.46. 269-271.70 ff.; vgl. damit die ausführlichere Deutung derselben Stellen in der Aratos-Paraphrase IV 47,1-4 (69,9-25) und IV 47,4 - 48,6 (70,1 und 71,20).

lenden Teufels (wie in der Aratosparaphrase), sondern die vollkommene
Schlange, "der große Anfang", der göttliche Logos selbst als universales
Weltprinzip.[36] Diese fundamental verschiedene Wertung der zentralen
Schöpfer- und Erlöserfigur verbietet es, den Verfasser der Aratos-
paraphrase und seine Anhänger als Peraten anzusprechen. Auch ist
die Haltung der beiden Gruppen zur griechischen Weisheit grundver-
schieden. So will der Paraphrast, echt gnostisch, zwar tieferes Wissen
haben als Aratos,[37] verhält sich aber zu diesem wie zur Philosophie
überhaupt[38] durchaus positiv.[39] Bei den Peraten hingegen wird
Aratos namentlich nie, dafür aber abwertend die Unwissenheit
(ἡ ἀγνωσία) genannt,[40] genau wie in der peratischen Offenbarungsschrift über *Die Proastier* (Die Vorstädte) die ganze griechische Weisheit nur als "die Unwissenheit" bezeichnet wird.[41] Dennoch läßt die
Auswahl und Deutung derselben Aratosverse vermuten, daß wenigstens
indirekte Beziehungen zwischen den beiden gnostischen Schulen
vorhanden gewesen sind. Darüber wird aber nur eine eingehendere
literarkritische Untersuchung und Vergleichung der beiden Texte
Auskunft geben können. Da die Aratosparaphrase auch mit anderen
der von H. erstmals veröffentlichten gnostischen Berichte Berührungs-
punkte aufweist,[42] wird auch sie in jenen synkretistischen Kreisen
entstanden sein, die eine ursprünglich gnostische Offenbarungslehre
durch griechische Weisheit und jüdisch-christliche Spekulation zu
aktualisieren suchten.

II. *Ein gnostisch-allegorischer Kommentar zu Empedokles*

Die zweite unerkannte gnostische Schrift, die hier nur kurz erörtert
werden kann, findet sich im siebten Buch des *Elenchos*. H. hat sie vor
seine Ausführungen über Markion gesetzt, gleichsam als eine kurz-
gefaßte Darstellung der Lehren des Empedokles, als dessen Schüler

---

[36] Vgl. V 16,12-16 (113,8-114,10) und V 17,2 (114,17-23).

[37] In 47,5 (70,3-9) knüpft er an das Nichtwissen des Aratos betreffs des Ermüdeten
und des Wunders an (vgl. Arat. V. 64-66) und deutet diese Figuren auf Grund besseren
Wissens.

[38] Vgl. 48,14 (73,9-12).

[39] Darum nennt er Aratos unbefangen immer namentlich.

[40] V 16,15 (114,2).

[41] Allein in der Schrift über "Die Proastier", siehe V 14,1-10 (108,14-110,13), dreizehn-
mal.

[42] Z.B. mit der Naassenerschrift, wo eine Deutung der Drehung der Sterne am Himmel
erfolgt, vgl. V 8,34 mit IV 47,10.

Markion erwiesen werden soll. [43] Harnack hat dieses Unterfangen H.s. eine "Marotte" genannt; [44] denn Markions Antithesen basieren nach Harnack einzig auf dem paulinischen Gegensatz von Gesetz und Freiheit, von AT und NT. Kein Wunder also, daß das Stück über Empedokles für ein Machwerk H.s. galt und religionsgeschichtlich keine Beachtung fand. Aber auch hier zeigt sich bei näherer Analyse, daß wir ein zusammenhängendes Lehrstück, einen wirklichen Kommentar zu Empedokles vor uns haben. Die Auswahl der Fragmente, ihre nach einem bestimmten Konzept geordnete Zusammenstellung, vor allem aber die Tendenz der allegorischen Deutungen offenbaren eine einheitliche doktrinelle Konzeption, die sich unmöglich als Werk H.s., sondern nur als Wiedergabe einer schriftlichen Vorlage erklären läßt. Infolge der durchgängigen, wenn auch nicht stereotypischen Struktur von allegorischen Erklärungen und Empedoklesfragmenten läßt sich das Lehrstück von den polemischen Ausführungen H.s. relativ gut abgrenzen. Es umfaßt die Kapitel 29,3 - 31,4, [45] in welche H. jedoch einen Passus als polemische Beweisführung gegen Markion eingefügt hat. [46] Die Empedoklesfragmente sind, wie der Vergleich mit denselben Fragmenten bei anderen alten Autoren zeigt, von H. wortgetreu nach der Vorlage wiedergegeben worden und haben den Philologen wertvolle Erkenntnisse zum Verständnis des Empedokles vermittelt. Aber auch die allegorischen Ausdeutungen derselben zeigen lückenlose Vollständigkeit und bilden in sich ein abgeschlossenes Ganzes. Es darf daher nach aller Wahrscheinlichkeit angenommen werden, daß H. hier, wie auch sonst oft im *Elenchos*, seine Vorlage wörtlich und *vollständig* abgeschrieben hat. [47] Der urpsrüngliche Text des Empedok-

---

[43] In Kp 29,1-3 (210,5-13) wird Markion polemisch eingeführt und als Nachahmer des Empedokles hingestellt. Diese Abhängigkeit soll im folgenden dadurch gezeigt werden, daß zuerst die Lehren des Empedokles und dann (zum Vergleich) die Lehren Markions dargelegt werden.

[44] A. Harnack, *Marcion. Das Evangelium vom fremden Gott.* TU 45, Berlin ²1924, 332*.

[45] 29,3-31,4 (210,13 - 217,4). Der anschließende Passus 31,5-6 (217,5-16) hebt sich durch betont neutestamentliche Vorstellungen von dem philosophisch orientierten Empedokles-Kommentar deutlich ab. Er baut jedoch auf der vorangehenden Exegese auf und will das dort abgeleitete dritte Weltprinzip als den Erlöser Christus bestimmen. Das dreimalige φησίν (217,11.13.14) zegt, daß H. auch hier zitiert. Da er hier jedoch einer anderen Vorlage folgt als in der Epitome (X 19,14 : 279,21-280,16), dürfte der Abschnitt 31,5-6 zusammen mit dem Empedokles-Kommentar ein einheitliches Dokument gewesen sein, das einer (späteren) markionistischen Gruppe entstammte.

[46] 30,1-31,2 (215,13-216,21).

[47] Siehe Anm. 20.

les-Kommentars umfaßt daher Kp 29 als Hauptteil und Kp 31,3-4 [48] als Schlußteil.

Inhaltlich unterscheiden sich die vorgenannten zwei Teile in einem wichtigen Punkt. Während der Hauptteil praktisch ausschließlich über den Gegensatz von Haß und Liebe, also über die zwei bewegenden Grundkräfte des Empedokles handelt, befaßt sich der Schlußteil mit einem dritten ewigen Prinzip, dem gerechten Logos. Doch erfolgt dieser Übergang nicht abrupt, da bereits am Ende des Hauptteils ein drittes vernunftbegabtes Prinzip aus Fr. 110 abgeleitet wurde. [49] Der Schlußteil erweist sich dadurch als eine doktrinell beabsichtigte Weiterdeutung des Hauptteils. Äußerlich wird der Unterschied zwischen den beiden Teilen der Exegese zunächst durch H.s polemischen Einschub (30,1-31,2) markiert, sodann durch die Einführung des Gnostikers Prepon, [50] der als erster die Zweiprinzipienlehre Markions zu einer Dreiprinzipienlehre erweitert haben soll. [51] Auswahl und Deutung der Fragmente geschehen nach folgendem doktrinellen Plan. Der Verfasser beginnt mit der Grundlehre des Empedokles von den vier bzw. sechs Elementen (Wurzeln) des Alls (Fr. 6), die er kurz erläutert, um dann sofort auf die ihn allein interessierenden zwei Grundkräfte, Haß und Liebe, überzugehen. [52] Diese beiden werden mittels Fr. 16 als ungeworden und unsterblich, sodann mittels Fr. 29 in ihrem entgegengesetzten Wirken an der Einheit der Welt gedeutet. [53] Nach dieser Einführung geht der Exeget über zu einer fortschreitenden Erläuterung des Gegensatzpaares Haß-Liebe, wobei er die einzelnen Verse des großen Fragmentes 115 aus den *Katharmoi* des Empedokles [54] allegorisch auf die in diese Welt verbannten Seelen deutet. [55] Er will damit, wie er selbst sagt, das Werden und Vergehen der Welt sowie ihre Zusammensetzung aus Gutem und Bösen im Sinne des Empedokles einsichtig machen. [56] Die vorangehenden Ausführungen sind demnach eine allegorische Exegese über die beiden Elemente (Haß

---

[48] In der Ausgabe nach We : VII 29,3-26 (210, 13 - 215, 12) und VII 31,3-4 (216, 21 - 217, 4). In der Pariser Athoshandschrift (Supplément grec 464) fol. 95 v, Zeile 11-98 r, Zeile 5 und fol. 98 v, Zeile 13-24.

[49] 29, 25-26 (214, 31 - 215, 12).

[50] Zu Prepon siehe (mit Vorsicht) Harnack, *Marcion* 167-171 und 333.*

[51] 31,1-2 (216, 14-21).

[52] 29, 8 (211, 11).

[53] 29, 10-14 (211, 20 - 212, 17).

[54] Siehe Diels, *Fragmente der Vorsokratiker*, Bd. I ([6]1951) 356-358.

[55] 29,14-25 (212,17-214,31).

[56] 29,25 (214,29-31).

und Liebe) des Empedokles als Grundkräfte der Welt, die man wegen ihrer kontinuierlichen Deutung von Fr. 115 gattungsmäßig einen *Kommentar* (im strengen Sinn) zu Empedokles nennen kann. Im Vergleich damit ist der anschließend eingeführte Gedanke einer *dritten* vernunftbegabten, aus Fr. 110 ableitbaren, Kraft [57] und der daran anknüpfende Schlußteil der Empedoklesexegese mit der Deutung von Fr. 131 [58] eine (spätere?) Weiterführung und Ergänzung des Kommentars zur empedokleischen Lehre vom Haß und der Liebe.

Gnostisch ist in diesem Lehrstück die geradezu übersteigerte Akzentuierung des Gegensatzes von Haß und Liebe, der bewegenden Grundkräfte des Empedokles. Die Liebe will zur Einheit führen, der Haß aber zerreißt alles und zerstreut es in die Vielheit. Dieser "rasende Haß" ist der Demiurg und Schöpfer aller gewordenen Dinge, die Liebe dagegen Ursache der Verwandlung der Weltdinge, ihres Auszugs aus dieser Welt und ihrer Zurückführung in das Eine.[59] Gnostisch wie dieser radikale Dualismus ist sodann die Sicht des in der Welt verlorenen Menschen. Ursprünglich waren die Seelen in dem Einen, in Gott, der Haß aber hat sie von Gott losgerissen und in die Vielheit dieser Welt, fern von ihrer himmlischen Heimat, verbannt, wo sie in die Irre gehen.[60] Hier unten hält sie der Haß fest, quält und züchtigt sie mit allen Strafen. Nur die Liebe vereinigt die in dieser Welt gehaßten und gestraften Seelen; sie trachtet, die Seelen so bald wie möglich aus dieser Welt zu führen und dem Einen nahezubringen.[61] Nach dem Schlußteil (Kp 31,3-4) liegt zwischen der vom bösen Haß regierten Welt und der geistigen, von der Liebe regierten Welt, das dritte Prinzip, der gerechte Logos. Er arbeitet (als Erlöser) mit der Liebe zusammen, da durch ihn die vom Haß getrennten Dinge gesammelt und dem Einen verbunden werden.[62] Er ist zugleich der Offenbarer, der allein die göttlichen Geheimnisse und damit auch den Weg zur himmlischen Heimat vermittelt.[63] Der vorliegende scharfe Dualismus, verbunden mit dem Wissen um die böse Macht des Demiurgen über die Welt und die Seelen, die allein der offenbarende Logos retten kann, erweisen die Empedoklesexegese als einen *gnostisch*-allegorischen Kommentar.

---

[57] 29,25-26 (214,31-215,12).

[58] 31,3-4 (216,21-217,4).

[59] 29,8-10 (211,11-20) und passim.

[60] 29,14-17 (212,15 - 213,8).

[61] 29,18-21 (213,14-214,9).

[62] 31,3-4 (216,19-26).

[63] Denn der Logos ist die Muse, die Empedokles (Fr. 131) als Helfer anruft; vgl. 31,4 (216,24-217,4).

Zahlreiche inhaltliche und teilweise sogar wörtliche Übereinstimmungen mit der gnostischen Naassenerschrift [64] legen es nahe, den Ursprung der gnostischen Empedoklesexegese im Umkreis der Naassener zu suchen. Berührungen finden sich auch mit der "Paraphrase zur Apophasis Megale",[65] die wie die Naassener zu jener gnostischen Gruppe gehört, welche auf der Offenbarungsschrift *Apophasis Megale* aufbaute bzw. diese durch philosophischen und religiösen Synkretismus weiterdeutete.

III. *Eine gnostisch-allegorische Exegese Heraklits*

Der dritte Text, den ich hier vorlegen möchte, findet sich im neunten Buch der *Refutatio*, in den beiden Kapiteln 9-10. In der kritischen Ausgabe von We umfaßt er insgesamt 69 Zeilen.[66] In diesem Stück will H. die Lehren Heraklits nochmals darlegen [67] und diesen anschliessend die Lehren des Gnostikers Noet gegenüberstellen, um auf diese Weise zu zeigen, daß Noet seine Lehren nicht dem Evangelium, sondern Heraklit entnommen hat. Unser Heraklitstück scheint auf den ersten Blick ein typisches Elaborat H.s zu sein, eine Kompilation der Lehren Heraklits, mit zahlreichen Heraklitzitaten fleißig versehen. Nun hat die Hartnäckigkeit, mit der H. die Gnostiker um jeden Preis als Nachäffer griechischer Philosophie entlarven will, gerade dieses Hauptanliegen H.s in schlechten Ruf gebracht. Nicht ganz zu Unrecht. Seine Beweise scheinen oft gekünstelt. Kein Wunder also, wenn H.s. philosophische Auslassungen nicht sehr ernst genommen wurden und man ihnen keine besondere Beachtung schenkte. Daher hat man auch die Ausführungen über Heraklit praktisch nur als einen verunglückten Versuch des eifrigen Ketzerbekämpfers angesehen. Wirkliche Beachtung hat das Stück nur bei Altphilologen gefunden, denn es ist eine Fundgrube für die Kenntnis der ursprünglichen Lehre Heraklits. Mit seinen 20 Zitaten enthält es fast ein Sechstel aller uns bekannten Heraklitfragmente. Zum Verständnis der wahren Hintergründe des Modalismus des Noet scheint es jedoch wertlos zu sein. Gegen diese fast

---

[64] vgl. 29,10 (211,20 f.) mit V 6,5 (78,10 f.); 29,18 (213,14-17)und V 7,7 (80,12-14); 29,22 (214,4-8) mit V 8,22 (93,6-8); 9,22 (214,12-16) mit V 7,14 (82,4-6) und V 9,10-11 (100, 11-17).

[65] 29,22 (214,12 f.) mit V 9,4-5 (136,17-21); vgl. den gnostischen Gebrauch von Fr. 110,10 : 29,26 (215,3-12) mit V 12,1 (138,7 f.).

[66] IX 9,1-10,8 (241,15-244,8). In der Pariser Athoshandschrift (Supplément grec 464) fol. 110 v, Zeile 7-112 r, Zeile 5.

[67] 8,2 (241,10 f.) vgl. damit Buch I 4 (9,16-10,3).

allgemein verbreitete Meinung spricht jedoch die Anzahl und Anordnung der allegorisch auf Heraklit zurückgeführten Lehren, von
denen viele im Zusammenhang, d.h. in der Beweisführung H.s gegen
Noet, unbrauchbar sind. Schon von daher erscheint H. als Kompilator
sehr unwahrscheinlich. Eine genauere Untersuchung zeigt nun, daß
die Ausführungen über Heraklit systematisch nach Lehrsätzen geordnet
sind, und daß alle Lehrsätze zusammen ein einheitliches Lehrstück
darstellen.

Im Zusammenhang mit Noet oder der Gnosis hat sich, soweit ich
sehe, niemand ernsthaft mit dem Heraklitstück beschäftigt. Wohl
aber finden sich in den Studien über Heraklit zwei philologische
Arbeiten, die dem Passus Beachtung geschenkt haben: von Karl
Reinhardt und Vittorio Macchioro.

Reinhardt hat erstmals in seiner Schrift über Parmenides [68] und
später in einem Artikel über Heraklit [69] das Heraklitstück mitbehan-
delt. Er stellte fest, daß die zahlreichen Heraklitfragmente bei H. nicht
willkürlich zusammengestellt sind, sondern eine zusammenhängende
Abhandlung bilden, die sich weder aus den dürftigen Angaben der
Doxographen erklären läßt, noch aus dem Anliegen H.s, Noet als
Nachfolger Heraklits zu erweisen. Es ist vielmehr ein richtiges Lehrstück exegetischer Natur; sein Ziel ist es, eine bestimmte philoso-
phisch-theologische Lehre als genuine Auslegung der Lehre Heraklits
darzutun. Diese Lehre ist eine typisch gnostische Doktrin. Sie ist
eng verwandt mit der Gnosis, die in der *Apophasis Megale* [70] vorgetragen wird. Diese bedeutsame Beobachtung Reinhardts läßt sich
am Text selbst überprüfen und als richtig erkennen. Seine Anregung
hat aber leider kein Echo gefunden. Unabhängig von Reinhardt, aber
ebenfalls von der Heraklitforschung her, kam Macchioro in seinem
Buch über Heraklit [71] zu einem ähnlichen Ergebnis. Nach ihm bietet
H. mit seinem Heraklitstück einen regelrechten Kommentar zu Heraklit. Macchioro glaubt sogar, auf Grund der einheitlichen Gedankenführung dieses Kommentars eine eigene Schrift Heraklits als Vorlage
für den Kommentar H.s postulieren und rekonstruieren zu können.
Damit geht er zwar m.E. zu weit, entscheidend ist jedoch, daß auch

---

[68] *Parmenides und die Geschichte der griechischen Philosophie.* Bonn 1916, 2. Auflage
Frankfurt 1959, 158 ff.

[69] *Heraklits Lehre vom Feuer,* in: *Hermes* 77, 1942, S. 1-27, bes. 20 f.

[70] Also jener Offenbarungsschrift, über die H. im sechsten Buch der Refutatio,
Kp 9-18, berichtet und die dem Simon Magus zugeschrieben wurde.

[71] *Eraclito, Nuovi Studi sull'Orfismo,* Bari 1922.

er das Heraklitstück als ein systematisch aufgebautes Lehrstück
erkannt hat. Es ist eine Art Kommentar, den wir seiner Gattung nach
als eine allegorische Exegese Heraklits bezeichnen können.[72] Damit
kommt H. als Verfasser nicht mehr in Frage. Hätte H. selbst die
Exegese verfaßt, so hätte er in dieser die für Noet typischen Lehrsätze
aufgestellt und durch geeignete Heraklitzitate allegorisch zu belegen
versucht. Die Exegese behandelt dagegen ein viel allgemeineres Thema;
sie will zeigen, daß das All eines ist, obwohl es aus Gegensätzen besteht,
weil alle Gegensätze zugleich ein und dasselbe sind. Sie will eine
pantheistische Theologie und Kosmologie als genuin heraklitisch
nachweisen und behandelt deshalb vielfach andere Lehrsätze und viel
mehr, als H. für seinen Noet gebraucht hätte. Reinhardt hat schon
auf diese verschiedene Zielsetzung der Exegese hingewiesen und darum
einen "unbekannten Gnostiker" als Verfasser derselben postuliert.[73]
Da die Exegese nach Aufbau und Struktur ein zusammenhängendes
Ganzes darstellt, muß man folgern, daß H. eine bereits vorhandene
Heraklitexegese als Quelle benützt hat und diese in seine Beweisführung gegen Noet übernommen hat. Obwohl nämlich das Lehrstück
ein *anderes* Thema verfolgt, so enthielt es doch eine Reihe von Lehr-
punkten, die ähnlich auch bei Noet wiederkehrten. Hippolyt hielt es
daher für geeignet, eine Abhängigkeit Noets von Heraklit zu beweisen.
Vielleicht muß man sogar sagen, daß H. überhaupt erst beim Lesen
dieser Heraklitexegese auf den sonst doch etwas abwegig erscheinenden
Gedanken kam, er könne Noet als Nachahmer Heraklits entlarven.

Betreffs des *Umfangs* der Exegese erhebt sich die Frage, ob Hippolyt
diese vollständig überliefert oder gegen Ende unterbrochen hat. Das
Heraklitstück bildet, wie schon gesagt, den ersten Teil von H.s
Beweisführung gegen Noet. Zuerst sollen die Lehren Heraklits dargelegt werden, dann im zweiten Teil, zum Vergleich, die Lehren Noets.

Der erste Teil beginnt in Kap. 9,1 mit einem programmatischen
Satz, welcher das Thema des ganzen Stückes angibt: das All besteht,
nach Heraklit, aus Gegensätzen, owohl es eines ist.[74] Dieses Thema
wird im ganzen Lehrstück systematisch durchgeführt, bis zum Ende

---

[72] Diese etwas allgemeine Bezeichnung für die ausführlichere Deutung und Erklärung
eines Textes läßt offen, ob es sich um die fortlaufende Erklärung eines Textes, also einen
Kommentar (im strengen Sinn) handelt, oder um eine Paraphrase, die jeweils einzelne
Verse zur Erklärung auswählt. Die Frage bleibt unsicher, da von Heraklit nur Fragmente, also keine Schrift oder deren Disposition erhalten sind.

[73] *Parmenides* 159,163; *Heraklits Lehre* 20.

[74] 9,1 (241,15).

von Kapitel 10,7, wo Hippolyt sich erstmals wieder zu Wort meldet: "In diesem Kapitel", sagt er, "hat er seine ganze Auffassung auseinandergesetzt, zugleich aber auch den Geist der Irrlehre Noets, von dem ich zeigen werde, daß er nicht Christi, sondern Heraklits Schüler ist".[75] H. faßt hier als bisheriges Ergebnis zusammen, daß die allegorische Exegese das Wesentliche der Lehre Heraklits wiedergebe, zugleich aber auch das Wichtigste der Lehre Noets. Sodann aber fährt er, ganz in der Art der allegorischen Exegese, fort: Daß nämlich der erste Gott selbst Gestalter und Schöpfer seiner selbst geworden sei, sagt er so: "Gott ist Tag Nacht, Winter Sommer, Krieg Frieden, Sattheit Hunger" — alle Gegensätze zusammen; dies ist seine Meinung —, "er wandelt sich aber wie Feuer, das, wenn es mit Räucherwerk vermengt wird, nach eines jeglichen Wohlempfinden (so oder so) benannt wird".[76] Hier folgt also nach einem zusammenfassenden Lehrsatz noch ein echtes Heraklitzitat, welches als Beleg für die zuvor genannte, aus Heraklit abgeleitete, Lehre angefügt wird.

Die ganze Kraft der Beweisführung H.s liegt dabei darin, daß der durch das letzte Heraklitwort (Fr. 67) zu beweisende Lehrsatz die zentrale Lehre von Heraklit und *zugleich* von Noet beinhaltet. Das ist aber nur dann der Fall, wenn der entscheidende Lehrsatz den *ersten Gott*, der sein eigener Gestalter und Schöpfer geworden ist,[77] zum Gegenstand hat. Eine genaue Analyse der fraglichen Stelle in Kp 10,8 zeigt, daß H. seine polemische Argumentation gegen Noet zwischen den letzten Lehrsatz der Exegese und das als Beleg zitierte letzte Heraklitwort eingeschoben, den Text der Exegese selbst aber unverkürzt bewahrt hat. Auch hier läßt sich die Redaktion H. auf Grund der Kenntnis seiner Arbeitsmethode vom Text seiner Vorlage genau scheiden. Übrig bleibt dann der letzte Lehrsatz als Zusammenfassung der ganzen Heraklitexegese und das dazugehörige Heraklitzitat. Inhaltlich bilden dieser Lehrsatz und das Fr. 67 den krönenden Abschluß des ganzen Lehrstücks.

Stilistisch lassen sich in der Heraklitexegese deutlich drei Teile unterscheiden. Nach der thematischen Einleitung mit dem ersten Heraklitzitat (Kp 9,1) erfolgt die Ausführung des eingangs genannten

---

[75] 10,8 (244,2-4).

[76] 10,8 (244, 4-8). Im griechischen Text ist ein Schreibfehler unterlaufen. Satzsubjekt ist nicht "die erste Welt" (so die Handschrift), auch nicht "die geschaffene Welt" (so J. Bernays und die krit. Textausgaben nach ihm), sondern "der erste Gott", wie eine Analyse von H.s. Beweisführung im Kontext ergibt.

[77] Siehe Anm. 76.

Hauptthemas in einem ersten Teil (Kp 9,2-6), der systematisch in sieben Lehrsätze über die gegensätzliche Natur des Alls (= Gott selbst) geordnet ist. Eine Zusammenfassung, welche die Identität der Gegensätze des Alls andeutet, bildet die Grundlage für den zweiten Teil (Kp 10,1-5), welcher in sieben Lehrsätzen die Identität der Gegensätze genauer aufzeigt. In einem dritten Teil (Kp. 10,6-7) wird diese Identität dann in besonderer Anwendung auf die eschatologischen Gegensätze in vier weiteren Lehrsätzen erklärt. Eine abschließende Zusammenfassung erfolgt in einem letzten Lehrsatz (Kp. 10,8).

Die stilistische Gliederung zeigt, daß der Verfasser der Exegese seine Lehrsätze systematisch anordnet und auch sprachlich hervorhebt. Wichtiger ist, daß der stilistischen Struktur *inhaltlich* eine doktrinelle Disposition entspricht, wonach der zentrale Gedanke von der Einheit aller Gegensätze des Alls in drei Abschnitten entfaltet wird. Die Lehrsätze (2-8) des ersten Teils behandeln explicit generell das All (Gott), seine gegensätzliche und doch alle Gegensätze als Einheit umfassende Natur. Teil zwei (Lehrsätze 9-15) führt die allgemeinen Gegensätze in der Ordnung des Seins und der Ethik, sowie deren wesentliche Identität aus. Teil drei (Lehrsätze 16-19) zeigt die Einheit der eschatologischen Gegensätze. Lehrsatz 20 schließlich faßt das eingangs (Lehrsatz 1) aufgestellte und dann (Lehrsätze 2-19) durchgeführte Thema, also die Einheit aller Gegensätze des Alls, pantheistisch zusammen. Bei der ganzen Exegese verfährt der Verfasser methodisch einheitlich, indem er die Lehrsätze thematisch voranstellt und diese jeweils durch ein nachfolgendes Heraklitwort belegt. *Hermeneutisch* verfährt er dabei so, daß er im ersten und dritten Teil die zitierten Heraklitworte allegorisch, also in einem übertragenen Sinn, deutet, während er im zweiten Teil die Zitate in ihrem wörtlichen oder physischen Sinn einfach als Beleg anführt. Der systematische und doktrinelle Aufbau der Heraklitexegese erweist diese als ein durchaus einheitliches Lehrstück und rechtfertigt den Schluß, daß H. seine Vorlage wörtlich abgeschrieben, diese also *vollständig* überliefert hat.

Daß diese Heraklitexegese eine *gnostische* Schrift ist, ergibt sich zunächst nur indirekt aus ihrer absolut pantheistischen Grundkonzeption. Der in der Lehre von den Gegensätzen sich offenbarende Dualismus ist kein absoluter, sondern in der übergeordneten Einheit des Alls (= Gottes) aufgehoben. Der Exeget lehrt also einen Pantheismus, der aus *einem* Urprinzip alles Seiende schlechthin und darum auch alle denkbaren Gegensätze ableitet. Diese ursprüngliche Einheit des Gegensätzlichen ist aber nicht einfachhin Lehre Heraklits, sondern zugleich die fundamentale Lehre einer im zweiten Jahrhundert n. Chr. weitverbreiteten Gnosis. Am klarsten findet sich dieser monistische Pantheismus in einigen Fragmenten der Offenbarungsschrift *Apophasis Megale*,[78] sodann in den mit der Apophasis verwandten gnostischen Schulen der Naassener,[79] des Monoimos,[80] der Doketen,[81] des Basilides [82] und anderer. Innerhalb dieser Lehre von der wesentlichen Einheit aller Gegensätze, dem zentralen Thema der Heraklitexegese (!) enthält diese zahlreiche gemeinsame Lehrpunkte mit der Apophasis. Gott ist nach beiden vernunftbegabtes Feuer,[83] Ursprung oder Wurzel aller Gegensätze, alles Sichtbaren und Unsichtbaren [84] und deshalb selbst alle Gegensätze zugleich : geteilt ungeteilt, oben unten, gezeugt ungezeugt, Vater Mutter, Sohn Tochter.[85] Angesichts dieser frappierenden Parallelen wird man eine direkte oder wenigstens indirekte Verbindung zwischen Heraklitexegese und Apophasis annnehmen müssen. Wie bei den Naassenern heißt in der Exegese das All als Verkörperung des Vaters aller Dinge "der Unsichtbare" (ὁ ἀόρατος),[86] das "Kind" (παῖς),[87] die "Harmonie" des Alls.[88] Apophasis, Naassener und Heraklitexegese haben offenbar dieselbe gnostische Grundkonzeption von Gott und Welt. Darum darf man annehmen, daß die im zweiten Teil der Exegese aufgeführten physischen

---

[78] Auf einige dieser Parallelen hat bereits Reinhardt, *Parmenides* 161-163 hingewiesen.

[79] V 7,25 (84,14-16). Es ist möglich, daß der S. 84,16 zitierte Spruch der *Apophasis Megale* entnommen ist, die auch V 9,5 (98,16-24) als Abschluß und Höhepunkt des naassenischen Kommentars zum Attishymnus zitiert wird.

[80] VIII 12,2-5 (232,7-20).

[81] VIII 8,3 (226,7-12).

[82] VII 21,3-4 (197,3-9).

[83] Vgl. IX 10,7-8 (243,25 f. ; 244,5-8) mit VI 9,3 (136,11 f.) ; 9,8 (137,6), 11 (137, 27 ff.) u.a. Zu beachten ist jedoch, daß Gott nicht in den Fragmenten der Apophasis, sondern nur in deren Paraphrase "Feuer" genannt wird.

[84] Vgl. IX 9,5 (242,10-16) mit VI 11 (137,27-138,1). Auch hier haben wir die Terminologie des Paraphrasten; die Apophasis selbst unterschied "verborgen-offenbar" (Siehe VI 9,8 : 137,4-6).

[85] In der Heraklitexegese werden diese Gegensätze in der Einleitung (IX 9,1: 241,15-17) als Thema aufgestellt; vgl. damit das Apophasiszitat VI 17,3 (143,7-11).

[86] IX 9,5 (242,10) und V 9,1.2 (98,2.7). N.B. : Die Korrektur von We ist unrichtig; richtig hat Miller emendiert.

[87] IX 9,4 (242,3) und V 9,1 (98,2).

[88] IX 9,5 (242,9) und V 9,3 (98,9 f.), wo der "Syriktas" den Hirtengott "Pan" und zugleich das All als "harmonischen Geist" bedeutet. Ähnlich auch bei Monoimos (VIII 12,5:232,17f.).

und ethischen Gegensatzpaare (Lehrsätze 9-15) [89] nicht eine rein numerische Aufzählung bzw. einfache Wiederholung der allgemein bekannten Lehren Heraklits sind, sondern daß der Exeget damit eine spezifisch *gnostische* Unterweisung mittels dieser physischen und ethischen Gegensätze durch Heraklit authorisieren wollte. Tatsächlich geben uns die schon mehrfach genannte Naassenerschrift wie auch die Paraphrase zur Apophasis wertvolle Hinweise, daß dieselben scheinbar nur physischen oder ethischen Gegensatzpaare geheimnisvolle Begriffe für die *gnostische* Scheidung der Dinge in dieser Welt und damit für die *Kenntnis* des wahren Weges aus dieser Welt zur himmlischen Heimat waren. Das gilt offensichtlich für die gnostisch zu deutenden Gegensätze erscheinend — nicht erscheinend, Finsternis — Licht, gut-böse (Lehrsätze 9-11). [90] Aber ebenso auch für die den Weg aus dieser Welt erklärenden Gegensätze gerade-krumm, oben-unten sowie unrein-rein, trinkbar (= süß)-untrinkbar (= bitter) (Lehrsätze 12-15). [91] Im Lichte der Gnosis der Naassener und der Apophasisparaphrase erscheint daher der zweite Teil der Heraklitexegese als ein Versuch, spezifisch gnostische Unterweisungen durch die Autorität Heraklits zu verstärken. Die Lehrsätze des zweiten Teiles sagen folglich *mehr* aus als ihren verbalen oder physischen Wortsinn; sie haben einen tieferen Sinn im äußeren Wort verborgen, welcher dem Außenstehenden verhüllt, dem Eingeweihten aber offenbar war.

Eine Abweichung zur Gnosis der Apophasis und der Naassener zeigt sich in der Exegese hinsichtlich der Auferstehung nach dem Tod. Während nach den zwei ersten das wahre Fortleben nur dem Geistigen als dem allein göttlichen zukommt, [92] spricht der Exeget (Lehrsatz 17) ausdrücklich von der Auferstehung des sichtbaren Fleisches, in dem wir entstanden sind. [93] Diese ungnostische Lehre mag der Verfasser auf Grund der heraklitischen Lehre von der Einheit der Gegensätze vertreten, woraus letztlich auch die Einheit von Geist und Fleisch resultiert,

---

[89] 10,1-5 (242,22-243,16).

[90] 10,1-3 (242,22-243,7).

[91] 10,4-5 (243,7-16), vgl. damit die allegorische Deutung der vier Paradiesflüsse auf die Bücher Moses und die Sinnesorgane im Apophasisbericht: VI 15,1 - 16,4 (141,7-142,15) und die ursprünglichere gnostische Deutung bei den Naassenern V 9,15-19 (101,7-102,1). Zu beiden Allegorien siehe J. Frickel, *Ein Kriterium zur Quellenscheidung innerhalb einer Paraphrase* (Drei allegorische Deutungen der Paradiesflüsse Gen 2,10). In: *Le Muséon* 85 (1972) 425-450.

[92] Im Apophasisbericht z.B. VI 10,1-2 (137,16-26), bei den Naassenern V 8,23-24 (93,14-20) oder 8,44 (97,12-17).

[93] 10,6 (243,19-22).

genau wie er zuvor (Lehrsatz 16) die Identität des Unsterblichen und des Sterblichen vertritt.[94] Ob der Satz von der Auferstehung des Fleisches christlichen Einfluß verrät, kann vermutet, aber nicht bewiesen werden. An dem grundsätzlich gnostischen Charakter der Heraklitexegese, die wie die Aratos-Paraphrase und der Empedokles-Kommentar in den philosophierenden Kreisen um die *Apophasis Megale* beheimatet ist, ändert die vorgenannte doktrinelle Abweichung jedenfalls nichts.

Die drei hier vorgelegten gnostischen Schriften gehören einer fortentwickelten Gnosis an, die zeitlich zwischen der Mitte des zweiten und dem Anfang des dritten Jahrhunderts ansetzbar ist. Als gnostisch-philosophische Kommentare gehören sie alle demselben synkretistisch orientierten Kreis an, obwohl jede Schrift besondere Verbindungen zu bestimmten einzelnen gnostischen Schulen dieses Kreises aufweist. So die Aratos-Paraphrase zu den Peraten, der Empedokles-Kommentar zu den Naassenern, zu Monoimos und zu Markioniten mit entwickelter Dreiprinzipienlehre, die Heraklit-Exegese zur Apophasis-Paraphrase, zu den Naassenern und Monoimos. Örtlich kann man diese untereinander in Austausch stehende gnostische Gruppe sich nur in einem größeren kulturellen Zentrum vorstellen. Der Umstand, daß Hippolyt die mehr als zehn Schriften umfassenden, vorher der Öffentlichkeit unbekannten gnostischen Dokumente dieses Kreises in seine Hand bekam, läßt *Rom* als geistiges Zentrum dieser Gnostiker so gut wie sicher erscheinen. Die drei bisher unerkannten gnostischen Kommentare vermitteln eine Einsicht in philosophische Strömungen innerhalb der vorgenannten Gnostiker; sie können daher helfen, die geistige Grundkonzeption und den Hintergrund zahlreicher Einzelzüge in deren Schriften besser zu verstehen.

---

[94] 10,6 (243,16-19).

Y A-T-IL DES TRACES DE LA POLÉMIQUE ANTIGNOSTIQUE D'IRÉNÉE DANS LE *PÉRI ARCHÔN* D'ORIGÈNE ?

PAR

A. LE BOULLUEC

J'ai rappelé ailleurs combien les thèses hérétiques combattues par Origène dans le *Péri Archôn* sont tributaires de l'image des doctrines gnostiques forgée par la polémique antérieure.[1] Il serait utile de savoir quels auteurs Origène pratiquait tandis qu'il travaillait au *Péri Archôn*. Dès que l'on pense à la réfutation du gnosticisme, le nom d'Irénée s'impose. Il est fort vraisemblable qu'Origène ait lu l'*Adversus haereses*.[2] Mais a-t-il mis à profit la somme élaborée par Irénée en organisant sa propre réplique ? L'objet de l'étude présente est de chercher si l'on peut répondre à cette question. A propos de l'unicité du Dieu de la Loi et du Dieu de l'Évangile, du Dieu juste et du Dieu bon, je comparerai le traité d'Irénée et l'exposé d'Origène dans le *Péri Archôn*, en examinant le choix des citations scripturaires et des arguments.[3] Le sondage est limité, et devrait être étendu aux autres passages

---

[1] A. Le Boulluec, "La place de la polémique antignostique dans le *Péri Archôn* d'Origène", dans *Origeniana. Premier colloque international des études origéniennes (Montserrat, 18-21 septembre 1973)*, Quaderni di "Vetera Christianorum" 12, Bari, 1975, p. 47-61.

[2] Il est rare qu'Origène fasse allusion nommément aux auteurs ecclésiastiques qu'il connaît, comme le montrait l'enquête menée par A. von Harnack, "Der kirchengeschichtliche Ertrag der exegetischen Arbeiten des Origenes", *T.u.U.* 42, 3, 1918, p. 20ss., et *T.u.U.* 42, 4, 1919, p. 50-54. Mais il reprend à son compte des exégèses de ses devanciers, comme il le signale lui-même (ainsi *Hom. XI, 3 in Jerem.*, Klostermann, p. 80, 12-15). On sait d'autre part, par l'existence du Papyrus d'Oxyrhynque 405, qui présente un fragment de l'*Adversus haereses*, que la diffusion de l'oeuvre d'Irénée se fit très tôt en Egypte (voir L. Doutreleau, p. 128 de l'introduction à l'édition du livre II du *Contre les hérésies* d'Irénée, *S.C.* 210, Paris, 1974). Et Eusèbe nous apprend que Clément d'Alexandrie déjà citait l'autorité d'Irénée dans son écrit *Sur la Pâque* (*H.E.* VI, 13, 9 = *Clemens Alexandrinus* III, 216, 7 Staehlin).

[3] *Péri Archôn* II, 4-5 (Koetschau p. 126-139). Cet ensemble constitue un seul chapitre, d'après le titre transmis par Photius.

polémiques de l'ouvrage d'Origène pour être plus convaincant;[4] mais il porte sur un thème essentiel.

Quand Origène reprend au début de la deuxième partie la question de la divinité, il fait un exposé synthétique sur l'unicité de Dieu pour répondre aux objections des gnostiques.[5] La brièveté et la densité distinguent cette réplique des développements d'Irénée sur le même sujet, épars tout au long de l'*Adversus haereses*. Cette différence de nature et de style n'exclut pas cependant la possibilité d'emprunts faits par Origène, dans la mesure même où son exposé a l'allure d'un résumé rassemblant les points fondamentaux. Un autre aspect de ce caractère global de la discussion est qu'Origène ne prend plus soin, comme Irénée, de séparer les thèses marcionites et les autres doctrines gnostiques. Il ne retient que les traits communs. Mais ici encore l'oeuvre de son prédécesseur avait pu lui préparer la tâche.

Origène réunit d'abord des textes tirés des Évangiles pour prouver que le Dieu créateur, Dieu de la Loi et des prophètes, et le Père du Christ sont un seul et même Dieu. Presque tous les passages allégués apparaissent aussi chez Irénée dans un contexte antignostique, à commencer par la formule de Matthieu, "afin que s'accomplisse ce qui a été dit ..." (*Matth.* 1, 22 ; 2, 15 etc.), qui a fourni à Irénée le thème si important chez lui de l'accomplissement de l'Ancien Testament dans le Nouveau.[6] La bonté parfaite du Dieu créateur proposée en exemple par le Christ (*Matth.* 5, 45.48) est aussi invoquée par Irénée.[7] Le

---

[4] Il faudrait examiner de cette façon en particulier les développements sur la généra-tion du Fils, sur le libre arbitre, et le traité d'herméneutique.

[5] Voir l'exposé de M. Harl, "Structure et cohérence du *Péri Archôn*", dans *Origeniana* ..., p. 11-32.

[6] Voir en particulier *Adv. haer.* III, 9, 2 (*S.C.* 211, p. 104), et les emplois nombreux de "adimpleo" et "adimpletio", de portée antignostique, d'après le lexique de B. Reynders, *Lexique comparé du texte grec et des versions latine, arménienne et syriaque de l'"Adversus haereses" de saint Irénée C.S.C.O.* 142, Louvain, 1954. Les références à l'*Adversus haereses* sont données ici d'après la numérotation de Massuet, avec la page de Harvey pour les livres I et II, et la page de l'édition des *Sources chrétiennes* pour le livre III (A. Rousseau et L. Doutreleau, Paris, 1974 = *S.C.* 210 et 211), le livre IV (A. Rousseau, B. Hemmer-dinger, L. Doutreleau, C. Mercier, Paris, 1965 = *S.C.* 100), et le livre V (A. Rousseau, C. Mercier, L. Doutreleau, Paris, 1969 = *S.C.* 152 et 153).

[7] IV, 36,3 (*S.C.* 100, p. 908); le chapitre entier serait à citer, avec tous les textes scripturaires qu'il comporte; au thème du Dieu bon s'unit celui du Dieu justicier, comme en III,25,4 (*S.C.* 211, p. 484); Origène a réservé à un développement ultérieur et particu-lier l'union de la justice et de la bonté en Dieu. Irénée n'utilise pas *Matth.* 6,9, ni l'expli-cation qu'on trouve chez Origène, mais des passages parallèles, *Matth.* 23,9 (IV, 1,1 = *S.C.* 100, p. 392) et *Matth.* 11,25 (IV,2,2 = *S.C.* 100, p. 398), pour prouver l'identité du Père et du Créateur.

rapprochement le plus frappant apparaît dans l'emploi commun aux deux auteurs de *Matth.* 5, 34-35 (il ne faut jurer "ni par le ciel, qui est le siège de Dieu, ni par la terre, qui est l'escabeau de ses pieds"), en liaison avec *Is.* 66, 1. On pourrait objecter que la formule de serment du texte évangélique renvoyait d'elle-même à la parole du prophète, mais il faut retenir que les deux citations interviennent chez Irénée dans une longue discussion, extrêmement précise, sur l'attitude positive du Sauveur à l'égard de la Loi.[8] Or l'allusion d'Origène a l'air d'un témoignage scripturaire choisi parmi d'autres et permettant de faire l'économie d'une démonstration plus circonstanciée. En outre, comme chez Origène, l'épisode des marchands chassés du temple est invoqué dans la suite immédiate, et dans la même perspective, par Irénée.[9] Enfin, dans le prolongement du débat contre ceux qui distinguent deux dieux, Irénée a recours, comme Origène, à la réponse faite par le Christ aux Sadducéens, d'après *Matth.* 22, 31-32.[10] Ainsi non seulement Origène fait appel aux mêmes textes qu'Irénée, mais leur organisation dans ce passage du *Péri Archôn* suit l'ordre dans lequel ils se présentent au début du livre IV d'Irénée.[11]

Reste la parole d'*Is 46*, 9 : "Je suis Dieu et il n'y a pas d'autre Dieu que Moi", si souvent invoquée par les gnositques pour désigner l'ignorance du démiurge ; il faudra y revenir.

Origène se sert ensuite d'expressions des *Actes des Apôtres* qui se retrouvent, avec une signification identique, dans le livre III de l'*Adversus haereses*.[12]

Il commente aussi dans un sens antignostique la parole de Jésus sur le plus grand des commandements pour marquer l'accord entre la Loi et les recommandations du Sauveur d'une manière qui rappelle

---

[8] *P.A.* II,4,1 (K. 127,22-27) ; cf. *Adv. haer.* IV,2,5 (*S.C.* 100, p. 406).

[9] *P.A.* ibid. (K. 127,27ss.) ; cf. *Adv. haer.* IV,2,6 (*S.C.* 100, p. 406ss.). La seule différence est que chez Origène le texte de *Jn* 2,14-16 remplace celui de *Matth.* 21,23.

[10] *P.A.* ibid. (K. 128,1-5) ; cf. *Adv. haer.* IV,5,2 (*S.C.* 100, p. 428). Le même texte avait déjà été utilisé par Irénée au livre II,30,9 (H., t. I, p. 368), à l'intérieur d'une profession de foi antignostique.

[11] au milieu d'autres textes, nombreux, qu'Origène n'a pas exploités.

[12] *P.A.* II,4,2 (K. 129,18-24). *Actes* 3,13 : *Adv. haer.* III,12,3 (*S.C.* 211, p. 186ss.), où Irénée cite *Actes* 3,12-26 pour montrer que la promesse faite par Dieu aux pères a été accomplie par Jésus. *Actes* 5,30 : *Adv. haer.* III,12,5 (*S.C.* 211, p. 198). *Actes* 7,2 : *Adv. haer.* III,12,10 (*S.C.* 211, p. 224) ; *Actes* 7,34-36 : *Adv. haer.* III,12,11 (*S.C.* 211, p. 226, simple allusion). Quant à la formule de *Actes* 4,24, elle apparaît dans une proclamation de foi antignostique en *Adv. haer.* I,10,1 (H., t. I, p. 90s.).

l'enseignement d'Irénée sur ce sujet.[13] Il est simplement complété chez Origène par une démonstration par l'absurde, selon un goût marqué dans le *Péri Archôn* pour l'argumentation dialectique, mais dont les exemples abondent aussi dans l'*Adversus haereses*.

L'appel au témoignage de Paul qui vient ensuite se retrouve partiellement chez Irénée;[14] Origène utilise en plus de *Rom*. 1, 1-4 des textes qu'Irénée n'a pas mis à profit.[15]

La discussion avec les hérétiques mise en oeuvre par Origène à propos de leur interprétation erronée de *Jn* 1, 18, "Personne n'a jamais vu Dieu", n'a pas d'équivalent exact chez Irénée, mais celui-ci commente abondamment ce texte dans une perspective antignostique,[16] en liaison, comme chez Origène, avec l'exégèse d'*Ex*. 33, 20ss.;[17] il fonde aussi son enseignement sur l'exégèse d'un passage où les gnostiques voyaient la confirmation de leur doctrine sur le Père indicible, *Matth*.

---

[13] *P.A.* II; 4, 2 (K. 128, 24-32), *Matth*. 22, 36; cf. *Adv. haer*. IV,12,2-3 (*S.C.* 100, p. 512ss.).

[14] *P.A.* ibid. (K. 129,1ss.); *Rom*. 1,1-4 : *Adv. haer*. III,16,3 (*S.C.* 211, p. 294ss.).

[15] II *Tim*. 1,3; II *Cor*. 11,22; I *Cor*. 9,9.10; ces textes ne sont pas utilisés non plus par Clément d'Alexandrie. Mais si *Éphés*. 6,2-3 n'apparaît pas dans l'*Adv. haer*., Irénée a recours à un texte très proche, *Matth*. 15,3-6, avec rappel du commandement d'*Ex*. 20,12 ,pour affirmer l'identité du Dieu de la Loi et du Dieu annoncé par le Seigneur (IV,9,3 = *S.C.* 100, p. 488ss.); le passage d'Origène pourrait être une variation sur ce thème.

[16] *P.A.* II,4,3 (K. 130,3ss.); cf. *Adv. haer*. III,11,6 (*S.C.* 211, p. 154). Pour une exégèse gnostique de *Jn* 1,18, voir par exemple la *Lettre de Ptolémée à Flora* 3,7, et les *Extraits de Théodote* 6,2-7,1. Le passage cité de l'*Adv. haer*. se situe dans un développement sur le Christ révélateur du seul Dieu Père, à travers les Évangiles; Irénée affirme que l'autorité de ceux-ci est reconnue par les hérétiques, qui appuient sur eux leur enseignement (III,11,7 = *S.C.* 211, p. 158). On rencontre en effet des réminiscences de textes néotestamentaires dans les écrits gnostiques (ainsi, parmi les traités de Nag Hammadi, dans l'*Évangile de Vérité* et la *Lettre à Rhéginos sur la résurrection*, par exemple). Mais, comme l'a montré H. von Campenhausen (*La formation de la Bible chrétienne*, trad. franç. 1971, p. 75, et surtout p. 121ss.), ces allusions n'indiquent pas que les auteurs gnostiques reconnaissaient l'autorité de tel Évangile particulier. Quant à l'existence éventuelle de milieux gnostiques à Corinthe, et au problème des influences réciproques entre eux et Paul, voir les mises au point récentes de E. Fascher, *Die Korintherbriefe und die Gnosis*, et de C. Hinz, "*Bewahrung und Verkehrung der Freiheit in Christo*". *Versuch einer Transformation von I Kor. 10, 23 - 11, 1 (8, 1-10, 22)*, dans *Gnosis und NeuesTestament*, éd. W. Tröger, Berlin, 1973, p. 281-291 et p. 405-422. Irénée reprend *Jn* 1, 18 en IV, 20, 6 (*S.C.* 100, p. 646) pour distinguer le mode de vision obtenu par les prophètes de celui qu'accorde le Verbe, à l'intérieur d'un exposé très ample sur la vision de Dieu, à la fois polémique et positif.

[17] *Adv. haer*. IV,20,9 (*S.C.* 100, p. 654); cf. IV, 20,5 (p. 638) et IV,20,11 (p. 666).

11, 25ss..[18] Quant à la parabole des vignerons homicides (*Matth.*
21, 33-41) et à celle des mines (*Luc* 19, 11-27; cf. *Matth.* 25, 14-30),
elles sont utilisées aussi par Irénée, mais c'est un thème constant de la
littérature antignostique, et on ne pourrait conclure de ce seul rapprochement qu'Origène a repris chez Irénée des témoignages scripturaires.[19]

Les exemples de la sévérité de Dieu dans le Nouveau Testament
introduisent chez Origène le développement sur la justice de Dieu. La
réplique aux objections gnostiques fondées sur les châtiments rapportés
dans l'Ancien Testament présente, sous la forme succincte que lui donne
Origène, des traits communs avec la réfutation d'Irénée,[20] et corres-

---

[18] *P.A.* II,4,3 (K. 131,20ss.); cf. *Adv. haer.* I,20,3 (H., t. I, p. 180) : Irénée signale à ce
propos la façon dont les gnostiques déforment le sens des expressions évangéliques. Il
leur arrive aussi d'en modifier le texte : ainsi dans la *Lettre à Rhéginos sur la résurrection*
(éd. Malinine, Puech ..., p. 44,34-39) la variante tendancieuse de *Col.* 1,16 où θεότητες a été
substitué à ἀρχαί et ἐξουσίαι. A propos de l'exégèse valentinienne des paraboles évangéliques, voir les remarques de A. Orbe, *Parabolas Evangelicas en San Ireneo*, Madrid,
1972, t. I, p. 9-18, et passim, et a propos de variantes "hétérodoxes", t. I, p. 46, 208s.,
229s., 321s., 382, t. II, p. 10,86,136 etc. Irénée démontre par l'absurde en II,14,7 (H., t.
I, p. 300) la fausseté de l'exégèse gnostique de *Matth.* 11,25-27, et redresse cette interprétation en IV,6,1-6; voir aussi IV,7,3 (*S.C.* 100, p. 460) et surtout en IV,7,4 (p. 464),
avec une portée anti-valentinienne; les mêmes versets de *Matth.* sont aussi exploités
dans l'enseignement sur la vision de Dieu déjà indiqué, en liaison intime avec d'autres
passages du N. T. (IV,20,2 = *S.C.* 100, p. 628ss. et IV,20,4 = *S.C.* 100, p. 634ss., où
l'allusion à *Matth.* 11,27 se fond peut-être dans une réminiscence de I *Cor.* 2,10). Pour la
différence entre la doctrine d'Irénée et celle d'Origène dans l'exégèse de *Matth.* 11,27,
voir A. Orbe, "La revelación del Hijo por el Padre según san Ireneo (*Adv. haer.* IV, 6).
Para la exegesis prenicena de *Mt.* 11,27", *Gregorianum* 51, 1970, p. 5-86 (bibliographie
antérieure indiquée par N. Brox, *Offenbarung, Gnosis und gnostischer Mythos bei Irenäus
von Lyon*, Salzburg, 1966, p. 172, n. 3, pour Irénée; pour Origène voir M. Harl, *Origène
et la fonction révélatrice du Verbe incarné*, Paris, 1958, p. 127, 176, 208ss., 270).

[19] *P.A.* II,4,4 (K. 131s); cf. *Adv. haer.* IV,36,1 (*S.C.* 100, p. 876ss.), pour *Matth.*
21,33-44 (voir A. Orbe, *Parabolas* ..., t. I, p. 226-270, et p. 236s. pour *P.A.* II,4,4); pour
Luc 19,11-27 chez Irénée, voir A. Orbe, *o.c.*, t. II, p. 59-79, qui met en valeur l'origine
asiate de l'exégèse de la parabole en IV,27,2; le verset 27 comporte une addition surprenante dans la traduction de Rufin en *P.A.* II,4,4 (K. 132,4s.) : "et civitatem eorum
igne consumi", où il y a peut-être une réminiscence de *Luc* 17,29.

[20] *P.A.* II,5,1, faisant allusion à *Gen.* 7 (le déluge) et 19,24-25 (Sodome et Gomorrhe),
Nombres 14,11-24 (mort des Juifs dans le désert); la réfutation proprement dite de
l'interprétation gnostique est faite par Origène en II,5,3 (K. 136,2ss.); Irénée indique en
I,30,10 (H., t. I, p. 237) l'usage que la gnose "séthienne" faisait de l'épisode du déluge
(cf. Épiphane, *Panarion* 39, "Contre les Séthiens", 3,1, *G.C.S.* II, p. 73,18-74,11); il
affirme la bonté et la justice du Dieu de Noé en II,30,9 (H., t. I, p. 368,19), assure l'identité de ce Dieu et du Dieu du jugement annoncé par l'Évangile en IV,36,3 (*S.C.* 100,
p. 890ss.; cf. IV,36,4), interprète le nom de la bête de l'*Apocalypse* (13,18) comme réca-

pond à des exposés cohérents et continus de l'*Adversus haereses*.[21] Mais l'argumentation scripturaire d'Origène fait appel aussi à des textes qu'Irénée n'utilisait pas.[22] Elle marque beaucoup plus d'indépendance à la fin de cet exposé sur le Dieu juste et bon; seule la reprise de la "fameuse question" des gnostiques sur l'arbre et ses fruits permet peut-être un rapprochement avec Irénée.[23]

Il reste que l'usage des citations bibliques dans cet ensemble du *Péri Archôn* offre un très grand nombre de parallèles dans la polémique antignostique d'Irénée et rappelle des pans entiers de l'*Adversus haereses*, où Origène a pu choisir les preuves scripturaires qui lui semblaient les plus fortes. On objectera que des dossiers de cette sorte avaient dû se constituer et se transmettre à l'occasion de la réfutation des thèses gnostiques, en particulier des *Antithèses* de Marcion ou des *Syllogismes* d'Apelle, qu'Origène a dû connaître, comme certains des écrits utilisés par Irénée lui-même.[24] Mais à l'époque d'Origène le

---

pitulant tout le mal fait avant le déluge en V,29,2 (*S.C.* 153, p. 366), ce texte ne visant pas d'ailleurs directement les gnostiques. Dans l'*Hypostase des Archontes* (Nag Hammadi II,4,140,4-8) le déluge est décrété par les archontes; cf. *Évangile des Égyptiens* (Nag Hammadi III,2,61,1-5). Pour l'explication du châtiment de Sodome, avec une portée antignostique, voir *Adv. haer.* III,6,1 (*S.C.* 211, p. 66), cf. IV,10,1 (*S.C.* 100, p. 492), et surtout IV,36,3-4 et V,27,1 (sur le jugement opéré par le Christ); cf. IV, 41, 3. Irénée enfin fait allusion à *Nombres* 14,30 dans un développement où il compare, en répliquant aux hérétiques, les deux modes de jugement, celui de l'A.T. et celui du N.T., d'une façon analogue à la réponse d'Origène en *P.A.* II,5,2 (K. 134,8-135,8).

[21] En particulier IV,36,3-4; IV,28,; V,27,1. Quant à l'opposition accentuée par les Marcionites entre l'enseignement de l'A.T. et celui du N.T., elle est souvent combattue par Irénée (ainsi en IV,13,1-4); cf. I,20,2 (H., t. I, p. 178) à propos de l'usage gnostique de *Matth.* 19,17, *Marc* 10,18, *Luc* 18,19. Sur ce thème, voir A. Orbe, *o.c.*, t. I, p. 444ss..

[22] Ainsi, alors que les correspondances avec l'emploi que fait Origène en *P.A.* II,5,2 de *Matth.* 25,41 sont nombreuses chez Irénée (II,7,3 = H., t. I, p. 268; II,32,1 = H., t. I, p. 372; III,23,2; surtout IV,27,4 et 28,2; IV,33,11; IV,40,1-2; IV,41,1-3), alors qu'Irénée a recours à *Matth.* 11,23s. en IV,36,3, et à *Matth.* 22,1-14 en IV,36,5 (voir A. Orbe, *o.c.*, t. II, p. 263 et 310, p. 294ss. et 311ss.), alors qu'il fait même allusion à *Matth.* 11,21s. en IV,28,1 (voir A. Orbe, *o.c.*, p. 101 du t. I), il n'utilise pas *Matth.* 15,21s., pas plus que ne le fait Clément d'Alexandrie. Les passages de l'A.T. allégués par Origène contre la notion gnostique de la "justice' du créateur (*P.A.* II,5,2, K. 133s.) ne se retrouvent pas non plus chez Irénée.

[23] *P.A.* II,5,4 (K.137,9ss.), à propos de *Matth.* 7,18, etc.; cf. *Adv. haer.* IV,8,3 (*S.C.* 100, p. 476), sans portée antignostique, et IV,36,4 (p. 892), comme exemple du jugement du seul et même Verbe de Dieu.

[24] L'*Adv. haer.* en effet, sans se réduire à l'agrégat de sources diverses qu'avait tendance à y voir F. Loofs (*Theophilus von Antiochien Adversus Marcionem und die anderen theologischen Quellen bei Irenaeus*, *T.u.U.* 46,2, Leipzig, 1930), utilise des docu-

traité d'Irénée devait être tout autant accessible que cette littérature,
et il avait l'avantage de présenter les résultats d'un grand travail de
rassemblement des documents. Origène a pu compléter par cette lecture
l'information qu'il tenait d'autres ouvrages, et de sa recherche personnelle. En outre, certains groupements de références, et la démonstration
dont elles sont le support, se présentent dans le même ordre chez
Origène que chez Irénée.

Des traits communs cependant entre les dossiers scripturaires
tels qu'ils sont utilisés par les deux auteurs ne suffisent pas pour
prouver qu'Origène a tiré parti de la lecture d'Irénée. Il faut comparer
aussi les modes d'argumentation rationnels, le plus souvent liés, chez
l'un et l'autre, au recours à l'Écriture. D'autre part, s'il y a des différences, elles ne peuvent s'expliquer seulement par un souci de variété
chez Origène, en admettant qu'il se soit servi du traité d'Irénée.
Elles tiennent à l'originalité de l'entreprise menée dans le *Péri Archon*.

Certains des raisonnements opposés par Origène aux hérétiques
semblent être l'écho des objections faites par Irénée. Dans le livre II
de l'*Adversus haereses*, à propos de l'interprétation gnostique d'*Is.*
46, 9, ou de l'ignorance des êtres "psychiques" par opposition au
savoir des êtres supérieurs, l'ironie d'Irénée consiste à reporter sur
les entités du plérôme les déficiences de la Sagesse déchue ou du démiurge, ou à prendre le Sauveur en flagrant délit de mensonge.[25]
Origène use d'un argument analogue pour détruire la distinction entre
le Dieu des prophètes, celui qui avait dit : "Je suis Dieu et il n'y a
pas d'autre Dieu que moi" (*Is.* 46, 9), et le Père du Sauveur.[26]

Enfermant les hérétiques dans un faux dilemme sur la visibilité de

---

ments antérieurs, comme Irénée l'indique lui-même (en particulier le traité de Justin
Contre toutes les hérésies).

[25] En II,7,2, c'est l'ignorance du démiurge qui rejaillit sur le Monogène; en II,9,2,
le mensonge du créateur retombe sur ceux qui le lui attribuent (cf. II,11,1); en II,14,7,
c'est le Sauveur des gnostiques qui est convaincu de mensonge quand il dit : "Personne
ne connaît le Père sinon le Fils" (*Matth.* 11,27); en II,17,4, la passion du plus jeune des
Éons atteint tous les autres, et même le "Propatôr" (ce dernier terme est fréquent dans la
Pistis Sophia : voir *Koptisch-Gnostische Schriften*, *G.C.S.* 35, p. 397, s.v.).

[26] *P.A.* II,4,1 (K. 128,5-15). Voir, dans les traités de Nag Hammadi, la proclamation
de Jaldabaoth (*Écrit sans titre* 151,12-13, et les références données par M. Tardieu,
Trois mythes gnostiques, Paris, 1974, p. 303 : *Hypostase des Archontes* 134,28-31 ; 142,21-22 ;
Second Logos du Grand Seth 53,28-31 ; *Apocryphon de Jean* II,13,8-9 ; *Apocryphon de
Jean* IV,20,22-24). Selon les Ophites, d'après Épiphane (*Panarion* 37,5) Jaldabaoth chasse
du ciel Adam et Ève, parce qu'ils ont appris du serpent qu'il existe un Dieu au-dessus de
lui.

Dieu, construit pour les besoins de la réfutation, à propos de l'usage gnostique de la parole : "Personne n'a jamais vu Dieu" (*Jn* 1,18), Origène leur demande si Dieu est une partie de la matière, et le monde une autre, dans l'hypothèse où la matière serait inengendrée.[27] Au détour d'un débat fictif, Origène indique ici en raccourci l'un des arguments que Méthode d'Olympe oppose à la thèse de la matière inengendrée dans son traité *Du libre arbitre*.[28] On pourrait songer à rapprocher de ce passage du *Péri Archôn* toute la problématique du contenant et du contenu mise en oeuvre par Irénée au début du livre II de l'*Adversus haereses* pour réfuter la distinction entre le créateur et le Dieu du Plérôme.[29] Le caractère "plérômatique" serait remplacé par le caractère "inengendré", et l'objet du débat serait déplacé de Dieu au rapport entre Dieu et la matière. Mais peut-être est-il plus sûr de voir l'origine de l'argument auquel Origène fait brièvement allusion dans la polémique chrétienne menée contre Hermogène et sa conception de la matière inengendrée, telle qu'elle apparaît encore dans le traité de Tertullien.[30]

Quand Origène critique la notion de justice rétributive, il s'inspire peut-être de certaines considérations d'Irénée.[31] Celui-ci s'en prend en effet aux accusations portées par les gnostiques contre le jugement de Dieu créateur et législateur,[32] et leur oppose la liberté de décision de chacun;[33] il explique aussi comment nul n'est condamné par nature, et que chacun a la libre possibilité de se purifier;[34] il affirme que "de part et d'autre, c'est le même juste jugement de Dieu",[35] qui touche chacun selon qu'il aime Dieu ou qu'il offense le Verbe de Dieu.[36]

---

[27] *P.A.* II,4,3 (K. 130,20-24).

[28] éd. Bonwetsch, p. 160,3ss.; le même texte est transmis par Eusèbe sous le nom de Maxime en *P.E.* VII,22,8 (éd. G. Schroeder, E. des Places, *S.C.* 215, Paris, 1975, p. 112ss., p. 286, et note complémentaire, p. 315ss.; cf. 22,2).

[29] *Adv. haer.* II,1 : Irénée veut montrer que, si l'on pose une extériorité supérieure au Dieu créateur, on est entraîné dans une multiplication à l'infini des mondes et des dieux. Cette argumentation domine toute la discussion des chapitres suivants; elle est reprise plus précisément en 13,6 et enfin en 35,1. On n'a pas manqué de mettre en relation les raisonnements d'Irénée en II,1 avec le début de l'exposé de Méthode sur la matière; ainsi G. H. Bonwetsch (p. 160,3ss.) signale *Adv. haer.* II,1,2.

[30] *Adv. Hermogenem*, 4-7.

[31] *P.A.* II,5,2 (K. 134,1-7).

[32] *Adv. haer.* V,26,2 (*S.C.* 153, p. 336).

[33] ibid. V,27,2 (p. 340); V,27,2 (p. 342ss.).

[34] ibid. IV,41,2-3 (*S.C.* 100, p. 984-992)

[35] ibid. IV,28,1 (*S.C.* 100, p. 755).

[36] cf. ibid. IV,28,2 (*S.C.* 100, p. 759). Voir aussi la conclusion du long commentaire de I *Cor.* 2,15 et des prophéties sur le Christ en IV,33,15 (p. 844), et toute la discussion sur

De tous les passages où, à propos du jugement, Irénée insiste sur la
liberté de l'homme, en combattant implicitement la doctrine des
"natures diverses", il était possible de déduire, à l'inverse, la condam-
nation d'une justice qui frapperait des créatures essentiellement
déterminées, dans les termes qui sont ceux d'Origène.

La réflexion qu'on trouve dans le *Péri Archôn* sur la liaison nécessaire entre la justice et la bonté est plus qu'ébauchée par Irénée à la
fin du livre III dans sa lutte contre la division opérée par Marcion et
par les gnostiques en général; il leur oppose même l'opinion de Platon.[37]
Origène développe et précise cet enseignement, d'une part en montrant
que Dieu fait le bien avec justice et punit avec bonté, par un traitement
douloureux qui guérit, d'autre part en introduisant entre la bonté et la
justice la relation qui existe entre le genre et l'espèce.[38]

Au terme de cette comparaison, il reste impossible de dire avec
certitude qu'Origène s'est servi de l'ouvrage d'Irénée pour réfuter les
gnostiques. Mais beaucoup d'élements rendent cette hypothèse fort
plausible. Non seulement les lieux importants du débat sont communs
au *Péri Archôn* et à l'*Adversus haereses*, mais ils s'organisent souvent de
manière analogue dans les deux traités, et l'argumentation présente
de l'un à l'autre des similitudes. Il faut tenir compte cependant des
différences très grandes qui séparent la pratique exégétique et les
conceptions théologiques des deux auteurs. Elles expliquent, autant
que la diversité des deux ouvrages, la distance entre les argumentations.
L'originalité et le caractère systématique de l'entreprise d'Origène
restent entiers, et les documents qu'il utilise sont profondément
remaniés par sa réflexion. Prenons par exemple l'exposé polémique sur
la vision de Dieu.[39] Des beaux développements d'Irénée sur la révélation dispensée progressivement aux hommes, on ne trouve à rapprocher
chez Origène qu'une brève remarque sur la connaissance partielle
accordée à Moïse, et la discussion dans le *Péri Archôn* est construite
sur la distinction entre "voir" et "connaître", absente chez Irénée,
mais importante dans l'ensemble du *Péri Archôn*.[40] Il faut noter aussi

---

l'endurcissement du Pharaon en IV, 29 (pour ce thème chez Origène, voir M. Harl,
"La mort salutaire du Pharaon selon Origène", *Studi ... A. Pincherle*, p. 260-268, Rome,
1967), ainsi que IV,40,1-2.

[37] ibid. III,25,2-5.

[38] Voir *P.A.* II,5,3-4 (K. 135,9-138,9) et H. J. Horn, *J.A.C.* 13, 1970, p. 5-28.

[39] *P.A.* II, 4,3 (K. 131).

[40] cf. *P.A.* I,8-9 (K. 24,22-27,14); voir le commentaire de M. Harl, "La "Bouche" et
le Coeur" de l'Apôtre : deux images bibliques du "sens divin" de l'homme ("Proverbes"

que les preuves scripturaires qui font défaut dans le débat chez Irénée appartiennent aux étapes de l'argumentation qui sont propres à Origène.[41] L'effort de recherche personnelle est évident.

Mais ces divergences ne peuvent être invoquées contre l'hypothèse proposée ici. Certaines même, et des plus fortes, obligent à penser qu' Origène avait en mémoire le traité d'Irénée quand il composait le *Péri Archôn*, ne serait-ce que pour congédier certaines précautions de son prédécesseur. Elles apparaissent dans d'autres parties de l'ouvrage. Toutes les questions qu'Irénée reprochait aux gnostiques d'avoir voulu résoudre, et qu'il réservait à Dieu, Origène a eu l'audace de les affronter : quels sont la cause et le mode de la création ? Que faisait Dieu avant de créer le monde ? Quel est le mode de génération du Fils ? Comment la matière a-t-elle été émise par Dieu ? Quelle est la nature des transgresseurs ?[42] On reconnaît certains des grands problèmes qui ont amené Origène à organiser dans le *Péri Archôn* l'ample vision de l'histoire des natures douées de raison et du plan divin sur le monde. Dépassant le projet d'Irénée, et porté par les préoccupations d'un public différent, il a voulu opposer un "système" complet au système des gnostiques, ou du moins à ce qu'il en restait dans les thèses rejetées comme hérétiques. Par une double ironie du sort, cet effort a suscité bien des censeurs, avant de séduire certains modernes, prompts à faire entrer dans la "gnose" la pensée qui avait pour fin de la détruire.[43]

2,5) chez Origène", *Forma futuri, Studi in onore del Cardinale M. Pellegrino*, Turin, 1975, p. 31ss..

[41] En particulier *P.A.* II,4,2 (K. 129,5-130,2) ; II,4,3 (K. 130,10-14) ; II,5,2 (K. 133,24-134,7) ; II,5,3 (K. 135,26-136,23) ; II,5,4 (K. 137,16-139,2).

[42] Voir, dans l'ordre des questions, *Adv. haer.* II,26 ; 28,3 ; 28,6 ; 28,7 ; Irénée met en garde contre de telles recherches à l'aide de la parole de Paul, sur laquelle précisément se fondaient les gnostiques : "l'Esprit scrute tout, même les profondeurs de Dieu" (I *Cor.* 2,10). Origène (à moins que ce ne soit Rufin) cite prudemment cette parole, mais avant d'expliquer les raisons de la diversité des conditions (*P.A.* II,9,6 = K. 169,16ss.), ou bien s'en sert pour associer l'exégète compétent à la science de l'Esprit (*P.A.* IV,2,7 = K. 319,1ss. ; cf. IV,3,4 = K. 330,8ss.), tout en posant les limites de la compréhension possible (*P.A.* IV,3,14 = K. 345,5ss. et IV,4,8 = K. 360,7ss., si du moins ce dernier passage n'a pas été complètement transformé par Rufin).

[43] Ainsi H. Jonas, *Gnosis und spätantiker Geist*, II,1, *Von der Mythologie zur mystischen Philosophie*, Göttingen, 1954, p. 171-223.

ERWÄHLUNGSTHEOLOGIE UND MENSCHENKLASSENLEHRE

Die Theologie des Herakleon als Schlüssel zum Verständnis der christlichen Gnosis?

VON

BARBARA ALAND

Unter dem Untertitel dieses Aufsatzes habe ich auf dem Kongreß in Oxford einen Vortrag gehalten, der die Resultate einer erneuten Interpretation der Herakleonfragmente im Johannes-Kommentar des Origenes zusammenfaßte. Es ging dabei um das in letzter Zeit viel diskutierte Problem der Gnaden- und Erwählungstheologie der Gnosis, und zwar besonders im Zusammenhang mit ihrer bekannten Lehre von den Menschenklassen. Man hat die Gnaden- und Erwählungstheologie der Gnosis, wie mir scheint zu Recht, in engen Zusammenhang mit den paulinischen Aussagen über Gnade und Erwählung gebracht. Dazu schien es mir aber nicht zu passen, wenn gleichzeitig die Lehre von den schon in der Schöpfung unabänderlich festgelegten Menschenklassen starr festgehalten wurde. Ein wirkliches Verständnis für die Theologie des Paulus schien da nicht vorliegen zu können, wo jemand von seiner Erwählung nicht nur im Bekenntnis des eigenen Unwertseins, sondern gleichzeitig im Blick auf andere, Nicht-Erwählte redet, ja geradezu die Erfahrung des eigenen Erwähltseins zum Ausgangspunkt für eine Theorie über die in Hinsicht auf das Heil verschiedenen Menschenklassen nimmt. Es würde ja damit das Bekenntnis des eigenen Unwertseins indirekt wieder aufgehoben, weil sich in der erfahrenen Erwählung herausgestellt hätte, daß der Erwählte zwar nicht durch eigene Leistung, so doch durch das Geschenk des Pneumas einen Wert vor andern und im Gegensatz zu andern besäße. So schien der Schluß unausweichlich: wenn es bei der Menschenklassenlehre der Gnosis bleibt, kann nicht gleichzeitig behauptet werden, dieselben Gnostiker hätten von paulinischer Erwählungs- und Gnadentheologie gelernt. Die sich aus diesem Ansatz ergebende Position hat in Oxford lebhafte Diskussion ausgelöst. Anstatt nun den Wortlaut des Vortrags mit seiner komprimierten, thesenartigen Zusammenfassung abzudrucken, schien es zweckmäßiger, die ihm zugrundeliegende Interpretation der Fragmente Herakleons vorzulegen. Denn angesichts der hochkomplizierten Materie muß jede These über diesen Autor auf einer möglichst vollständigen Interpretation der ohnehin nur bruchstückhaften Überlieferung beruhen. Notwendig schien es mir daher auch, auf andere valentinianische Literatur als Kontrollinstanz Bezug zu nehmen. Dagegen wurde (vorerst), um der Übersichtlichkeit der Darstellung des schwierigen Stoffes willen, auf eine direkte Auseinandersetzung mit der Sekundärliteratur verzichtet.[1]

Die Fragmente werden im wesentlichen in der Reihenfolge ihres Vorkommens im Evangelium bzw. in Origenes' Kommentar besprochen. Daraus ergibt sich ein sachlicher Aufbau, nach dem zuerst die Voraussetzung der Theologie Herakleons und ihre Konsequenzen besprochen werden (Teil I) und dann deren Entfaltung behandelt wird (Teil II). Die jeweils zugrundeliegenden Perikopen des Johannesevangeliums sind als Zwischenüberschriften gewählt worden. Das geschieht um der besseren Übersicht willen, selbstverständlich sind jeweils Querverweise notwendig.

Die Frage, sie sei eingangs wenigstens kurz gestreift, ob wir überhaupt erwarten können, aus dem, was Origenes aus dem Werk Herakleons zitiert, eine erschöpfende Antwort auf unsere Frage nach dem Verhältnis von Gnadentheologie und Menschenklassenlehre in der Sicht Herakleons zu erhalten, ist m. E. positiv zu beantworten. Wir können es, wenn wir uns darüber klar werden, nach welchen Gesichtspunkten Origenes aus Herakleons Werk zitiert. Mir scheint, daß es Origenes eben darum geht, diese Lehre von den verschiedenen Menschenklassen, bzw. den verschiedenen "Naturen" bei Herakleon nachzuweisen. Denn darin bestand für ihn der Gipfelpunkt der

---

[1] Aus jüngerer Zeit sind zu nennen : W. D. Hauschild, *Gottes Geist und der Mensch. Studien zur frühchristlichen Pneumatologie*, München 1972 (Der Gnosis gilt ein ganzes Kapitel dieser Arbeit, Herakleon wird auf den Seiten 157-165 behandelt); E. Pagels, *The Johannine Gospel in Gnostic Exegesis : Heracleon's Commentary on John*, Society of Biblical Literature Monograph Series 17, New York 1973; vgl. auch E. Pagels, The Valentinian Claim to Esoteric Exegesis of Romans as Basis for Anthropological Theory, *Vig. Christ.* 26, 1972, 241-258; C. Blanc, Le Commentaire d'Héracléon sur Jean 4 et 8, *Augustinianum* 15, 1975,81-125(mit Zusammenstellung früherer Literatur); vgl. auch C. Blanc, *Origène. Commentaire sur Saint Jean*, Text grec, Avantpropos, traduction et notes, *Sources Chrétiennes* 1966, 1970, 1975; E. Mühlenberg, Wieviel Erlösungen kennt der Gnostiker Herakleon ? *ZNW* 66, 1975,170-193 (erschien erst nach der Oxforder Tagung).

Ketzerei. Mit einer solchen Lehre war für ihn das Zentrum seiner eigenen Theologie berührt. Origenes ist durchdrungen von der Überzeugung, daß es höchste Aufgabe des Menschen auf dieser Erde sei, nach Erkenntnis Gottes zu streben. Diese Aufgabe setzt persönliche Vollkommenheit in jeder Beziehung voraus und ist deshalb auch nur von ganz wenigen Menschen annäherungsweise, nicht vollständig zu leisten. Sie bleibt dennoch Maßstab und Richtschnur für alle Menschen. Um es mit einem Wort zu sagen, es ist — nach Origenes — Ziel menschlicher Existenz, ein Pneumatiker zu werden. Herakleon dagegen bestreitet rundweg, daß man Pneumatiker im Sinne Origenes' werden könne. Er spricht immer nur davon, daß einer Pneumatiker ist, niemals davon, daß er es wird. Gegenüber diesem Unterschied zwischen beiden Theologen, der im folgenden zu explizieren sein wird, verblassen alle anderen Gegensätze wie auch die Gemeinsamkeiten, die es zweifellos gibt. Deshalb mußte Origenes glauben, den Gegner am wirkungsvollsten als Häretiker zu brandmarken, wenn er die Naturenlehre bei ihm nachwies. Er ist für uns, wenn es um die Anthropologie der Gnosis geht, der beste, weil aufmerksamste und sensibelste Zeuge — ein viel besserer als beispielsweise Irenäus, dessen Frontstellung gegen die Gnosis bei weitem nicht so eindeutig ausgerichtet ist. — Deshalb gilt aber auch : wenn sich herausstellen sollte, daß trotz der polemischen Bemühungen des Origenes die vermeintliche Menschenklassenlehre Herakleons nicht im Sinne einer Determination zu Heil oder Verdammung zu verstehen ist, dann können wir überzeugt sein, daß er sie tatsächlich nicht in dieser, ihn als paulinischen Theologen disqualifizierenden Weise, vertreten hat.

I. *Die Voraussetzungen und ihre Konsequenzen*

1. *Der Prolog*

Die Zitate des Origenes aus Herakleons Auslegung des Johannesevangeliums setzen bekanntlich erst mit Joh. 1,3 ein. Wir enthalten uns aller Spekulationen darüber, weshalb das so ist — sicher scheint nur, daß eine Zustimmung des Origenes zu Herakleons Auslegung bis dahin wenig wahrscheinlich ist, und zwar schon wegen des Origenes eigener hochkomplizierter und differenzierter Auslegung.

Origenes gibt präzise Angaben über Herakleons Verständnis von Joh. 1, 3. In πάντα δι' αὐτοῦ ἐγένετο verstehe Herakleon unter πάντα den Kosmos und das, was in ihm ist, nicht aber den αἰών. Dieser sei

nicht durch den Logos geworden, sondern vor ihm (πρὸ τοῦ λόγου).
Um darüber keinerlei Mißverständnisse aufkommen zu lassen, fügte
er dem καὶ χωρὶς αὐτοῦ ἐγένετο οὐδὲ ἕν noch ausdrücklich hinzu :
(Ohne ihn — den Logos — entstand nichts) "von den Dingen im Kosmos und in der Schöpfung".

Wie ist diese für einen gnostischen Autor auf den ersten Blick recht
erstaunliche Aussage — denn wie kann ein Gnostiker behaupten,
πάντα, d.h. der Kosmos (!), sei durch den Logos geworden — zu
verstehen ? Die Antwort ist aus des Origenes erklärenden Bemerkungen
und aus einer genauen Beachtung der von Herakleon verwandten
Präpositionen zu erlangen.

Zunächst wird deutlich : hier findet nicht etwa eine sonst in der
Gnosis ganz unübliche Aufwertung des Kosmos statt, sondern Herakleon spricht eindeutig dem πάντα alles Göttliche ab und versteht
vielmehr unter πάντα genau (κυρίως) das, was "vollständig verdorben"
ist (70, 14-16). Wie kann dann aber der Logos damit in Verbindung
gebracht werden ? Zur Beantwortung dieser Frage ist auf die Präposition διὰ zu achten, auf die Herakleon großen Wert legt.

Der normale Sprachgebrauch gebietet nach Origenes, unter dem
mit διά (c. Gen.) angeführten Nomen das Werkzeug bei der Herstellung
einer Sache anzusehen, während ὑπό ihren Urheber bezeichne. Und
dementsprechend wolle der Text sagen, daß "durch" den Logos die
Welt entstanden sei, aber "von" dem höchsten Demiurgen, nämlich
Gott (70,30f.).

In der Tat ist dieser Sprachgebrauch ein in der platonischen Schule verbreiteter.
Der kaiserzeitliche Platonismus kennt eine feste Prinzipienreihe, die durch eine
präpositionale Umschreibung gekennzeichnet ist. Die Urform dieser Reihe ist
dreigliedrig ὑφ' οὗ — ἐξ οὗ — πρὸς ὅ (zu ergänzen ὁ κόσμος συνέστηκεν), wobei
jede der Präpositionen die Wirkrichtung des jeweils angesprochenen Prinzips
(Gott - Materie - Idee) angibt. Sie wurde später erweitert und leicht variiert, ist
aber immer eine feste, wohlumrissene Größe geblieben [2], in der das δι' οὗ jeweils
das ὀργανικὸν bezeichnete [3].

Daß auch Herakleon die spezifische Bedeutung dieser Präpositionen

---

[2] Vgl. Philo, De Cher. 125 (p. 199,25-200,2) πρὸς γὰρ τήν τινος γένεσιν πολλὰ δεῖ
συνελθεῖν, τὸ ὑφ' οὗ, τὸ ἐξ οὗ, τὸ δι' οὗ, τὸ δι' ὅ · καὶ ἔστι τὸ μὲν ὑφ' οὗ τὸ αἴτιον, ἐξ οὗ δὲ
ἡ ὕλη, δι' οὗ δὲ τὸ ἐργαλεῖον, δι' ὅ δὲ ἡ αἰτία. Seneca, ep. 65,8f; Plutarch, Plat.
quaest. 2,2,1001c. Dazu s. H. Dörrie, Präpositionen und Metaphysik, Wechselwirkung
zweier Prinzipienreihen, in : *Museum Helveticum* 26,1969, 217-228.

[3] Über die späteren philosophischen Schwierigkeiten damit s. bei Dörrie, Präpositionen
225f.

kannte, zeigt das von Origenes wörtlich angeführte Zitat aus seiner
Auslegung : "Der, der dem Demiurgen die Ursache ($\alpha i \tau i \alpha$) für das
Werden der Welt darbot, der Logos, war nicht der $\dot{\alpha}\phi$' $o\hat{\upsilon}$ oder $\dot{\upsilon}\phi$' $o\hat{\upsilon}$,
sondern der $\delta\iota$' $o\hat{\upsilon}$." (70, 25-27). Herakleon präzisiert also, ganz im
Sinne des platonischen "Sprachgebrauchs" : Der Logos ist nicht Urhe-
ber der Welt ($o\dot{\upsilon}$ $\tau\dot{o}\nu$ $\dot{\upsilon}\phi$' $o\hat{\upsilon}$), sie stammt auch nicht von ihm her
($\dot{\alpha}\phi$' $o\hat{\upsilon}$) — beides ist nicht möglich, weil die Welt ja "vollkommen
verdorben" ist —, sondern der Logos ist vermittelndes Werkzeug.
Wie das ? — Nun deswegen, weil die Welt, gerade weil sie schlecht
ist, nicht aus sich entstanden sein kann. Denn "der Teufel zeugt nicht"
(Frg 46). Es ist ein Charakteristikum nicht nur der Theologie Herakleons,
sondern auch anderer valentinianischer Gnostiker,[4] daß sie dem Bösen
schlechthin jede Wirkungskraft abschreiben. Aber auch der (psychische) Demiurg kann nicht aus sich heraus schaffen. Er braucht eine
$\alpha i \tau i \alpha$ (70, 25) — der Bezug auf Platon Tim. 29e ist deutlich —, die
höher ist als er selbst. Sie gewährt ihm der Logos,[5] sie muß ihm der
Logos gewähren, da Psychisches und Hylisches überhaupt nur hervorbringen können, weil ihnen die Kraft dazu durch den Logos vermittelt
wird.[6] Die Aussage, daß die Welt $\delta\iota$' $\alpha\dot{\upsilon}\tau o\hat{\upsilon}$ geworden sei, macht damit
angemessen klar, daß der Logos zwar letzte Ursache der Welt, nicht
aber letzte $\alpha i \tau i \alpha$ des Werdens überhaupt ist. Das ist selbstverständlich
Gott, auf den auch der $\alpha i \dot{\omega}\nu$ zurückzuführen ist.

Herakleon verdeutlicht damit an Joh. 1,3 die ontologischen Voraussetzungen seiner Theologie : Nur Gott und was von Gott stammt, hat
Zeugungskraft. Psychisches und Hylisches haben nur eine abgeleitete
Schaffenskraft. Daher kann das Nichts ($o\dot{\upsilon}\delta\dot{\epsilon}\nu$) als etwas definiert
werden, das seine "scheinbare Existenz" ($\tau\dot{\eta}\nu$ $\delta o\kappa o\hat{\upsilon}\sigma\alpha\nu$ $\sigma\dot{\upsilon}\sigma\tau\alpha\sigma\iota\nu$)
weder von Gott ($\dot{\upsilon}\pi\dot{o}$ $\theta\epsilon o\hat{\upsilon}$) noch durch den Logos ($\delta\iota\dot{\alpha}$ $\tau o\hat{\upsilon}$ $\lambda\dot{o}\gamma o\upsilon$) hat
(Orig. 68, 29-31, zu Joh 1,3 b).[7]

---

[4] Cf. Excerpta ex Theod. 55,3 (künftig abgekürzt : Exc.).

[5] Das ist auch für allgemein gnostisches bzw. valentinianisches Verständnis nicht
anstößig. Denn die Welt hat ja ihr Daseinsrecht darin, daß in ihr "das Psychische"
erzogen werden soll, wie es bei Irenäus 1,6,1, (künftig abgekürzt : Ir.) heißt. Was immer
das im einzelnen bedeuten mag, klar ist, daß die Welt ungeachtet der Tatsache, daß
sie an sich zu den $\phi\theta\epsilon\iota\rho\dot{o}\mu\epsilon\nu\alpha$ gehört, eine Funktion auf dem Wege zum Heil hat, weswegen sie mehrfach geradezu mit der $o i\kappa o\nu o\mu i\alpha$ in eins gesetzt wird (Ir. 1,7,4; 1,6,1).

[6] Vgl. dazu Exc. 55,3 : "Sein (Adams) Materielles ist fähig zum Zeugen und Gebären,
weil es mit dem Samen gemischt ist und sich in diesem Leben von dieser Verbindung
nicht losmachen kann".

[7] Das dargelegte Verhältnis von demiurgischem und eigentlichem Schöpfer bestätigt
sich in seinen Fragmenten noch mehrfach. In Frg. 22 wird Röm 1,25 mit Joh 1,3

Das zweite Fragment, das Herakleons Auslegung von Joh 1,4 enthält, schließt hier sachlich unmittelbar an. Wurde bisher die Beziehung von Logos und Welt behandelt, so wird jetzt die von Logos und Mensch dargelegt.

Origenes berichtet, Herakleon habe das ὃ γέγονεν ἐν αὐτῷ ζωὴ ἦν wegen des ἐν αὐτῷ auf die pneumatischen Menschen bezogen, gleichsam als ob er die Identität von Logos und Pneumatikern andeuten wolle, wenn er das auch nicht ausdrücklich sage. Origenes sieht also allein schon in der Tatsache, daß Herakleon Joh 1,4 in Zusammenhang mit den "pneumatischen Menschen" brachte, den Beweis, daß er von einer substantiellen Heilsgabe, die schon in der Schöpfung an die Pneumatiker verliehen wird, ausging. Meinte Herakleon das aber wirklich? Achten wir wieder auf die Präposition! ἐν αὐτῷ bezeichnet nach platonischer Schultradition das Urbild, nach dem etwas hergestellt wird.[8] "Was in ihm wurde, war Leben" besagt also, daß nur das, was nach dem Urbild des Logos wurde, Leben war — im Unterschied zu πάντα, das "durch ihn" wurde. Wenn Herakleon den Vers auf die pneumatischen Menschen bezieht, so macht er damit nur eine allgemeine Aussage über diese ἄνθρωποι πνευματικοί : sie sind Menschen, die Anteil am wirklichen Leben haben, am Leben, das ἐν αὐτῷ wurde, eine Definition, die in der Tat alle folgenden Fragmente bestätigen werden, die aber weder schon etwas über die Art, wie dieses wirkliche Leben gewonnen wird, besagt, noch auch eine Eingrenzung dieses Lebens auf eine ganz bestimmte Menschengruppe in sich schließt. Es wird lediglich das Beziehungsverhältnis deutlich gemacht : Pneumatiker haben Bezug zu jenem wahren Quell des Seins. Sie sind Pneumatiker, insofern sie aus der allein wirklichen ζωὴ leben.

Auch das folgende Zitat aus Herakleon, das Origenes anführt, besagt

---

kombiniert. Der "wahre Schöpfer" (κατ᾽ ἀλήθειαν κτίστης), dem man dienen soll, ist "Christus", durch den alles geworden ist (vgl. auch Ir. 1,4,5). In Frg. 36 legt Herakleon Joh 4,38 aus. Vom dort verwendeten Bild der Ernte schließt er auf den pneumatischen Samen zurück, der weder durch noch von (οὐ δι᾽ αὐτῶν οὐδὲ ἀπ᾽ αὐτῶν) den Aposteln gesät sei, sondern durch die Engel der Oikonomia als Mittler (cf. Gal 3,19) gesät und erzogen worden sei. Sie also seien es, die sich gemüht hätten (cf. Joh 4,38 : ὃ οὐχ ὑμεῖς κεκοπιάκατε · ἄλλοι κεκοπιάκασιν). Die Parallelen bei Irenäus und in den Exzerpten aus Theodot machen deutlich, was gemeint ist. Die Engel der Oikonomia, d.h. Mächte der demiurgischen, psychischen Welt, säen den pneumatischen Samen, der ihnen von der pneumatischen Mutter (ὑπό) übergeben ist, damit er in dieser Welt wachse (vgl. Irenäus 1,5,6 : Vö. 111,16f; Exc. 53,2f. : Vö. 111,9f.). Auch hier liegt die gleiche Vorstellung zugrunde.

[8] Vgl. Seneca, ep. 65,8f.

nichts über eine prädestinatianische Erwählung bestimmter Menschen schon in der Schöpfung — und wird auch von Origenes nicht in diesem Sinne verstanden.[9] "Er selbst (der Logos) gewährte (cf. 70,25) ihnen (den pneumatischen Menschen) die erste Gestaltung des Werdens, indem er das, was von einem andern gesät war, zur Gestalt, zur Erleuchtung und zur eigenen Umgrenzung führte und aufwies" (77, 27-30).

Es geht aus diesem Satz nicht sicher hervor, wann und wie der Pneumatiker diese Gestaltwerdung erfährt. Herakleon bezieht sich hier offensichtlich auf den valentinianischen Mythos. Danach wurde bei der Schaffung des Menschen dem psychischen Gebilde des Demiurgen ohne dessen Wissen ein pneumatischer Same eingesät.[10] Es ist nicht mit letzter Sicherheit zu entscheiden, ob Herakleon nur diesen Vorgang der mythischen Schöpfung selbst meint, bei der dann das, "was von einem andern", nämlich Gott selbst, "gesät war", durch den Logos in der gerade geschaffenen Seele des Menschen gestaltet wurde, oder, was mir wahrscheinlicher ist, ob Herakleon jene Gestaltwerdung meint, derer der pneumatische Same in dieser Welt nach dem valentinianischen Mythos noch bedarf.[11] Daß Herakleon diese Gestaltwerdung, die in der Welt durch die Begegnung mit dem Logos Christus geschieht, kannte und in den Mittelpunkt seiner Theologie stellte, wird die Interpretation der folgenden Fragmente vielfältig erweisen. Unbezweifelbar ist jedenfalls, daß diese Gestaltwerdung, wann immer sie anzusetzen sei, reine Gabe und Gnade ist. Damit befindet sich Herakleon im Gegensatz zu Origenes.

Unbezweifelbar scheint mir aber auch zu sein, daß die Einsaat des pneumatischen Samens keineswegs nur auf eine bestimmte Gruppe von Menschen beschränkt ist, sondern grundsätzlich dem Menschen

---

[9] Origenes verwahrt sich in seinem Kommentar zu Herakleons Auslegung lebhaft dagegen, daß der Mensch schon in der Schöpfung pneumatischen Samen erhalten haben soll. Für ihn wird der Mensch zunächst nur in Seele oder Leib oder auch in beidem geformt, nicht aber in dem, was göttlicher als diese ist, im Geist. Ein Pneumatiker kann der Mensch daher nur nach stufenweiser, allmählicher Anteilhabe am Geist genannt werden. Denn ein Pneumatiker ist "mehr als ein Mensch" (77,30-78,9). Origenes steht damit der Theologie Herakleons, die alles auf Gnade und Erwählung abstellt, verständnislos gegenüber (s. aber unten S. 180 Anm. 67). Vgl. auch Origenes' lange Beweisführung gegen die Möglichkeit, das Heil οὐσιωδῶς zu besitzen (75,8ff), die er, wie mir scheint zu Unrecht, als das Zentrum der Heilslehre Herakleons betrachtet.

[10] Vgl. Ir. 1,5,6 und Exc. 53,2 .

[11] Vgl. Ir. 1,6,1 (Vö. 112,12ff.). Vgl. auch Ir. 1,7,1 (Vö. 117,15f.): der Same muß "vervollkommnet" werden; s. dazu auch Ir. 1,6,1 (Vö. 114,5ff.).

als Menschen gilt. Das folgt schon daraus, daß doch auch im Mythos von der Schaffung des Menschen schlechthin die Rede ist.[12] Zu diesem Menschen gehört der pneumatische Same. Ohne ihn kann sich das psychische Gebilde des Demiurgen, wie auch nicht-valentinianische gnostische Mythen sehr anschaulich verdeutlichen, nicht "bewegen".[13]

Daß der Mensch mit dem "pneumatischen Samen" schon in der Schöpfung Anteil am Quell alles Seins und aller Zeugungsfähigkeit erhält (und erst dadurch selbst lebens- und zeugungsfähig wird), zeichnet ihn vor der Welt aus. Schon der mythische Schöpfungsbericht bekundet also die Erwählung des Menschengeschlechtes. Nur weil der Mensch in dieser Weise "erwählt" ist, vermag er überhaupt zu leben. Das heißt allerdings nicht, daß das Heil damit schon gewonnen wäre. Schon der Mythos weiß ja davon, daß der Same "gestaltet" und "erzogen" werden muß. Das besagt in nicht-mythischer Sprache, daß der Logos in jedem einzelnen Menschen zum Bewußtsein, zur Stufe klarer Erkenntnis kommen muß. Von der Art, wie das geschieht, redet Herakleons gesamte Auslegung des Johannes-Evangeliums.

> Über Herakleons Auslegung des weiteren Prologs ist uns nichts bekannt. Es gibt aber einen gewissen Hinweis auf sein Verständnis von Joh. 1,5. Origenes stellt nämlich schon vor dem Zitat der Auslegung Herakleons von 1,4 die Behauptung auf, daß keine "Dunkelheit" der Menschen und kein Tod von Natur (φύσει) seien (77,37), daß vielmehr nur der, der die Werke des Todes tut, in der Dunkelheit ist. Er belegt das mit Eph 5,8 "Wir waren einst Dunkelheit, jetzt aber Licht im Herrn", woraus im Gegensatz zur Meinung der Gnostiker deutlich hervorgehe, daß jede Dunkelheit (πᾶν σκότος) fähig sei, Licht zu werden (77,12).
>
> Diesen Satz könnten die Gnostiker in der Tat nicht unterschreiben. Denn Dunkelheit ist das, was nicht im Logos geworden ist, also alles Geschaffene an sich. Insofern kann die Finsternis es (das Licht) nicht ergreifen (cf. Joh 1,5). Aber bezieht Origenes diese Aussage des Prologs zu Recht auch auf die Menschen? Ist diese grundsätzliche Dunkelheit tatsächlich die Natur derer, die verloren gehen, wie Origenes bei Herakleon voraussetzt (77,13ff)? Das ist die entscheidende Frage. Die Antwort darauf, die Origenes dem Herakleon unterstellt, ist von vornherein deswegen nicht wahrscheinlich, weil nach Joh 1,4 das, was nach des Logos Urbild geworden ist, Leben, und dieses Leben das Licht *der* Menschen war. Die Menschen also scheinen durch die Gabe des Logos ausgenommen von der grundsätzlichen Dunkelheit des πάντα.

2. Johannes der Täufer

Die Aussagen Herakleons über Johannes den Täufer, über die

---

[12] Andernfalls wäre doch wohl im Mythos ein Bericht über die spezielle Schöpfung eines "psychischen" oder "hylischen" Menschen im Vollsinne des Wortes zu erwarten, was aber niemals der Fall ist.

[13] Vgl. als ein Beispiel von vielen das Apokryphon des Johannes BG 50,15 und 67,4f.

Origenes verhältnismäßig ausführlich berichtet (8 Fragmente), ergänzen die Auslegung des Prologs.

Herakleon geht bei seiner Interpretation von der merkwürdigen Ambivalenz aus, die das Wesen des Täufers ausmacht. Der Soter (Frg 5) bezeichnet ihn einerseits als Propheten und als Elia, andererseits als "größer als einen Propheten" (Mt 11,9ff parr.). Herakleon erklärt dazu, die Angabe, daß der Täufer Prophet sei, sage nichts über ihn, sondern nur über das "um ihn" aus, die Bezeichnung "größer als ein Prophet" kennzeichne Johannes selbst. Er selbst ist Johannes nur insofern, als er von Christus kündet, als er die φωνὴ βοῶντος ἐν τῇ ἐρήμῳ (Joh 1,23) ist.

Bei der Exegese dieses Verses hat die patristische Tradition mehrfach in der φωνή einen bewußten Gegensatz zum λόγος gesehen.[14] Herakleon unterscheidet noch weiter zwischen λόγος, φωνή und ἦχος (Frg 5), zwischen Wort, Stimme und leerem Klang, und sieht darin den Soter, Johannes und die vorchristlichen Propheten angedeutet. Die vorchristliche Menschheit einschließlich ihrer Propheten ist nur unartikulierter Schall; erst Johannes, der einerseits noch zu ihnen gehört, wird andererseits zur artikulierten Stimme, indem er von Christus kündet. Nur um des Christuszeugnisses willen, zu dem er von Gott gesandt ist, ist er mehr als die vorchristlichen Propheten. Aber auch er ist noch nicht "Wort". Denn erst die sich von der "Stimme" zum "Wort" wandelnde φωνή, d.h. erst die zum "Bewußtsein" (λόγος) kommende Stimme, ist "Jünger", d.h. pneumatischer Mensch. Der sich nur zur Stimme wandelnde Schall hat dagegen nur die Stellung eines Knechtes inne; immerhin ist auch diese Wandlung möglich, und zwar wiederum in der Begegnung mit Christus, wie an Johannes gezeigt wird, der von dem leeren Schall eines Propheten sich wandelt zur Stimme dessen, der Christus verkündigt.

Johannes ist Symbol für den Demiurgen (Frg 8 Ende, s. auch Frg 5 "aus dem Stamm Levi", dazu Frg 13); er selbst bekennt, nicht würdig zu sein, den Riemen der Sandalen des Christus zu lösen (Joh 1,26, Frg 8). Herakleon deutet (mit Zustimmung des Origenes!) die Sandale auf das Fleisch, das Jesus annimmt, bzw. auf die Welt. Das Bekenntnis des Täufers meint daher, daß er über das Fleisch keine "Rechenschaft ablegen", noch der Welt "Anordnung" (οἰκονομία) auflösen könne.[15]

---

[14] Vgl. z.B. Augustin, serm. 293,3 "Johannes vox ad tempus, Christus verbum in principio aeternum".

[15] Vgl. Valentin, Frg 4 (Vö. 58,26-28), als Kennzeichen der Pneumatiker: "wenn ihr die Welt auflöst und selbst nicht aufgelöst werdet, seid ihr Herren über die ganze

Das heißt nichts anderes, als daß Johannes den wahren Urheber des Seins nicht erkannt, die im Prolog geschilderten Zusammenhänge nicht begriffen hat. Deshalb steht er für den Demiurgen, deshalb charakterisiert er den psychischen Menschen. Ein Psychiker ist also, wer die οἰκονομία der Welt nicht durchschaut, wer nicht die letzte Ursache dieser Welt und den Quell eigentlichen Lebens erkannt hat. Dieses Erkennen allein macht den "Jünger", den Pneumatiker aus. Es ist deshalb einsichtig, daß diese Erkenntnis nicht durch eigene Anstrengung erworben werden kann — die Origenes als grundlegend für das Werden zum Pneumatiker ansieht —, sondern nur in der Begegnung mit dem Logos, dem Leben selbst.

Diese pneumatische Erkenntnis hat Johannes, der Täufer, nicht. Deshalb spricht ihm auch Herakleon ausdrücklich die Aussage von Joh 1,18 "Niemand hat Gott je gesehen ..." ab. Dies sei nicht vom "Täufer", sondern vom "Jünger" gesagt (Frg 3), d.h. vom Jünger Johannes.

Origenes liefert dazu einen bezeichnenden Kommentar. Er nennt es inkonsequent, daß der, dem die Aussage der Verse 1,16 und 17 zugeschrieben wird, der Täufer, nicht auch "dank der Gaben, die ihm aus der Fülle zugekommen sind, verstanden haben sollte" (109,10f.), daß "Gott niemand je gesehen hat" und daß "der Eingeborene, der im Schoß des Vaters ist, ihm und allen, die aus der Fülle empfangen haben, Kunde davon gebracht hat". Origenes verwahrt sich daher mit Leidenschaft gegen die Annahme, daß "jetzt zum ersten Mal" (νῦν πρῶτον 109,15) [16] der, der im Schoße des Vaters ist, Kunde gebracht haben soll, so "als ob niemand vorher fähig gewesen wäre (οὐδενὸς ἐπιτηδείου πρότερον γεγενημένου) aufzunehmen, was er den Aposteln verkündete" (109,15f.). Vielmehr hätten auch schon die vorchristlichen Propheten ihre Gabe von der Fülle Christi (des Logos) empfangen, denn auch sie seien, vom Geist geführt, nach ihrer Einführung durch τύποι, zur Schau

---

Schöpfung und die ganze Vergänglichkeit". Eben die erreicht Johannes, der Täufer, nicht (und kann es als vorchristlicher Mensch nicht).

[16] Das νῦν πρῶτον scheint ebenso wie das Folgende Zitat bzw. Paraphrase der Ausdrucksweise Herakleons zu sein. So übernimmt Origenes auch in 111,32ff das Zitat von Eph 3,5f. ἑτέραις γενεαῖς οὐκ ἐγνωρίσθη τοῖς υἱοῖς τῶν ἀνθρώπων ὡς νῦν ἀπεκαλύφθη τοῖς ἁγίοις ἀποστόλοις αὐτοῦ καὶ προφήταις ἐν πνεύματι ... von den Valentinianern, die offenbar damit bewiesen hatten, daß erst *jetzt* die "pneumatische" Offenbarung möglich sei. (Origenes versucht dagegen, die in Christus geschehene Offenbarung nur als Realisation des schon vorher Erkannten darzustellen). Vgl. dazu auch Frg 46, p. 360,2ff : "Kinder des Teufels nennt er (Herakleon) sie (d.h. die Juden von Joh 8,44) *jetzt* (νῦν), nicht weil der Teufel jemanden zeugt (s. dazu oben S. 152), sondern weil sie die Werke des Teufels taten und sich ihm (dadurch) anglichen". Erst "jetzt" also, d.h. nach Christus, kann man Kind des Teufels werden, weil jetzt erst die Offenbarung da ist, der sich die Juden entziehen, obwohl sie "Kinder der Verheißung" (Gal 4,23), d.h. "eigentlich" Pneumatiker sind (vgl. Exc. 56,5 und Frg 23a).

der Wahrheit gelangt (109,21ff). Auch sie seien von Christus belehrt worden, und zwar "bevor er Fleisch wurde" (110,17f), auch sie hatten daher Anteil an dem (μετεῖχον), der sagt "ich bin das Leben", auch sie "lebten" daher im eigentlichen Sinn (110,18f)[17].

Dieser ausführliche Kommentar zu dem kurzen Zitat aus Herakleon (Frg 3), wird meist nicht beachtet, hilft aber wesentlich zur Klärung der gesamten Exegese der Täufergeschichte durch ihn. Denn wer sonst als Herakleon und andere valentinianische Gnostiker mit ihm hätte behaupten sollen, daß "niemand vorher (d.h. vor Christus) fähig gewesen wäre aufzunehmen, was Christus den Aposteln verkündete"?[18] Nach Herakleons Ansicht ist also erst durch Christus die Erkenntnis möglich, die zum Pneumatiker macht. Vor Christus gibt es keine Pneumatiker, weil vor Christus die Menschen nicht fähig waren,[19] die Kenntnis von ihm aufzunehmen. Weil sie "von Natur" nicht fähig waren ? — Kaum, denn sie werden es ja in der Begegnung mit Christus, ohne daß ihre Natur verändert würde.

Parallel dazu weist Origenes Herakleons Auslegung von Joh 1,26 "mitten unter euch steht ..." zurück. Herakleon hatte den Satz paraphrasiert mit "er ist schon da und ist in der Welt und in den Menschen und bereits euch allen offenbar" (Frg. 8; 147,13ff.). "Euch allen" wird übrigens zu den Pharisäern gesagt, die keineswegs die Pneumatiker, wahrscheinlich sogar die Choiker repräsentieren (vgl. Frg 6 Ende und unten S. 177f). Potentiell ist also der Logos für alle offenbar. Denn alle sind ja in der Schöpfung mit pneumatischem Samen begabt worden.

Origenes widerlegt diese Auslegung mit einer stoisierenden Argumentation (vgl. schon VI 28). Für ihn zeigt das μέσος ὑμῶν στήκει nur an, daß der Logos schon immer die gesamte Schöpfung durchdrungen habe und durchdringe (πεφοίτηκεν 146,15f.), daß er daher also "mitten unter euch steht", unter euch, die ihr vernünftige Wesen (λογικοί 146,23) seid. Deshalb sei Herakleons Auslegung "er ist *schon* da" abzulehnen, da es tatsächlich keine Zeit gegeben habe, in der der Logos nicht da war und nicht in der Welt war (147,17ff.). Man könnte hier fast meinen, die Argumentationen beider Theologen seien zu vertauschen. Die des Origenes könnte die eines Gnostikers sein. Daran wird deutlich, mit welcher Konsequenz Herakleon alles auf die Erscheinung Christi abgestellt hat. Daran zeigt sich aber auch, wie

---

[17] Vgl. auch Origenes' Zusammenfassung des hier Dargelegten 111,18 ff.

[18] Vgl. ähnlich 111,1 ff. Origenes weist die Meinung derer zurück, die die Propheten nicht als σοφοί ansahen, als ob sie nicht verstanden hätten, was sie "mit ihrem eigenen Mund" (cf. Prov. 16,23) sagten.

[19] ἐπιτήδειοι, vgl. dazu Frg 32 : Zu Joh 4,35, die Pneumatiker sind bereit zur Ernte und fähig (ἐπιτήδειοι), in die Scheuer gebracht zu werden.

nahe beide Theologen einander sind. Beide nehmen eine schöpfungsmäßige Anteil-
nahme am Logos an, aber der Gnostiker, nicht der großkirchliche Theologe ist es,
der die Wirkung dieser Schöpfungsgabe ausschließlich abhängig macht von ihrer
Aktualisierung in Christus. Das ist eine unabdingbare Voraussetzung zum Verständnis des gnostischen Theologen.

Schließlich sei noch hingewiesen auf Frg 10, in dem wieder die
bemerkenswerte Ambivalenz des Täufers zum Ausdruck kommt.
Den Ausruf "Siehe, das Lamm Gottes, das die Sünde der Welt trägt"
läßt Herakleon Ausdruck der verschiedenen Aspekte des Täufers sein.
"Siehe, das Lamm Gottes" sagt nur der Prophet, denn dieser Ausspruch bezieht sich lediglich auf Jesu Leib, der als Lamm, nicht
etwa als Widder bezeichnet sei, weil damit die Unvollkommenheit des
Leibes im Vergleich zu dem, der ihm einwohne, verdeutlicht würde.
Den Leib Jesu kann auch ein Prophet erkennen. Nicht erkennen kann
er Wesen und Funktion dessen, der in ihm wohnt. Wenn Johannes
als "mehr als ein Prophet" sie angibt mit "der die Sünde der Welt
trägt", so scheint damit fast schon jene "Auflösung der Oikonomia"
der Welt gegeben, von der Johannes vorher bekannt hatte, daß er
sie nicht leisten könne (Frg. 8). Herakleon muß einen Unterschied
gesehen haben. Er wird später bei der Auslegung der Geschichte des
königlichen Beamten deutlich werden (Frg. 40): Die (psychische)
Einsicht, daß der Soter die Sünde der Welt trägt, rettet zwar, ist aber
noch nicht die letzte "pneumatische" Erkenntnis, die in Christus den
Logos Gottes erkennt und dementsprechend ihn "im Geist und in der
Wahrheit" anbetet (Frg. 22).[20]

Der Täuferepisode kommt maßgebliche Bedeutung für die Rekonstruktion des Denkens des Theologen Herakleon zu. Sie lehrt nicht
nur die entscheidende Bedeutung, die Herakleon Christus, und zwar
dem in dieser Welt erschienenen Christus, zumaß, sondern sie gibt
auch einen ersten Hinweis für die Bedeutung der Termini pneumatisch
und psychisch, die beide nur im Zusammenhang mit dem Christus-
ereignis ihren Sinn bekommen und ein unterschiedliches Verständnis
dieses Christusereignisses umschreiben. Damit ist schließlich auch eine

---

[20] Auch hier ist Origenes dem Herakleon sehr nah. Beide sind durch und durch
Griechen, denen die Erkenntnis Gottes als schlechthin Höchstes gilt. Zwar nicht in der
Auslegung zu dieser Stelle, aber sonst, wie bekannt, mehrfach unterscheidet auch
Origenes in ganz ähnlicher Weise zwischen denen, die erkennen und denen, die "nichts
kennen als Jesus Christus, und zwar den gekreuzigten", d.h. denen, die Christus "nur
dem Fleische nach" kennen, d.i. der großen Masse der Gläubigen, Joh. Komm. II 3;
56,29ff.

Aussage über die vorchristliche Menschheit gegeben, die qua definitione
weder "psychisch" noch "pneumatisch" sein kann.

Nach der Behandlung der Täuferstellen gibt Origenes erst wieder einige kurze
Hinweise zu Herakleons Auslegung von Joh 2,12ff. Ihre Besprechung sei hier ange-
schlossen. Zunächst wird das "Hinabsteigen" Jesu nach Kapernaum (2,12) allegorisch ausgelegt. Es bedeute, daß der Soter zu den äußersten Grenzen der Welt,
zum Hylischen, hinabgestiegen sei [21]. Weil ihm das "fremd" war (ἀνοίκειον 180,22),
werde nicht berichtet, daß er dort irgendwas getan oder gesagt habe (schon in 2,13
heißt es, Jesus sei nach Jerusalem hinaufgezogen). Sachlich ergibt das nichts Neues.
Wir wissen ja bereits, daß "die Finsternis", das Hylische als Nichtseiendes, ihm,
dem Seienden, fremd ist [22]. Charakteristisch ist nur des Origenes Widerlegung dieser
Exegese. Auch er faßt den Satz allegorisch auf : Für ihn ist damit gesagt, daß Jesus
zu den schlichten Christen hinabsteigt, die seine Gegenwart "nicht viele Tage"
ertragen können (s. II 9f). An Herakleons Auslegung stört seinen systematischen
Sinn, daß in den anderen Evangelien durchaus von Taten und Worten Jesu in
Kapernaum berichtet wird (180,24-27), er führt deshalb eine lange Belegreihe
dafür an (II 11.) Das macht den Unterschied in der Auslegungsweise beider Theologen
sehr deutlich : sie wenden beide die allegorische Methode an. Aber Herakleon
verzichtet auf die Systematik des Origenes, die diesem die Auslegung erst zur
Wissenschaft erhebt. Herakleon verzichtet allem Anschein nach bewußt darauf;
nicht eine Systematik der Auslegung des gesamten Evangelienkorpus strebt er an,
sondern ein Durchsichtigmachen einzelner Passagen als Bilder für das, was wahr ist.
Sonst hätte er nicht in der Auslegung der Geschichte vom königlichen Beamten in
Kapernaum (Joh 4,46 ff, Frg. 40) seiner eigenen Auslegung in Frg. 11 widersprechen
können. Die Schwierigkeit bei der Interpretation gnostischer Auslegungen liegt
eben darin, daß gleiche Termini und Situationen der Schrift nicht immer als Symbole
im selben Sinn verstanden werden, sondern durchaus entgegengesetzte Bedeutung
haben können.

Nach dem Text des Johannes-Evangeliums steigt Jesus dann nach Jerusalem
hinauf, weil das "Passa der Juden" nahe war (2,13). Anders als Origenes, der den
Ton auf den Zusatz "der Juden" legt und davon das wahre Passa "im Geist und in
der Wahrheit" unterscheidet, beachtet Herakleon diesen Zusatz nicht, sondern
sieht im Passa einen Hinweis auf das Leiden des Soter, das notwendig ist, weil nur
nach dem Verzehr des geschlachteten Schafes die "Ruhe bei der Hochzeit" eintre-
ten kann. Auch hier finden wir wieder einen Hinweis auf die unabdingbare
Bedeutung Christi.

3. Die Austreibung aus dem Tempel

In der Auslegung der Austreibung aus dem Tempel (Frg. 13-16) legt
Herakleon größten Wert auf die Topographie. Er sieht die ganze

---

[21] Eine etwas andere Deutung von Kapernaum in Frg. 40. Es bedeutet dort den
"untersten Teil der Mitte, die am Meer liegt, d.h. der an die Hyle grenzt", d.h. also noch
einen "psychischen" Bereich. Herakleon ist hier, wie sonst auch, durchaus nicht immer
konsequent in seinen Deutungen, und das gerade wirft ihm Origenes vor.

[22] Vgl. Orig. Joh-Komm. II 13.

Perikope in enger Parallele zu Hebr 9,6ff. (Frg. 13, p. 206,32) unp bezieht dementsprechend das in V.14 so bezeichnete ἱερόν (Herakleon merkt an, daß nicht der Terminus ναός gewählt sei) auf das Allerheiligste (vgl. Hebr. 9,7), von dem er den Vorhof unterscheidet. Das Allerheiligste ist Sinnbild für das wahrhaft Seiende. Es kann daher als Symbol für das Pleroma, für den pneumatischen Samen oder aber im übertragenen Sinne für den Menschen, der mit diesem Samen begabt ist, benutzt werden. Im letzten Sinne wird es in Frg. 13 verwandt. Die Viehverkäufer und Geldwechsler, die in das ἱερὸν eingedrungen sind, symbolisieren dann die Situation dieses Menschen in der Welt — und d.h. grundsätzlich die jedes Menschen. Er erhielt sein ἱερὸν nicht rein, sondern ließ "Fremde" (207,5) in es eindringen, ließ also seine Gabe verkümmern. Jesus — und es ist zu betonen, erst Jesus und nur Jesus — treibt die Fremden heraus. Die Geißel ist Bild der Kraft und Wirkung des Heiligen Geistes, der "die Bösen herausbläst" (207,11). [23] Die Geißel ist darüber hinaus, weil an ein Holz gebunden, Typus des Kreuzes, das alle κακία zum Schwinden bringt. Durch die Kraft von Kreuz und Geist wird daher "die Gemeinde bereitet", wird aus der Höhle von Räubern und Händlern, die der Mensch vor Christus darstellt, das Haus des Vaters (207,20ff.) Die Parallele zu Valentin, der das Herz mit einer von üblen Rauf- und Trunkenbolden besudelten Herberge verglich, ist deutlich (Frg. 2). Hier wie dort kommt die Rettung allein von dem Soter (bzw. dem Vater), ohne den das Herz nichts als eine wüste Höhle bleiben müßte.

Die Hauptschwierigkeit des Fragments liegt nicht hier, sondern in seinen Angaben über die Psychiker; nahezu einhellig wird in der Literatur, wenn ich richtig sehe, dieses Frg. 13 als ein Hauptbeleg für die Naturenlehre Herakleons gewertet. Das geschieht um zweier Aussagen willen :

1. Die Psychiker haben eine andere Enderwartung als die Pneumatiker. Sie gehen nicht ins Pleroma ein, sondern erlangen ihre Rettung im Vorhof.

2. Herakleon kann geradezu formulieren : "die Berufung" (Synonym für Psychiker), "die ohne den Geist" (τὴν κλῆσιν ... τὴν χωρὶς πνεύματος), erfahre vom Herrn Hilfe. [24]

---

[23] Vgl. Exc. 3,2 "Nach der Auferstehung, als er den Geist den Aposteln einblies, hat er das Choische wie Asche weggeblasen".

[24] Im Zusammenhang des Fragments hat diese Bemerkung den Sinn, einer in gnostischen Kreisen offenbar verbreiteten Ansicht entgegenzutreten, nach der nur die Psychiker, nicht die Pneumatiker der Hilfe des Herrn bedürfen.

Aus beiden Aussagen ist nach der communis opinio zu entnehmen,
daß Psychiker Menschen seien, die "von Natur" nicht mit der Gabe des
Geistes beschenkt seien und die deshalb, weil "ohne den Geist", ihre
Rettung nur außerhalb des Pleromas erfahren könnten. Mir scheint
dagegen eine solche schon mit der Schöpfung festgelegte Prädestination
nicht aus den Aussagen des Frg. 13 erschlossen werden zu müssen,
und zwar um einiger anderer Fragmente willen (27, 37, 39), deren
diesbezügliche Aussagen hier schon besprochen werden müssen.

Nach Frg. 27 geht die Samaritanerin, nachdem sie den Soter "erkannt" hat, d.h. bewußte Pneumatikerin geworden ist (vgl. Frg. 26), in
die Welt zurück, um der "Berufung" die παρουσία Christi (255, 17f.,
vgl. Frg. 8 ἤδη πάρεστιν ... 147,14) zu verkünden (εὐαγγελιζομένη).
"Denn", so fährt Herakleon fort, "durch den Geist" (διὰ τοῦ πνεύματος,
vermittelndes Werkzeug in Gestalt der pneumatischen Samaritanerin)
"und von dem Geist" (ὑπὸ τοῦ πνεύματος, letzter Urheber ist der Geist,
d.h. Gott selbst) "wird die Seele zum Soter geführt" (255, 18f)[25]. Es
wird exegetisch kaum zu bezweifeln sein, daß hier "die Seele" ein
Synonym für die im vorhergehenden Satz erwähnte "Berufung", d.h.
die Psychiker, ist. Das impliziert aber, daß die "Berufung" durchaus
durch den Geist zum Soter geführt werden kann, und zwar so, daß
sie erkennt (cf. Frg. 39). Der Psychiker "ohne den Geist" (Frg. 13)
wäre dann der, der noch nicht zum Soter geführt, und zwar in dieser
speziellen und eigentlichen Weise geführt ist. Er kann, wie Frg. 13
besagt, eine Hilfe vom Soter erfahren, ohne daß er erkennt. Aufgabe
und Ziel der Pneumatiker in dieser Welt ist es aber offensichtlich, die
Psychiker zur eigentlichen Erkenntnis des Herrn zu führen, d.h. zu
einer Erkenntnis, die der eigenen gleich ist. Die Pneumatiker leisten
dabei nur Vermittlungsdienst, Urheber ist Gott selbst. Ist er gebunden
durch seine eigene Auswahl, die er mit der Gabe des Pneumas schon
bei der Schöpfung vornahm ? — Offensichtlich nicht. Denn Herakleon
sagt es deutlich : "einige werden soeben gesät" (Frg. 32).[26]

Der Psychiker wäre demnach der Mensch, der den Geist (noch)
nicht hat, der aber "berufen" ist, d.h. der, an den sich die Botschaft
von der παρουσία Christi wendet, und der daher entweder vom Geist
zum Soter geführt werden, d.h. pneumatisch Gott erkennen kann,

---

[25] Daraus ergibt sich, daß in Frg. 13 tatsächlich τὴν χωρὶς πνεύματος zu κλῆσιν
gezogen werden muß, also : die "Berufung ohne den Geist". Sonst ergäbe sich ein
Widerspruch zu Frg. 27. Sachlich ist es aber auch vom folgenden nicht streng zu trennen,
s. dazu unten S. 177ff.

[26] Vgl. dazu unten S. 171.

oder vom Soter (nur) Hilfe erfahren kann. Der Terminus "Berufung" ist also offensichtlich in einem weiteren und einem engeren Sinne anwendbar. In der ersten Bedeutung meint er den Menschen vor der Begegnung mit Christus, umfaßt also sowohl die potentiellen Pneumatiker als auch die potentiellen Psychiker (im engeren Sinn).[27] In der zweiten Bedeutung bezeichnet er jene, von denen sich *in* der Begegnung mit Christus bzw. den ihn vertretenden Pneumatikern erweist, daß sie den Soter nicht erkennen. In ihnen wird daher der Geist nicht gezeugt. Sie können nur "ohne den Geist" eine Hilfe erfahren.

Die hier vorgetragene Deutung der "Berufenen" ist ein Versuch, die verschiedenartigen Zeugnisse miteinander zu kombinieren. Wie immer man dazu stehen mag, eine starre Festlegung der "Berufenen" auf die Psychiker "ohne Geist" als die nicht in der Schöpfung mit dem Geist Begabten ist keinesfalls möglich.[28]

Das zeigen auch andere valentinianische Zeugnisse : Die Exzerpte aus Theodot deuten Gen 1,27 κατ᾽ εἰκόνα θεοῦ ἐποίησεν αὐτούς, ἄρσεν καὶ θῆλυ auf die "schönste Hervorbringung" der Sophia (21,1 ff; offensichtlich, in leichter Abänderung von Ptolemäus, eine Kombination von Ir. 1,2,5 bzw. 6 Ende mit Ir. 1,4,5 Ende, vgl. dazu auch Blancs Edition des Joh. Komm. p. 99 Anm. 1). Das "Männliche" bezeichnet dabei die ἐκλογή, d.h. jenes Engelhafte, das von vornherein mit dem "Logos zusammengezogen" (21,3) im Pleroma verbleibt; das "Weibliche" aber, die κλῆσις, seien die Gnostiker selbst, der ausgezeichnete Same. Dieses "Weibliche", "Berufene", müsse "männlich" werden, d.h. mit den Engeln — hier offensichtlich verstanden

---

[27] An die Berufenen in diesem Sinne wendet sich die Mission der Samaritanerin, nachdem sie den Soter erkannt hat (Frg. 27 und 39). Sie sind vor ihrer Begegnung mit dem Soter nicht als künftige Pneumatiker oder Psychiker unterscheidbar. Vgl. dazu das eindrückliche Logion 56 des Phil. Ev. und auch die Exc. 79 "Solange der Same" (immer Terminus für den pneumatischen Samen) "noch ungestalt (ἀμόρφωτον) ist, ist er Kind des Weiblichen. Wenn er gestaltet ist (μορφωθέν), wurde er umgewandelt in einen Mann und wird Sohn der Braut. Nicht mehr schwach und den sichtbaren und unsichtbaren Kosmischen unterworfen, sondern Mann geworden, wird er eine männliche Frucht". Damit ist die Wandlung des Samens von seinem Zustand vor Christus (ἀμόρφωτον) zu dem nach Christus (μορφωθέν) beschrieben.

[28] Vgl. auch Frg. 37 und Exc. 36,2. Der hier verwandte Terminus "viele" ist, wie meist mißverstanden wird, nicht oder nicht ausschließlich auf die zahlenmäßige Vielheit der Psychiker zu beziehen, sondern "viel", d.h. nicht mehr "eins" ist der göttliche Same geworden, als er aus dem Pleroma herausfiel, er wird "eins", sobald dieser Fall durch die Erkenntnis des Soters aufgehoben ist; auch die Samaritanerin ist "viele", bevor sie Jesus traf, und wird "eine," nachdem sie ihn erkannt hat. An dem Terminus "viele" läßt sich vielleicht am besten erläutern, warum die Psychiker nicht eine vorher determinierte Gruppe, sondern ein Sammelbegriff für verschiedene menschliche Möglichkeiten sind. Denn "viel" ist alles, was nicht mehr "eins" ist, was in dieser Welt und von dieser Welt, die "viel" ist, gefangen ist. An das, was "viel" ist, muß sich daher die Mission der Pneumatiker wenden, um daraus das "Eine" herauszulösen.

als die Paargenossen der Pneumatiker im Pleroma — sich vereinen und in das Pleroma eingehen.[29] Hier ist also eindeutig unter der "Berufung" das mit pneumatischem Samen Begabte verstanden, das aber in dieser Welt "tot" ist (22,2), weil es von den ihm zugehörigen Engeln, d.h. dem Pleroma als dem Quell des Lebens, getrennt ist, und das daher von jenem wahrhaft Lebendigen, nicht aus eigener Kraft, wieder "auferweckt" (22,3) werden und damit dem ihm zugehörigen "Männlichen" wiedergebracht werden muß.

Schließlich noch ein Letztes zur gnostischen Prädestinationslehre. Sie soll mit den bisherigen Ausführungen nicht geleugnet werden. Zweifellos glaubt der einzelne Pneumatiker, dies aufgrund persönlicher Erwählung zu sein, und damit ist auch schon der Beweggrund der gnostischen Prädestinationslehre angegeben : sie demonstriert, daß der einzelne Pneumatiker ausschließlich aufgrund gnädiger Gabe Pneumatiker ist. Daraus folgt jedoch nicht eine unabänderliche Determination schon in der Schöpfung, wie die Fragmente 32 und 35 lehren. In Auslegung von Joh. 4,36f stellt Herakleon fest, daß "in der Gegenwart" (ἐπὶ ... τοῦ παρόντος) gesät *und* geerntet wird (276,27 ; Frg. 35). Das Bild der Saat bezeichnet, wie die Fortsetzung des Fragmentes zeigt, die Gabe des pneumatischen Samens. Sie ist also nicht an die Schöpfung gebunden, sondern kann auch noch "in der Gegenwart" erfolgen. "Einige werden soeben gesät" (267,15 ; Frg. 32).[30]

Mit dieser möglicherweise die Logik nicht voll befriedigenden Auskunft trägt Herakleon dem doppelten Anliegen seiner Erwählungslehre Rechnung, daß einerseits von Prädestination geredet werden muß, um den ausschließlich gnadenhaften Charakter der Erwählung gegenüber jedem Mißverständnis zu sichern, daß andererseits aber die Prädestination nicht auf einen bestimmten Zeitpunkt festgelegt werden darf, um die vollkommene Freiheit der Erwählungstat Gottes und die Bedeutung der Erscheinung seines Christus nicht zu beeinträchtigen.

Diese bisher nur theoretisch und in Umrissen angedeutete Erwählungslehre entfaltet Herakleon im folgenden an einzelnen praktischen Beispielen. In der Geschichte von der Samaritanerin (Joh. 4,5-42), dem Hauptmann von Kapernaum (Joh. 4, 46-53) und Jesu Konfrontation mit den Juden (Joh. 8,21-47) sieht er die verschiedenen Möglichkeiten der Begegnung mit dem Soter geschildert. Anhand der Auslegung dieser Perikopen kann er daher zeigen, wie und warum sich Pneumatiker, Psychiker und Choiker in dieser Begegnung als solche erweisen.

---

[29] Die gleiche Vorstellung liegt den Sprüchen 71, 78 und 79 des Philippusevangeliums zugrunde. Eben dieses "Männlich-Werden" ist auch bei Herakleon Frg. 5 gemeint.

[30] Vgl. ähnlich das Phil. Ev. 28.

II. *Die Entfaltung*

1. *Die Samaritanerin (die Pneumatiker)*

Der weitaus größte Teil der Fragmente aus Herakleons Werk (17 bis 39) stammt aus der Auslegung der Perikope von der Samaritanerin, die für Herakleon die Pneumatiker repräsentiert.

Herakleon versteht das Wasser, das die Samaritanerin aus dem Jakobsbrunnen schöpfen will (Frg. 17) als eine Metapher für das Leben dieser Welt und nach dem Gesetz dieser Welt, das die Samaritanerin bisher geführt hat. Es sei "schwach, zeitlich ($\pi\rho\acute{o}\sigma\kappa\alpha\iota\rho\sigma$) und ungenügend", d.h. eben "weltlich" ($\kappa\sigma\sigma\mu\iota\kappa\acute{\eta}$), was daraus zu ersehen sei, daß das Vieh Jakobs aus jenem Brunnen getrunken habe. Das Wasser, das Jesus zu geben hat, ist dagegen aus "seinem Geist und seiner Kraft" (234,19). Es ist daher eine Metapher für sein "Leben", das wahre, eigentliche Leben, das er zu geben hat und das "ewig" ($\alpha\iota\acute{\omega}\nu\iota\sigma$) ist und "nie verdirbt" (234,21f), sondern "bleibt". Die Gabe dieses Lebens durch den Soter (nicht etwa in der Schöpfung) kann niemals weggenommen werden, sie geht nie zugrunde in dem, der daran Anteil hat (234,23-25). Das "erste Leben" jedoch sei der Vernichtung geweiht (234,25f).

> Origenes' Kommentar hilft wieder zur genauen Interpretation der Stelle. Er erklärt, der Unterscheidung, die Herakleon vornimmt, zustimmen zu können, wenn Herakleon unter jenem ersten, der Vernichtung anheimgegebenen Leben das Leben nach dem "Buchstaben" meinte, im Gegensatz dazu aber jenes Leben "nach dem Geist", das gefunden wird, wenn "der Schleier hinweggenommen ist" (cf. 2. Kor. 3,16), bzw. wenn jenes erste Leben des Herakleon unsere jetzige, stückhafte Erkenntnis (cf. 1. Kor. 13,9ff.) meinte, die "abgetan wird, wenn das Vollkommene" (cf. 1. Kor. 13,10) kommt (Joh. Komm. p. 234, 12ff. und 26ff.). Wenn er aber das Alte ($\tau\grave{\alpha}$ $\pi\alpha\lambda\alpha\iota\acute{\alpha}$, gemeint ist wohl umfassend das Alte Testament, das Gesetz und das Leben nach diesem Gesetz) grundsätzlich nur als $\phi\theta\sigma\rho\grave{\alpha}$ ansehe, dann sei deutlich, daß er nicht begriffen habe, daß es einen "Schatten der zukünftigen Güter" (Hebr. 10,1) enthält.

Damit zeigt sich ein wesentlicher Unterschied zwischen beiden Theologen. Für Origenes ist der Jakobsbrunnen Metapher für das Gesetz bzw. das gesamte Alte Testament.[31] Aus diesem Brunnen kann man verschieden "trinken": naiv, d.h. wortwörtlich wie die Herden Jakobs, oder "verständig" wie Jakob und seine Söhne selbst (231,9ff. und Frg. 56; 529,5ff.). Dieses Trinken dient als "Vorübung" (232,6) für das Schöpfen aus jener Quelle, die Jesus eröffnet (231,26ff.) und die

---

[31] darin der Interpretation Herakleons durchaus parallel

dann, wenn man vorgeübt ist, aber auch nur dann, den Jakobsbrunnen ersetzt. Für Herakleon gibt es keinerlei "Einübung" in jenes wahrhaftige Trinken und insofern hat Origenes mit der Behauptung recht, Herakleon werte das Alte grundsätzlich ab. Vom Alten gibt es tatsächlich keinerlei Weg zum Neuen und Eigentlichen, es enthält nicht den "Schatten zukünftiger Güter".

An der Art, wie die Samaritanerin sich dem Angebot Jesu gegenüber verhält, wird das weiter deutlich. Sie zweifelt nicht an dem, was der Soter ihr sagt, sondern zeigt einen "unerschütterlichen und ihrer Natur (φύσις) entsprechenden Glauben" (235,1-3). Origenes will demgegenüber den Willensentscheid (προαίρεσις) der Samaritanerin gewürdigt wissen, lehnt aber ab, daß Herakleon die "Ursache ihrer Zustimmung ihrer natürlichen Anlage" (φυσικῇ κατασκευῇ) zuschreibe (235,4ff). Ist damit ein Beleg für die Naturenlehre bei Herakleon gegeben? Zweifelt die Samaritanerin nur deswegen nicht an Jesu Worten, weil sie in der Schöpfung eine entsprechende "pneumatische Natur" erhielt, wie Origenes behauptet? — Die Antwort ist differenziert zu geben. Denn zwar begründet Herakleon den Glauben der Samaritanerin aus ihrer φύσις, es ist aber zu fragen, was das besagt. Zweifellos, wie Origenes sehr richtig sieht, daß der Glaube nicht vom Willensentscheid abhängig gemacht werden soll. Es impliziert aber keineswegs die Konsequenz eines Heilsautomatismus und der in der Schöpfung verschieden angelegten "Naturen", wie Origenes sie mit dem Begriff der "natürlichen Anlage" stets verbindet.[32] Hier liegt die Wurzel des Mißverständnisses. Weil Herakleon den Glauben der Samaritanerin nicht von ihrer eigenen Entscheidung abhängig machen will und weil er der Überzeugung ist, daß vor Christus, vor dem wahren Soter, ein solcher Glaube nicht möglich war, deshalb interpretiert er sie als ein Wiedererwecktwerden einer ihr gänzlich unbewußt gewordenen Fähigkeit, die sie wiederum nicht sich selbst, sondern dem, der sie in Wahrheit schuf, zu verdanken hat. Der Hinweis auf die φύσις wie andere prädestinatianische Ausdruckweisen [33] sind Versuche, den ausschließlich gnadenhaften Charakter des Glaubens zu verdeutlichen.

Das erläutert die weitere Exegese. Ganz im Sinne Marcions versteht Herakleon die in V. 15 berichtete Reaktion der Samaritanerin: "Gerade erst durchbohrt von dem Logos haßte sie fortan auch den Ort [34] jenes sogenannten 'lebenden Wassers' " (235,9f). Sie möchte das Wasser

---

[32] S. dazu unten S. 176ff.

[33] S. dazu unten S. 178ff.

[34] τόπος ist immer Bezeichnung für den "Ort" des Demiurgen.

des Christus haben, damit sie nicht mehr zum Jakobsbrunnen zu kommen braucht, dessen Wasser sie als unzureichend erkannt hat. Der Glaube äußert sich also zunächst in einer spontanen Abkehr vom Alten, das eben jetzt als nur "sogenanntes Leben" blitzartig durchschaut wird. Diese Erkenntnis, dieses "die-Anordnung-dieser-Welt Auflösen" (vgl. Frg. 8), hatte Johannes, der Täufer, nie aufgebracht. Das macht den Unterschied zwischen beiden aus.

Die Aufforderung Jesu an die Samaritanerin, ihren Mann zu rufen, versteht Herakleon als Hinweis auf ihren Paargenossen im Pleroma (Frg. 18). Hatte schon ihre spontane Ablehnung des "Alten" sie als erwählt gezeigt, so wird das jetzt bestätigt. Denn der Paargenosse oder Engel ist nach dem valentinianischen Mythos gleichsam das geistige Gegenstück eines Menschen im Pleroma, das ursprünglich mit ihm entstanden ist,[35] dann von ihm getrennt wurde und mit dem der Menschen wieder in ἕνωσις (235,22) verbunden werden muß. Nach den Exzerpten hat jeder Mensch (Pneumatiker) einen solchen Engel, der auf die Wiedergeburt des zu ihm gehörenden Menschen wartet, weil er ohne ihn selbst nicht zur ewigen Ruhe finden kann.[36] Eine ähnliche Vorstellung wird man für Herakleon voraussetzen können.

Die Antwort der Samaritanerin, daß sie keinen Mann habe (4,17), sei deshalb richtig, weil sie in der Welt tatsächlich keinen Mann habe, den im Äon aber nicht kannte (ἠγνόει τὸν ἴδιον ἄνδρα 235,30ff.). Sie kannte ihn nicht, d.h. : wenn sie nicht auf ihn aufmerksam gemacht worden wäre, hätte sie ihn von selbst niemals erkennen können. Denn sie war — und das ist die Situation des Menschen in der Welt — in die hylische Bosheit, dargestellt durch ihre sechs (sic, gegen den üblichen Text, cf. Frg. 16) Männer, vollkommen verstrickt.

---

[35] σὺν ἐκείνῳ γενομένη πρὸς τὸν σωτῆρα (235,20f und 29f.) "mit jenem (Engel) nach dem Soter geworden" ist wieder nur auf dem Hintergrund jener platonischen, durch Präpositionen gekennzeichneten Prinzipienlehre zu verstehen. Das πρὸς ὅ (ad quod) gibt danach das Urbild an, nach dem etwas gestaltet wird, cf. Plato Timaios 28a 6 und c 6 πρὸς τὸ παράδειγμα. Dieses Urbild wird später von einzelnen Platonikern nicht als eine von mehreren Ursachen verstanden, sondern auf Gott als den Schöpfer selbst bezogen, der als πρὸς ὅ das Ziel und Vorbild der Schöpfung selbst ist (Belege aus Plutarch und Philo bei Dörrie, Präpositionen 222 u. 225). In diesem Sinne ist auch Herakleons Satz zu verstehen (und in diesem Sinne versteht er auch Joh. 1,1) : Engel und Mensch sind in einer vollkommenen Schöpfung ursprünglich zusammen nach dem Urbild des Soter hervorgebracht (vgl. Exc. 21). Der Engel ging ins Pleroma, der Mensch muß wieder mit ihm vereinigt werden.

[36] Vgl. 35f, dazu 32,1 und 21.

Origenes gibt dazu einen scharf ironischen Kommentar (236,7 ff.). Er sagt (etwas verkürzt wiedergegeben): wenn die Pneumatikerin hurte, dann sündigte die Pneumatikerin. Da ein guter Baum aber keine schlechten Früchte bringt und die Samaritanerin, da sie ja Pneumatikerin war, offensichtlich ein guter Baum war, folgt daraus, daß entweder ihre Hurerei keine Sünde war, oder daß sie nicht hurte. — Zunächst ist anzumerken, daß die Samaritanerin, als sie noch hurte, eben nicht im strengen Sinne Pneumatikerin war — dieser Terminus bezieht sich nur auf den "zum Bewußtsein" gekommenen pneumatischen Menschen. Vor allem aber ist zu sehen, daß Herakleon durchaus die Hurerei als Sünde und Schuld betrachtete (s. dazu Frg. 40 und 41). Nur hat er eben nicht, wie Origenes, die Reinheit von Sünde als eine Bedingung und Vorstufe des Pneumatisch-Werdens betrachtet. Zwar trifft das Geschenk der Erkenntnis den tief in der Sünde Verstrickten, aber es reißt ihn aus deren gesamten Geltungsbereich heraus.

Das bezeugt das wichtige Fragment 19 (zu Joh. 4,19f.). Herakleon lobt ausdrücklich, daß die Samaritanerin weder beschönigend noch sich selbst anklagend auf die Aufdeckung ihrer Schande durch Jesus antwortet. Damit wird aber nicht etwa ihr "diskretes" Verhalten gelobt, wie gelegentlich interpretiert wurde, sondern, wie sich im folgenden zeigt, die Tatsache, daß sie sich nicht mehr bei ihrer Sünde, beim "Alten", aufhält, sondern sofort durchstößt zu der in V.20 implizierten, allein wesentlichen Frage nach der richtigen Anbetung Gottes.[37] Nicht, daß die Sünde deshalb zum Adiaphoron würde; die Samaritanerin hat vielmehr ihre Ursache ($\alpha l\tau l\alpha$ 239,11) erkannt, die in $\ddot{a}\gamma\nu o\iota a\ \theta\epsilon o\hat{v}$ und in Unkenntnis des Gott gemäßen Dienstes besteht. Sie behebt daher mit ihrer Frage aus V. 20 nicht die Symptome, sondern die Ursache ihrer Krankheit, und selbstverständliche Folge ihrer Frage ist, daß mit der Erkenntnis Gottes, die sie aus der Begegnung mit dem Soter erfährt, auch ihre Hurerei aufhört; mit der Ursache werden selbstverständlich die Sypmtome behoben. Diese Folge von Ursache und Wirkung ist wichtig für das Verständnis der Psychiker, die, wie sich bei der Interpretation von Frg. 40 zeigen wird, sich zwar ihrer Sünden bewußt sind, aber nicht zu deren Ursache durchdringen. Die Samaritanerin hat das getan, und deshalb wird sie gelobt. Deshalb wird sie auch schon "mitgezählt zu jenen, die in Wahrheit anbeten" (Frg. 20; 240,7f.). Sie ist damit Pneumatikerin im Vollsinn des Wortes. Zwar ist sie noch in der Welt, aber sie hat die "Anordnung dieser Welt" aufgelöst und "kann" daher gar nicht mehr sündigen (vgl. Frg. 50). Anders ausgedrückt: die Samaritanerin hat noch eine Seele, aber diese Seele ist jetzt "durch den Geist zum Soter geführt" (Frg. 27).

---

[37] Um diese Frage als Zentrum dessen, was der Mensch zu besorgen hat, kreisen die Fragmente 20-24.

Die Pneumatikerin ist damit, obwohl sie noch in der Welt ist, am
Ziel angekommen. Sie hat keine Zukunft mehr. Das wird in den folgenden Fragmenten in vielfältigen Wendungen ausgedrückt, so in
Frg. 24 (zu Joh. 4,24): Indem sie in Wahrheit und nicht im Irrtum
anbetet, ist sie Geist, d.h. hat sie dieselbe φύσις wie der Vater.[38] Das
ist nicht mehr überbietbar. Entsprechend auch die Auslegung von
Joh. 4,23 in Frg. 23: Der Vater soll von denen, die ihm zugehörig
sind (ὑπὸ τῶν οἰκείων) angebetet werden.[39] Zugehörig sind ihm aber
nicht eine bestimmte Gruppe von Menschen von vornherein, sondern
zugehörig sind ihm eben die, die ihn in Wahrheit anbeten, die ihm
eine λογικὴ λατρεία darbringen (Rm. 12,1; Frg. 24). Nicht die Schöpfungsgabe allein begründet also die Zugehörigkeit, denn "verlorengegangen ist in der tiefen Materie des Irrtums das dem Vater Zuge-
hörige" (τὸ οἰκεῖον τῷ πατρί 244,6f; Frg. 23). Sondern nur dadurch,
daß es "gesucht" wird (244,7f.), ist jene Zugehörigkeit geschenkt
worden, die nicht mehr zerstört werden kann (vgl. Frg. 17) und die
den, der daran Anteil hat, jetzt schon ins Eschaton versetzt.[40]

Für Origenes können dagegen immer nur einzelne verlorengehen, wie das Schaf
aus dem Gleichnis oder der verlorene Sohn; niemals kann die Menschheit als solche
prinzipiell zugrundegehen, da ja alle, bis hinunter zum Teufel, immer die Kraft des
freien Willens behalten und damit die Voraussetzung für ihren Wiederaufstieg,
wie weit sie auch gefallen sein mögen (244,3ff.). Origenes muß daher ablehnen, was
die Anhänger Herakleons "offen über den Verlust der pneumatischen φύσις lehren"
(244,12). Hier vor dem Hintergrund des Origenes wird sehr deutlich, daß Herakleon
nicht einem durch eine Schöpfungsgabe bedingten Heilsautomatismus das Wort
redet, sondern ganz im Gegenteil die vollständige und umfassende Unfähigkeit
des vorchristlichen Menschen zum Heil zur Grundlage seiner Theologie macht.

---

[38] Vgl. ähnlich Frg. 34; 272,10f.

[39] Eine parallele Angabe des Ziels in Frg. 31: Der Wille des Vaters sei es, daß die
Menschen den Vater erkennen und gerettet werden (263,19f.).

[40] Üblicherweise wird οἰκεῖος in Frg. 23 mit "verwandt" übersetzt (so Förster,
Die Gnosis I 224) und damit die Vorstellung einer schon in der Schöpfung begründeten
"Blutsverwandtschaft" insinuiert, die einen Heilsautomatismus einschließt. Dazu
paßt aber weder, daß das οἰκεῖον "verlorengegangen" sein soll (ἀπολωλέναι !) — auch
Origenes verwahrt sich gegen das ihm widersinnig erscheinende ἀπολωλέναι, s. dazu
oben — noch auch die Aussage von Frg. 5, nach der die Stimme, die dem Logos zugehörig ist (οἰκειοτέραν οὖσαν), Logos wird (Auslegung von Joh. 1,23; 129,20f., vgl.
oben S. 156). Vielmehr wird hier ausdrücklich vorausgesetzt, daß sich die "Stimme"
in den Logos "verwandelt" (μεταβαλλούσῃ, 129,25); es findet also jedenfalls mehr statt
als nur die Aufdeckung einer schon immer vorhandenen Verwandtschaft, bzw. die
Aufdeckung dieser Verwandtschaft wandelt den Menschen um (von einer Frau in einen
Mann 129,20f, vgl. Exc. 21,3 und 79).

Die Endgültigkeit und Unverlierbarkeit des von der Samaritanerin gewonnenen Heils wird schließlich auch in Frg. 27 (Zu Joh. 4,28) ausgedrückt. Sie läßt ihren Wasserkrug stehen. Herakleon ergänzt: sie läßt ihn bei ihm stehen, d.h. sie "hat" nun ein Gefäß bei dem Soter, mit dem sie lebendiges Wasser schöpfen kann. Der Besitz dieses Wassers ist es, der nun tatsächlich nicht "weggenommen" und nicht "verzehrt" oder "verdorben" werden kann (vgl. Frg. 17; 234,21ff.).[41]

Da die Samaritanerin trotzdem in der Welt bleibt, ist die einzige Aufgabe, die sie folgerichtig hier noch haben kann, die, auch anderen Menschen zur Erkenntnis Gottes zu verhelfen.[42] In diesem Sinne deutet Herakleon ihre Rückkehr "in die Stadt" (V.28, Frg. 25-27, 31-39). Selbst durch die "Wiedergeburt"[43] in Christus Geist geworden,[44] kehrt sie in die Welt zurück, um der Berufung, d.h. wie oben gezeigt, den Vielen, die Parusie des Christus zu verkündigen (Frg. 27). Denn "durch den Geist und von dem Geist wird die Seele zu dem Soter geführt" (Frg. 27; 255,18f.). Die Samaritanerin, bzw. die "pneumatische Gemeinde" überhaupt (Frg. 37), "setzt" damit gleichsam das Wirken des Soters "fort", und sie kann das, eben weil sie Pneuma wie der Soter selbst geworden ist. Die angesprochenen Vielen reagieren, soweit sie überhaupt reagieren, in derselben Weise wie die Samaritanerin mit derselben blitzartigen Erkenntnis des Christus.[45] Wenn sie in der Predigt der pneumatischen Gemeinde auf die Wahrheit selbst stoßen, so glauben sie um ihretwillen und nicht um der Menschen willen, die sie dahin geführt haben (Frg. 39, zu Joh. 4,42).

Diese Verkündigung der Pneumatiker beschreibt Herakleon unter dem Bild der Ernte, Joh. 4,30ff. entsprechend. Auch mit diesem Bild verweist er auf den "eschatologischen" Charakter des in Christus gewonnenen Heils.[46] "Die Ernte ist groß" (Mt. 9,37, zitiert in Frg. 33),

---

[41] Vgl. auch unten S. 175 mit Anm. 59.

[42] Es ist eine Arbeit voller Freuden (Frg. 36) und kennzeichnet sie als Pneumatikerin. Denn weil es der "Wille des Vaters ist, daß Menschen den Vater erkennen und gerettet werden" (Frg. 31), ist auch "das Heil und die Wiederherstellung derer, die geerntet werden" der "Lohn unseres Herrn" (Frg. 34). Entsprechend ist die Mission der Lohn der Geist gewordenen Pneumatiker.

[43] Der Ausdruck ist den Exc. 80,1 entlehnt, die Herakleon ganz parallele Vorstellungen enthalten. Vgl. auch 79.

[44] Vgl. auch Frg. 34 Ende.

[45] cf. Frg. 26 zu Joh. 4,26f. Herakleon versteht das καὶ ἐπὶ τούτῳ ἦλθαν οἱ μαθηταὶ αὐτοῦ als direkte Reaktion auf Jesu Selbstoffenbarung in 26, "ich bin es, der mit dir redet".

[46] Vgl. Frg. 32-34 und bes. 35 zu Joh. 4,36f: In der "Gegenwart" (276,27) vollbringen Sämann und Schnitter beide ihr Werk. Das ist nach irdischen Begriffen unmöglich, denn niemals können Sämann und Schnitter zu gleicher Zeit wirken. Im übertragenen,

d.h. jetzt, in der "Gegenwart" des Soters (vgl. Frg. 35), aber auch erst jetzt, eröffnet sich für viele die Möglichkeit des Heils, soweit sie "bereit" sind (Frg. 32; 267,13). Das scheint eine Eigeninitiative anzudeuten, ist aber offensichtlich nicht so gemeint. Denn : "einige waren schon bereit, einige waren im Begriff, einige sind im Begriff bereit zu sein, einige werden soeben gesät" (267,14ff.). Wie man sich nicht selbst säen kann, so offenbar sich selbst auch nicht bereit machen. Wieder wird deutlich, daß alles von der Begegnung mit dem Soter abhängt. Erst in ihr erreicht der Mensch das Ziel, auf das hin er in der Schöpfung angelegt ist (Frg. 2, vgl. auch Frg. 34).

2. *Der Hauptmann von Kapernaum* (*die Psychiker*)

Die bisherige Interpretation hat ergeben : Pneumatiker im spezifischen Sinn gibt es erst nach Christus. Denn erst durch die Begegnung mit Christus — sei sie persönlich oder vermittelt durch die bereits pneumatisch gewordenen Jünger — kann der Mensch zur Erkenntnis Gottes kommen und damit erst eigentlich Mensch im Vollsinn des Wortes werden (cf. Frg. 31). In der Menschheit vor Christus kann es bestenfalls potentielle Pneumatiker geben, sie sind aber als solche in keiner Weise kenntlich. Vielmehr ist die ganze vorchristliche Menschheit psychisch, d.h. ohne Erkenntnis Gottes, allerdings psychisch im unspezifischen Sinn, weil es noch gar nicht die Möglichkeit der Erkenntnis gab.

Damit stellt sich die Frage nach den Psychikern im engeren Sinne, d.h. die Frage nach jenen Menschen, die "jetzt", da die Möglichkeit der Erkenntnis besteht, da Christus "bereits euch allen offenbar" ist

---

"eigentlichen" Sinn ist es möglich, weil diese "Gegenwart" der irdischen Zeit enthoben ist. Zwar sind Säer und Schnitter auch für Herakleon unterschieden. Der Säer ist für ihn der "Menschensohn über dem Ort" (τόπος), d.h. Säer ist, wie schon ausführlich anhand des Prologs dargelegt, der Menschensohn, der aus dem Pleroma über dem Topos, aus dem wahren Sein, stammt; der, der erntet, ist der Soter ("selbst auch Menschensohn"), der sich in den "Topos" begab und als Schnitter die Engel (= die Jünger) aussendet. Das Säen des Säers ist aber nicht ein Säen in der Zeit, sondern "vor" und außerhalb der Zeit. Mit Christus ist der, der erntet, gekommen. Auch er wirkt überzeitlich' weil er die Menschen der Zeit entnimmt, sobald er sie ihrer wahren Bestimmung zuführt, sobald er sie in die Scheuer sammelt und zur Ruhe bringt, dadurch, daß er ihnen zur Erkenntnis Gottes verhilft. Denn für die auf solche Weise "Geernteten" gilt dann keine Zeit mehr. Die "Gegenwart " ist daher nicht der momentane, irdisch zeitliche Augenblick, sondern die durch Christus heraufgeführte ewige, wahre, "eschatologische" Gegenwart.

(Frg. 8), dennoch "psychisch" leben — sei es aus Unvermögen, sei es aus Schuld. Was charakterisiert sie ?

Diese Frage beantwortet Herakleon anhand der Auslegung der Geschichte vom Sohn des königlichen Beamten, die im Evangelium auf die von der Samaritanerin folgt (4,46-53; Frg. 40; 291,19-293,6). Der βασιλικὸς ist, weil er "ein kleiner König" ist, der von dem "Gesamtkönig über ein kleines Reich gesetzt ist", Sinnbild des Demiurgen. Damit ist ein Hinweis auf das Thema der folgenden Auslegung gegeben, zunächst nicht mehr.[47] Sein Sohn liegt in Kapernaum, d.h. im untersten Teil der "Mitte", also des psychischen Bereichs, der schon ans Meer, d.h. an die Materie grenzt. Was die Topographie andeutet, zeigt deutlicher sein Zustand : er ist krank, "d.h. er verhält sich nicht der φύσις gemäß, sondern ist in Unkenntnis (Gottes) und Sünden" (291,28). Was immer mit φύσις hier gemeint sein mag,[48] Unkenntnis Gottes und Sünden passen nicht zu ihr. Der Sohn ist in der gleichen Lage wie die Samaritanerin vor ihrer Begegnung mit dem Soter.

Die Konsequenzen von Unkenntnis und Sünde werden hier genauer dargelegt : sie sind der Tod, und zwar "Tod" hier nicht im übertragenen Sinne, sondern ganz real als "vollständige Auflösung und als Hinschwinden" der Seele verstanden (293,14).[49] Origenes muß sich aus den schon oben genannten Gründen gegen die Annahme einer solchen Möglichkeit verwahren.[50] Herakleon aber betont mit Hinweis auf Mt. 10,28 [51] ausdrücklich, daß die Seele als solche nicht unsterblich sei.[52] Das ist auf dem Hintergrund von Frg. 17 zu lesen : unsterblich,

---

[47] Nach Langerbeck — mit Zustimmung von Hauschild und Mühlenberg — ist in dieser Auslegung zwar auch der Psychiker, mehr aber noch "die menschliche φύσις schlechthin, insofern sie Geschöpf des Demiurgen ist" (Langerbeck 71) gemeint. Das stimmt insofern, als der Sohn des Königlichen, der in "Unwissenheit und Sünden" ist (291,28), damit in der typischen Situation des psychischen Menschen, d.h. jedes Menschen vor der Erkenntnis, vor Christus ist. Es stimmt nicht darüber hinaus. Denn die im folgenden geschilderte Reaktion, die der in dieser Situation befindliche Mensch auf Christus zeigt, ist eindeutig eine "psychische". Sie charakterisiert den Psychiker im engeren Sinn, d.h. ein bestimmtes Verhalten angesichts der "schon offenbaren" Erscheinung Christi.

[48] Vgl. dazu unten S. 178ff.

[49] Vgl. auch dazu Herakleon selbst : πρὶν τελέως οὖν θανατωθῆναι ... (292,11).

[50] In seinem Kommentar zu Herakleons Auslegung 293,7ff; vgl. auch oben S. 169.

[51] Vgl. dazu auch Exc. 51,3.

[52] Origenes scheint es dagegen widersinnig zu sein, daß Sterbliches in Unsterbliches "umgewandelt" (μεταβάλλειν) werden sollte, wie Herakleon annehmen muß, wenn er voraussetzt, daß die sterbliche und in ihren Sünden gestorbene Seele durch das in Christus empfangene Heil unsterblich werden kann. Origenes weist daher darauf hin, daß Paulus

d.h. unvergänglich und unzerstörbar ist allein die Gnade und Gabe
des Soters (234,23 ff.). Die Seele als solche, d.h. aber der psychische
Mensch, jeder Mensch, ist von sich aus sterblich, aber "fähig gerettet
zu werden".

Der Rettung wird im folgenden beschrieben. Es ist die Rettung der
Psychiker im engeren Sinne, denn die Seelen der Pneumatiker sind ja
ohnehin dadurch, daß jene den Soter und damit die Ursache ihrer
Sünden erkannt haben, gerettet. Sie bedürfen einer besonderen Rettung ihrer Seelen nicht mehr.

Die Basilikos kennt die Lage seines Sohnes genau. Er weiß als
königlicher Beamter — d.h. als Schöpfer dieser Welt — daß nach dem
Gesetz, unter dem diese Welt steht, seinem Sohn um seiner Sünden
willen der Tod droht. Deshalb bittet er den Soter, seinem Sohn, d.h.
der so beschaffenen φύσις, zu helfen. In dieser Bitte liegt nun schon der
ganze Unterschied zu der pneumatischen Samaritanerin beschlossen.
Sie, obwohl von der gleichen Ausgangssituation wie der Sohn des
Basilikos herkommend, tat doch "gerade erst von dem Wort durchbohrt" unverzüglich den entscheidenden Schritt : mit dem Verlangen
nach dem wahrhaft lebendigen Wasser haßte sie "den Ort jenes nur
sogenannten lebendigen Wassers" und tat ihn für immer als überholt
ab. *Sie* erbat vom Soter, über die richtige Anbetung Gottes belehrt zu
werden, sie erbat Erkenntnis. Der Basilikos-Demiurg dagegen vollzieht
diesen Schritt nicht. Er bittet nur, der "so beschaffenen Natur", d.h.
der um der Sünden willen vom Tod bedrohten, der psychischen also, zu
helfen. Er will nur den Stand seines Sohnes unter dem Gesetz, d.h. in
der "alten" Ordnung, bereinigt wissen. Er verharrt also im "Alten"[53]
und zeigt mit *seiner* Bitte, daß er die eigentliche Ursache der Sünden
seines Sohnes, die ἄγνοια θεοῦ, nicht erkannt hat.

Dieses Verhalten ist für Herakleon durch den V.48, den Schlüssel
der ganzen Perikope, gekennzeichnet : "Wenn ihr nicht Zeichen und
Wunder seht...". Das sei nämlich spezifisch (οἰκείως) zu der Person
gesagt, deren "Natur" es ist, "aufgrund von Taten und Sinnesein-
druck sich überzeugen zu lassen, nicht aber dem Wort zu glauben"

---

in 1. Kor. 15,54 (eine Stelle, die auch Herakleon heranzieht, 292,2ff.) nur davon gesprochen habe, die vergängliche Natur "ziehe" die Unvergänglichkeit "an" ; das sei aber
etwas anderes als ein "Umwandeln" (μεταβάλλειν) des Vergänglichen in Unvergängliches
(293,14-24). Wiederum ist uns dieser Kommentar sehr erwünscht. Denn er macht deutlich,
daß Herakleon die Begegnung mit Christus als eine Umwandlung, ja Neuschöpfung
bewertete. Deshalb war es ihm möglich zu sagen : "einige werden soeben gesät" (Frg. 32).

[53] Vgl. dazu oben S. 166f.

(292,6ff.). Das ist die Haltung des Basilikos-Demiurgen. Auch er "glaubt" (cf. V.50, dazu 292,19ff.), aber es ist doch kein eigentlicher, erkennender Glaube, den er aufbringt; er ist lediglich überzeugt, daß der Soter καὶ μὴ παρών heilen kann, "auch wenn er nicht anwesend ist" (292,20f.). Dieses καὶ μὴ παρών charakterisiert nicht etwa einen besonders starken Glauben, sondern ganz im Gegenteil einen Glauben, dem die entscheidende Erkenntnis fehlt, der nichts von der παρουσία des Christus weiß, die die Samaritanerin der "Berufung" verkündet (Frg. 27), der nicht weiß, daß er "schon da ist" (ἤδη πάρεστιν, Frg. 8). Damit ist der Psychiker im engeren Sinne gekennzeichnet: er ist zwar fähig, die Unzulänglichkeit und damit Todesbedrohtheit des eigenen Wesens zu sehen, er ist auch fähig, sich an den "einzigen Retter" (292,12) um Hilfe zu wenden (cf. ἐπιστροφή als Merkmal des Psychischen bei Ir. 1,5,1) — und das ist nicht wenig — aber er kann nicht "die Anordnung dieser Welt auflösen", er kann mit anderen Worten nicht über die Grenze dieser Welt hinaussehen und die Ursache für seine Unzulänglichkeit und Todesbedrohtheit erkennen. Er bleibt deshalb immer in einer Situation der Ungewißheit und Unsicherheit ohne die Sicherheit und "Ruhe" der Geistgabe des Soters. Er bedarf deshalb, wie Irenäus richtig, aber ohne Verständnis anmerkt, der "Enthaltsamkeit und der guten Werke".[54] Denn er hat die Gnade nur "geliehen" (ἐν χρήσει), weil sie ihm wieder "weggenommen" werden kann (Ir. 1,6,4). In Herakleons Worten: er erhält nur eine Rettung, bei der der Soter "nicht anwesend" ist (μὴ παρών, vgl. auch Frg. 13). Die geschenkte Erkenntnis des Pneumatikers dagegen "kann nicht weggenommen werden" (Frg. 17).

Das also kennzeichnet die "psychische Natur". Origenes benutzt direkt diesen Terminus in seinem Kommentar zu Herakleon (293,25), und zwar in einer deutlichen Paraphrase der Worte Herakleons. Es ist also sehr wohl möglich, daß Herakleon ihn selbst gebraucht hat.[55] Daß er der Sache nach hier von der "Natur" des Psychikers im engeren Sinne handelt, geht zusätzlich zu allem schon Gesagten eindeutig aus der Auslegung von V. 52 hervor. Denn die siebte Stunde, in der die Heilung geschehen ist, charakterisiere die "Natur des Geheilten" (292, 29ff.). Das ist ein eindeutiger Hinweis auf den psychischen Bereich.

---

[54] Parallel dazu verkündigen die Boten-Engel des Basilikos-Demiurgen dem Vater, daß es (nach dem lebenstiftenden Wort Jesu) dem Sohn "angemessen und nach seiner Art und Weise" gehe, weil er nicht mehr das Ungehörige "tue" (πράσσων μηκέτι τὰ ἀνοίκεια 292,24). Sie melden natürlich nichts von einer Erkenntnis des Sohnes.

[55] Anders Langerbeck, a.a.O. 71.

Die Rettung, die der Geheilte erfährt, ist eine Rettung χωρὶς πνεύματος (cf. Frg. 13). Sie ist eindeutig unterschieden von der der Samaritanerin.[56] Es ist eine Rettung im Rahmen dieser Welt, sofern auch diese Welt in letzter Ursache auf Gott zurückgeht (cf. Frg. 1). Es ist daher durchaus eine wirkliche Rettung, die vom Tod, von der Verfallenheit an die Hyle, bewahrt. Sie beruht auf dem Tun der Werke, als dem dieser Welt, sofern sie von Gott ist, angemessenen Ausdruckmittel. Aber auch dieses Tun der Werke — und das ist ganz entscheidend gegenüber Origenes — wird nun nicht als etwas angesehen, das der Mensch von sich aus leisten kann, sondern auch dazu bedarf er der Gnade des Soters.[57] Der dem Tode verfallene Mensch ist auf die Heilung seiner Krankheit, "d.h. der Sünden", durch den Soter angewiesen, er bedarf der "Vergebung, die ihn lebendig macht" (292,17ff.). Wie der Pneumatiker von der Gnade lebt, so lebt also auch der Psychiker von der Gnade. Und das entspricht durchaus dem, was in der Auslegung des Prologs gesagt wurde : Wenn Gott die einzige Quelle des Seins und damit auch der "wahre Schöpfer" ist, dann kann nur von ihm, und nicht aus der psychischen Existenz des Menschen selbst, Leben kommen, das dem Tod widersteht.

Die Einsicht, die sich in entsprechendem Tun bewährt, daß nur der Soter vor dem Tode bewahren kann, wird auch von den Psychikern verlangt. Das wird sehr eindrücklich am Ende des Fragments 40 deutlich. Dort wird gefragt, ob auch die zu den Menschentöchtern herabgestiegenen Engel [58] (aus Gen. 6,2) gerettet würden. Als Antwort zitiert Herakleon aus der parallelen Überlieferung Mt. 8,12 : "Die Söhne des Reiches werden in die äußerste Finsternis geworfen werden" und versteht das als Hinweis auf den "Untergang (ἀπώλεια) der Menschen des Demiurgen" (292,36ff.). Das also ist das Schicksal der psychischen Menschen, die die von ihnen geforderte Einsicht nicht aufbringen und bewähren. Von ihnen habe Jesaja prophetisch gesagt : "Söhne habe ich gezeugt und groß gemacht, sie aber haben mich verworfen" (1,2). D.h. : auch die Psychiker sind Söhne, auch der psychische Stand ist ein gnadenhafter, aus dem man aber herausfallen und zu "fremden Söhnen" werden kann (293,5).[59]

---

[56] Anders Mühlenberg, a.a.O. 191.

[57] Vgl. Ir. 1,6,4 : Zwar hat der Psychiker die Gnade nur geliehen, aber er hat sie doch und braucht sie. Vgl. aber auch unten S. 180 Anm. 67.

[58] Mit den Engeln sind, wie der vorhergehende Satz zeigt, die dem Demiurgen zugehörigen Menschen (ἀνθρώπων τῶν οἰκειοτέρων αὐτῷ 292,33f.) gemeint.

[59] Origenes kann das charakteristischerweise nicht verstehen. Er verbindet mit dem Begriff φύσις die Vorstellung der festen Bestimmtheit, und es erscheint ihm daher

3. *Joh. 8* : *Jesus und die Juden* (*die Choiker*)

Damit kommen wir zu jener Auslegung Herakleons von Joh. 8,37
bzw. 43f., die üblicherweise stets als unumstößlicher Beleg für die auf
Determination beruhende Naturenlehre der Gnostiker angesehen wird.
In der Tat scheinen die Dinge hier klar zu sein : Die Ursache für das
Unvermögen der Juden, Jesu Wort zu hören ("weil ihr aus dem Vater
des Teufels seid", 8,44), interpretiert Herakleon nämlich als "weil
ihr aus der οὐσία des Teufels seid" (Frg. 44; 352,23ff.) und fügt
noch hinzu, Jesus mache den Angeredeten damit ihre "Natur" deutlich
(φανερῶν αὐτοῖς ... τὴν φύσιν αὐτῶν). Gibt es dann eine andere
Schlußfolgerung als die, die Origenes — geradezu befreit [60] — zieht :
"Jetzt ist es klar, daß er einige Menschen wesensgleich (ὁμοούσιος) dem
Teufel nennt, die, wie seine Anhänger meinen, eine andere οὐσία haben
als die sogenannten Psychiker und Pneumatiker"? Zwar handelt es
sich nur um einige "Teufelskinder", andere können auch durch eigenen
Vorsatz (κατὰ γνώμην) dazu werden, "ohne es von Natur zu sein"
(Frg. 43 und 46; 359,18). Von diesen wenigen aber scheint Herakleon
eindeutig eine naturhaft bedingte, d.h. determinierte und unabänderliche Zugehörigkeit zum Teufel auszusagen, weswegen sie Jesu Wort
nicht hören *können*.[61]

Wie soll eine solche naturhafte Zugehörigkeit aber zustande kommen? Logischerweise durch natürliche Kindschaft. Gerade das erklärt
Herakleon aber mit allem Nachdruck für unmöglich, worauf Langerbeck aufmerksam gemacht hat. Herakleon legt größten Wert auf die
Feststellung, daß der Teufel nicht zeugen, sondern nur zerstören kann
(Frg. 46; 359,26ff. und 360,3f.). Eine natürliche Teufelskindschaft ist
daher per definitionem nicht möglich. Das paßt genau zur Auslegung
des Prologs. Dort war ja deutlich gesagt, daß Gott allein die Quelle
des Seins ist, daß er allein daher Schöpfer sein kann und alles, was
geschaffen ist, in letzter Ursache auf ihn zurückgeht.[62] Neben Gott
gibt es für Herakleon und den gesamten Valentinianismus — anders

---

widersinnig, daß der geheilte Psychiker, dessen Natur durch die siebte Stunde gekennzeichnet wird, doch diese Natur wieder verlieren können soll. Damit werde eine "vierte
Natur" eingeführt, ohne daß Herakleon es selbst wolle (294,3-8). Hier wird deutlich,
was Langerbeck schon vermutete, daß Origenes und Herakleon mit "φύσις" nicht dasselbe meinen. S. dazu unten S. 178ff.

[60] Denn bisher scheint er doch nicht ganz sicher gewesen zu sein.

[61] Neben den genannten Stellen in Frg 43 und 44 ist eine φύσει-Teufelskindschaft
auch in Frg. 46; 359,13 bezeugt.

[62] Vgl. ebenso auch Exc. 55,3.

als für den Manichäismus — kein zweites, ihm formal gleichwertiges Prinzip, das eigene Initiative besäße. Der Teufel hat, wie Herakleon sagt, nur Begierden, d.h. irrational unproduktive Triebe, Gott allein hat einen Willen, d.h. produktive Schaffenskraft (Frg. 46; 359,7). Wie kommt es dann aber zu den "Söhnen des Teufels von Natur aus, den Choikern" (Frg. 46; 359,13)?[63] Wer sind sie?

Um diese Fragen aus Herakleons Texten selbst beantworten zu können, ist zunächst festzustellen, daß er die Gruppe der Teufelskinder noch einmal unterteilt, und zwar je nach der Art und Weise, wie sie dazu geworden sind. Joh. 8,44 läßt er entsprechend zu diesen verschiedenen Untergruppen gesagt sein. "Ihr seid aus dem Vater des Teufels" (8,44a) bezieht sich auf die Teufelssöhne von Natur aus ($\phi\acute{\upsilon}\sigma\epsilon\iota$), die Choiker; "ihr wollt die Begierden eures Vaters tun" (8,44 b) dagegen sei nicht zu den Choikern, sondern zu den Psychikern gesagt,[64] die nach Vorsatz ($\theta\acute{\epsilon}\sigma\epsilon\iota$) Teufelssöhne geworden sind, von denen der Natur nach einige auch $\theta\acute{\epsilon}\sigma\epsilon\iota$ Söhne Gottes heißen können (Frg. 46; 359,12-16). Für diese letzte Gruppe gilt: "weil sie die Begierden des Teufels liebten, und danach handelten, werden *diese* Kinder des Teufels, ohne daß sie ($\tau o\iota o\hat{\upsilon}\tau o\iota$) es von Natur ($\phi\acute{\upsilon}\sigma\epsilon\iota$) waren" (359,16-18). Wir kennen diese Teufelssöhne schon. Es handelt sich um die am Ende von Frg. 40 beschriebenen, wieder abgefallenen Psychiker, die zu "fremden Söhnen" geworden sind, weil sie die von ihnen geforderte Einsicht nicht in Werken bewährten, die also die ihnen "geliehene" Gnade wieder verloren. Sie sind die Teufelskinder $\kappa\alpha\tau\grave{\alpha}\ \gamma\nu\acute{\omega}\mu\eta\nu$, die auch nach Frg. 43 von denen $\kappa\alpha\tau'\ o\mathring{\upsilon}\sigma\acute{\iota}\alpha\nu$ unterschieden werden.

Wer sind aber diese letzteren und wie werden sie zu Teufelskindern, wenn sie es offensichtlich weder durch natürliche Zeugung noch in erster Linie durch das Tun teuflischer Werke wurden? Herakleon demonstriert die "choische" Teufelskindschaft an den Juden aus Joh 8. Sie mißverstehen Jesu Sendung völlig. Jesu "Wohin ich gehe, könnt ihr nicht kommen" (Joh. 8,22) deuten sie als Hinweis auf einen Selbstmord (Frg. 42). Das zeigt, daß sie überhaupt nicht begreifen, daß der Soter vor ihnen steht und zwar deswegen, weil "sie sich für

---

[63] Mühlenberg (a.a.O. 172) erwägt unter Berufung auf Langerbeck, die Partie des Frg. 46 (359,11-18), in der die $\phi\acute{\upsilon}\sigma\epsilon\iota$-Teufelskinder denen, die $\theta\acute{\epsilon}\sigma\epsilon\iota$ Söhne des Teufels werden, gegenübergestellt sind, als "mögliche Umformulierung des Origenes" (172) auszuklammern. Damit wird eine Interpretation von "$\phi\acute{\upsilon}\sigma\iota\varsigma$" bei Herakleon als "Zustand" bzw. als "eingegrenzte und begrenzte Verhaltensweise" (Mühlenberg 176 und 177) möglich. Die Ausklammerung der schwierigen Partie ist aber mißlich.

[64] Das $\tau\alpha\hat{\upsilon}\tau\alpha$ aus 359,12 bezieht sich auf das "ihr wollt die Begierden eures Vaters tun" (359,5f.).

größer als den Soter hielten und wähnten selbst zu Gott in ewige Ruhe zu gehen" (Frg. 42; 320,15 ff). Anders also als die Psychiker, die doch immerhin wußten, daß sie der Vergebung ihrer Sünden durch den Soter bedurften, verstellen sich die Juden von vornherein jede Möglichkeit der Rettung, weil sie sie gar nicht suchen, sondern meinen, aus eigener Souveränität zu Gott zu gelangen. Sie sind Teufelskinder κατ᾽ οὐσίαν, ihrem Wesen nach, d.h. endgültig und hoffnungslos. Denn Wahn, in dem sie befangen sind, hindert sie, je davon loszukommen. Insofern bestimmt er ihr Wesen. Damit schließt sich der Kreis von Herakleons Interpretation : Die Samaritanerin erkannte, daß Ursache ihres sündigen Lebens die ἄγνοια θεοῦ war und das kennzeichnete sie als Pneumatikerin. Umgekehrt charakterisiert den Choiker der Wahn, Gott zu kennen [65] und schließt ihn damit "seinem Wesen nach" von der Erkenntnis aus.

Ganz entsprechend wird der Teufel als der definiert, dessen Natur aus "Irrtum und Unkenntnis" (ἐκ πλάνης καὶ ἀγνοίας, scil. θεοῦ, Frg. 47) ist. Das ist eine fast neuplatonische Definition des Bösen, und es ist sehr einsichtig, daß dieser Teufel keine Zeugungskraft besitzt. Die Definition entspricht im übrigen wieder ganz den Ausführungen über den Prolog.

Es bleibt jetzt noch, eine kritische Kontrollfrage an die hier vorgetragene Interpretation zu stellen. Sie muß von Herakleons Terminologie ausgehen und betrifft seinen φύσις-Begriff. Wie gebraucht er ihn? Daß er nicht, wie Origenes versteht, je fest bestimmte, auf natürlicher Zeugung beruhende Naturanlagen damit meint, geht schon aus der privativen Definition des Teufels hervor, der keine solche Naturanlage begründen kann. Dennoch spricht Herakleon in Zusammenhang aller drei Menschengruppen von deren spezifischer "Natur" (vgl. Frg. 17, 40,46 u.a.) und kann sogar von der "Natur" des Teufels reden (Frg. 47). In welchem Sinne ?

Die Antwort darauf läßt sich, wie mir scheint, der außerordentlich umstrittenen Passage des Frg. 46 (359,18-29) entnehmen. Herakleon definiert hier die dreifache Bedeutung zwar nicht des Terminus φύσις, aber des parallelen "Kind" und unterscheidet eine dreifache Anwendungsmöglichkeit : φύσει, γνώμῃ und ἀξίᾳ (359,20f.). Nur im ersten

---

[65] Das entspricht der valentinianischen Formel Ir. 1,21,4, die Jonas als grundlegend für die valentinianische Theologie herausgestellt hat (Gnosis und spätantiker Geist I 375). "Denn da durch Unwissenheit Fehl und Leidenschaft entstand, so wird durch Erkenntnis aufgelöst diese ganze aus der Unwissenheit entstandene Anordnung".

dieser Fälle wird der Begriff proprie gebraucht. Kind im eigentlichen Sinn (ὃ καὶ κυρίως τέκνον καλεῖται, 359,22) ist nur der, der von einem anderen gezeugt worden ist. Die strittige Frage der Interpretation ist seit je, auf welche der drei Menschengruppen Herakleon damit anspielt. Vom Prolog her scheint mir eindeutig zu sein, daß Herakleon die Pneumatiker meint. Denn wenn Gott Ursache alles Seins ist und von ihm alle Zeugungskraft ausgeht, ist nur der Pneumatiker, der die Erkenntnis Gottes hat, im eigentlichen Wortsinn "gezeugt", insofern er mit der Erkenntnis Anteil am eigentlichen Sein gewonnen hat. Herakleon versteht also den Begriff "Kind" korrespondierend dem wahren Zeugen und Sein, nicht korrespondierend nur der physischen Lebenskraft. Deshalb ist "Kind" nur der Pneumatiker, deshalb wird er aber auch erst zum Kind, wenn er die Erkenntnis Gottes erhält. — Diese Interpretation wird unterstützt durch die ganz parallele Verwendung des Begriffs "Kind" in den Exc: "Weil aber Seth pneumatisch ist, hütet er weder die Herde, noch bebaut er den Acker, sondern er bringt Kinder hervor, wie das Pneumatische" (54,3 vgl. auch 41,1f.). Entsprechend dürfen wir sagen: nur der Pneumatiker hat φύσις im eigentlichen Sinn, weil nur Gott "Natur" hervorbringen und begründen kann. In allen anderen Fällen ist der Begriff "Kind" (wie auch φύσις) übertragen gebraucht.

So bei den Psychikern. Sie sind nicht im eigentlichen Sinne "Kind", weil ihnen die Erkenntnis fehlt — wären sie es, so wären sie festgelegt und bestimmt, wie die Pneumatiker (nachdem sie Pneumatiker geworden sind). So aber können sie sowohl Gotteskinder als auch Teufelskinder werden (359,14ff.). Ihre mögliche Gotteskindschaft beruht auf γνώμη. Herakleon erklärt: "Wenn einer den Willen (θέλημα) eines anderen tut, dann wird er wegen seines Entschlusses (διὰ τὴν ἑαυτοῦ γνώμην)[66] Kind dessen genannt, dessen Willen er tut" (359,22ff.). Daß auch dabei die Gnade des Soters notwendig ist, wurde bei der Geschichte vom Basilikos-Demiurgen klar. Deshalb ist auch die Übertragung des Begriffes "Kind" auf sie berechtigt, weil der Soter ihnen zu ihrer

---

[66] Man könnte auch übersetzen "wegen seines Willens" (so Förster, *Die Gnosis* 236). Jedenfalls ist hier, wie die Parallele der Ausführungen über die θέσει-Gotteskindschaft zeigt (359,13ff.), γνώμη als Willen, Absicht, nicht als Einsicht, Erkenntnis gemeint. D.h. die γνώμη-Gotteskinder sind keinesfalls die Pneumatiker. Es wäre ja auch ganz unverständlich, sollte gerade hier bei der Definition der verschiedenen menschlichen Möglichkeiten — gerade im Gegensatz zu den breiten Ausführungen über die Samaritanerin — das Tun so sehr im Vordergrund stehen, das doch nur eine untergeordnete Folge der eigentlich pneumatisch machenden Erkenntnis ist.

uneigentlichen Gotteskindschaft verhilft. Durch ihn gewinnen sie einen mittelbaren Anteil am Reich Gottes. Herakleon nennt diese Gotteskindschaft auch θέσει (359,15), im Gegensatz zu der φύσει.

Auch bei der dritten Gruppe, die ἀξίᾳ Kind ist, wird der Begriff übertragen verwandt und bezeichnet die "Kinder" der Hölle, der Finsternis und Gesetzlosigkeit, Ottern- und Schlangengezücht (359,25f.). Gemeint sind die Teufelskinder, die hier, in dieser definierenden Partie, in einer Gruppe zusammengefaßt werden, seien sie Teufelssöhne κατ' οὐσίαν oder κατὰ γνώμην. Mit Recht, denn für beide gilt, daß sie "nach Verdienst" Teufelskinder sind, daß ihre Teufelskindschaft also gerade nicht auf unabänderlicher natürlicher Anlage beruht, so daß sie entschuldigt wären, sondern Schuld ist. "Weil sie die Werke jener taten, werden sie ihre Kinder genannt" (359,28f.),[67] wobei unter "Werken" nun auch das spezifische "Werk" der Choiker, die falsche Selbstbehauptung, zusammengefaßt ist.

Damit ergibt sich für den Begriff "Kind":

1. Er bezeichnet in keinem Fall eine natürliche Kindschaft. (An Selbstverständlichkeiten ist Herakleon nicht interessiert, sondern will anhand des Begriffs theologische Aussagen machen).

2. Er bezeichnet vielmehr die eigentlich reale, geistige Kindschaft.

---

[67] Einer Teufelskindschaft aufgrund von Werken stimmt Origenes lebhaft zu, ohne Verständnis jedoch für das, was Herakleon Teufelskindschaft κατ' οὐσίαν nennt: "Wieviel besser wäre es doch, wenn er von allen Teufelskindern gesagt hätte, daß sie wegen ihrer Angleichung an ihn durch das Tun seiner Werke, nicht aber wegen ihres Wesens und ihrer schöpfungsmäßigen Bestimmung, die unabhängig von Werken sind, so hießen" (360,5ff.)! In diesen Worten ist noch einmal die Position des Origenes umschrieben, die er breit im 20. Buch seines Kommentars entfaltet, durch das sich wie ein roter Faden die Auseinandersetzung mit Herakleon hindurchzieht. Hier entwickelt er, daß man zum Kind Gottes, zum Pneumatiker, allmählich *wird* (vgl. 20,13; 20,33; s. auch 20,22). Origenes weiß selbstverständlich, daß der Mensch dabei von der Gnade abhängig ist und daß glauben zu können ein Geschenk Gottes ist (vgl. 20,32), aber Glauben ist dennoch für ihn unabdingbar und wesensmäßig mit Nicht-Sündigen verbunden. Daß der "Glaube ohne Werke tot" ist (Jak. 2,20) gilt für ihn (20,10). Darum kreuzigt den Sohn Gottes erneut, wer nach seiner Taufe noch sündigt (20,12; 341,32f.), darum muß, wer ein Kind Abrahams sein will, ein "Kämpfer" sein (20,10; 339,1f.), und darum trennen Origenes trotz Übereinstimmungen doch Welten von denen, die nach seinen Worten von den Werken Abrahams nur ein einziges kennen, nämlich: "Abraham glaubte Gott und das wurde ihm zur Gerechtigkeit angerechnet" (Röm. 4,3) und die meinen, darauf allein beziehe sich die Aufforderung aus Joh. 8,39 "Tuet die Werke Abrahams" (20,10; 337, 17-19).

Insofern sind nur die Pneumatiker Kinder, die wie die Samaritanerin
Erkenntnis gewonnen haben.

3. Er kann in zweierlei Weise übertragen verwandt werden, sei es im
Sinne einer uneigentlichen θέσει-Gotteskindschaft, sei es im Sinne einer
Teufelskindschaft als Ausdruck der völligen Gottferne.

4. Die jeweils besondere Art der Kindschaft wird in allen Fällen
erst in der Begegnung mit dem Soter sichtbar. Darf man folgern, daß
sie auch erst im Augenblick der Begegnung konstituiert wird? Mir
scheint, das ist die einzig mögliche Konsequenz. Hier erfüllt sich (oder
erfüllt sich nicht) für den einzelnen die Verheißung, die dem Menschen
in der Schöpfung gegeben war (Frg. 2).

Parallel dazu ist nun auch der Begriff φύσις zu verstehen. Er bezeichnet keine jeweils verschiedene, schöpfungsbedingte Naturanlage, sondern im eigentlichen Wortsinne nur die allein wahre, geistige Natur.
Daher haben nur die Pneumatiker eine φύσις im strengen Sinne
(vgl. Frg. 24 zu Joh. 4,24 πνεῦμα ὁ θεός). In allen anderen Fällen
wird der Begriff übertragen gebraucht und bedeutet die in der Reaktion
auf den Soter zustandekommende und sich äußernde Eigenart des
einzelnen, sei sie eine uneigentlich "geistige" Natur wie bei den Psychikern oder eine gottferne Unnatur wie bei den Choikern.

Damit sind wir ans Ende unserer Interpretation gelangt. Sie versuch-
te, die Aussagen Herakleons systematisch zusammenzufassen, mußte
aber nicht selten — weil an die Auslegung der Perikopen gebunden —
daneben auch den Seitenwegen der Exegese Herakleons folgen. So
ergibt sich die Theologie Herakleons aus der vorstehenden Interpretation jeweils nur stückweise und muß vom Leser zum Ganzen zusammengesetzt werden. Ich denke aber, daß bestimmte Resultate auch
bei der ersten Lektüre deutlich wurden. Herakleon will in der Nachfolge
des Paulus stehen; ihm muß ein anderer Platz in der Wirkungsgeschichte des Apostels eingeräumt werden als bisher, ebenso wie in der Aus-
legungs- und Wirkungsgeschichte des Johannesevangeliums. Und
schließlich: wenn die hier vorgetragene Interpretation auch nur
einigermaßen die Sache trifft, ist zu erwägen, ob nicht unsere bisherige
Definition der christlichen Gnosis einer Erweiterung oder Umgestaltung
bedarf.

PART III

GNOSIS AND GNOSTICISM

SIMONIANISCHE GNOSIS UND DIE
EXEGESE ÜBER DIE SEELE

VON

SASAGU ARAI

Im Jahre 1970 hatte ich einen Beitrag unter dem Titel "Simon Magus und seine Traditionen" für die wissenschaftliche Zeitschrift der Universität Tokyo geschrieben [1] und dann diesen mit den anderen in meinen Sammelband "Frühes Christentum und Gnostizismus" aufgenommen, das 1971 in Tokyo veröffentlicht wurde.[2] Da ich diesen Aufsatz im Japanischen geschrieben habe, hat er bis vor kurzem leider fast kein Echo in Fachkreisen im Westen gefunden. Aber dank des Forschungsberichtes K. Rudolphs über Gnosis und Gnostizismus, in dem er meinen Simon-Magus-Aufsatz — auf Grund der englischen Zusammenfassung — rezensierte,[3] hat dieser neuerdings die Aufmerksamkeit G. Lüdemanns erregt, so daß er in seiner Arbeit "Untersuchungen zur simonianischen Gnosis", die m.W. als eine der neuesten Literatur zum Simonianismus gilt, meinen Aufsatz angeführt hat.[4] Ich bin erstaunt, in der Arbeit Lüdemanns zu finden, daß einige der Thesen, die er anhand seiner Arbeit vorträgt, merkwürdigerweise meinen Thesen sehr nahe stehen, wie ich es unten nachprüfend erörtern werde.

Ungefähr ein Jahr vor der Herausgabe der Arbeit Lüdemanns wurde die große Monographie K. Beyschlags "Simon Magus und die christliche Gnosis" publiziert,[5] die er schon 1971 in seinem Aufsatz "Zur

---

[1] S. Arai, On Simon Magus and his Traditions, *The Journal of the Department of Liberal Arts, College of General Arts, University of Tokyo*, 3, 1970, S. 57-72 (Japanisch), Deutsche Zusammenfassung, S. 103.

[2] S. Arai, *Early Christianity and Gnosticism*, Tokyo 1971, S. 104-122 (Japanisch), Englische Zusammenfassung, S. 389f.

[3] K. Rudolph, Gnosis und Gnostizismus, ein Forschungsbericht, *ThR* 37, 1972, S. 325, Anm. 2. Vgl. auch Rez. Rudolphs : Arai, *Early Christianity and Gnosticism* (auf Grund der englischen Zusammenfassung), in : *ThLZ* 99, 1974, Sp. 494f.

[4] G. Lüdemann, *Untersuchungen zur simonianischen Gnosis*, Göttingen 1975, S. 132f., Anm. 52.

[5] K. Beyschlag, *Simon Magus und die christliche Gnosis*, Tübingen, 1974.

Simon-Magus-Frage" vorangekündigt hatte.[6] Mit diesen Arbeiten
richtet sich Beyschlag entschieden gegen die Tendenzen der Forschungen zum simonianischen Problems, die z.B. die Arbeiten G. Quispels,[7]
E. Haenchens [8] und vor allem W. Schmithals [9] vertreten. Er widerlegt
also "die von der Gnosisforschung der letzten Jahrzehnte nahezu zum
Dogma erhobene Hypothese vom angeblich vorchristlichen Ursprung
des Gnostizismus an einem ihrer entscheidenden Punkte, bei Simon dem
Magus".[10] Und er gelangt mit dem "mit großer Kenntnis zusammen-
getragenen Belegen"[11] zu folgendem Schluß : "Der von den Simonianern verarbeitete christliche Gnostizismus war jedenfalls nicht, was
man heute unter sog. 'Frühgnosis' versteht. Vielmehr zeigt er bereits
deutlich die auch für die gnostischen Hauptgruppen des 2. Jahrhunderts
typische philosophisch-systematische, also quasi 'wissenschaftliche'
Struktur".[12] Mit dieser fast provokatorisch klingenden These Beyschlags habe ich mich freilich unten auseinanderzusetzen, obwohl ich
mich selbst seiner Ansicht zum Teil anschließe.

Inzwischen hat K. Rudolph, der neuerdings seinen großen Sammelband "Gnosis und Gnostizismus" in der Reihe "Wege der Forschung"
herausgab [13] und freundlicherweise auch mein Referat "Zur Definition
der Gnosis in Rücksicht auf ihren Ursprung" in diesen Band aufnahm,[14]
darauf hingewiesen, daß wir in der 6. Schrift des Codex II von Nag
Hammadi Codices, also in der "Exegese über die Seele" (abgekürzt :
ExAn), eine einfache Form der gnostischen Seelenlehre vor uns haben,
die auch Simon gekannt haben dürfte. Er meint also so weit zu gehen :
"Vielleicht haben wir es mit einer vorsimonianischen Tradition zu
tun".[15] Auf der anderen Seite soll H.-M. Schenke — nach Beyschlag —
in zwei ihm im Manuskript übersandten Aufsätzen einen neuen Versuch,
"allzu schmale Quellenbasis zum Simonianismus durch Rückgriff auf
die Nag-Hammadi-Texte (bes. Codex VI und VII) zu erweitern", unter-

---

[6] K. Beyschlag, Simon-Magus-Frage, *ZhTK* 68, 1971, S. 395-426.

[7] G. Quispel, *Gnosis als Weltreligion*, Zürich 1951, S. 45-70.

[8] E. Haenchen, Gab es eine vorchristliche Gnosis ? *ZThK* 49, 1952, S. 316-349 (=
Gott und Mensch, Ges. Aufsätze, Tübingen 1965, S. 265-298).

[9] W. Schmithals, *Die Gnosis in Korinth*, 3. Aufl., Göttingen 1970, S. 32ff.

[10] Beyschlag, *ZThK* 49, S. 212.

[11] Rudolph, *ThR* 37, S. 332.

[12] Beyschlag, *Simon Magus und die christliche Gnosis*, S. 218f.

[13] K. Rudolph, *Gnosis und Gnostizismus* (Wege der Forschung CCLXII), Darmstadt
1975.

[14] In : Rudolph, a.a.O., S. 646-653.

[15] Rudolph, *ThR* 37, S. 230, 324.

genommen haben.[16] Diese Aufsätze Schenkes waren mir bis heute
leider noch nicht zugänglich. Wenn ich aber die Ergebnisse der
Untersuchungen Schenkes aus dem Referat des "Berliner Arbeitskreis
für koptisch-gnostische Schriften" (Leiter : H.-M. Schenke) über die
"Bedeutung der Texte von Nag Hammadi für die moderne Gnosisforschung"[17] annehmen dürfte, dann hält auch Schenke, ebenso wie
Rudolph, die ältesten Schichten der ExAn zumindest sachlich für
vorsimonianisch.[18] Heben so zwei bedeutende Gnosisforscher wie
Rudolph und Schenke *una voce* simonianische, oder sogar *vorsimonia-*
nische Charakterzüge der ExAn hervor, bin ich auch dazu verpflichtet,
die Beziehung der ExAn zur simonischen Gnosis zu präzisieren,
zumal weder Rudolph noch Schenke, soweit ich sehe, ihre These mit
genügenden Beweismaterialien bestätigen.

Im Folgenden werde ich zunächst versuchen, meine Thesen, die ich
anhand des oben genannten Aufsatzes vorgetragen hatte, durch
neuere, bzw. neueste Literatur modifizierend und ergänzend wiederzugeben. Und dann werde ich mich der ExAn zuwenden und den
Versuch unternehmen, die Frage zu beantworten, ob und inwieweit
diese Schrift mit der simonianischen Gnosis in Berührung kommt.
Es wäre mir eine große Freude, wenn ich anhand dieses Referates dazu
beitragen könnte, die heute noch im Dunkel liegende Frühgestalt des
Gnostizismus, vor allem dessen Verhältnisse zum entstehenden Christentum in einigen Punkten zu erhellen.

I.

Meine Thesen lauten folgendermaßen :

1. Es ist möglichst zu vermeiden, mit den spät zu datierenden
Quellen die frühere Lage der historischen Realität zu begründen. In
diesem Sinne möchte ich gerne die methodologische Warnung Beyschlags [19] aufnehmen. Allerdings folgt er selbst seiner eigenen Warnung
nicht immer, wenn er die Syntagmatradition Hippolyts (Anfang 3.

---

[16] Beyschlag, a.a.O., S. 78, Anm. 169.

[17] In : K.-W. Tröger (ed.), *Gnosis und Neues Testament. Studien aus Religionswissen-*
schaft und Theologie, Berlin 1973, S. 13-76.

[18] Tröger (ed.), a.a.O., S. 36-39, bes. S. 39.

[19] Beyschlag, a.a.O., S. 1-6, bes. S. 4. Unabhängig von Beyschlag betont auch R.
Bergmeier, Quellen vorchristlicher Gnosis ? in : G. Jeremias, H.-W. Kuhn, H. Stegmann
(ed.), *Tradition und Glaube. Das frühe Christentum in seiner Umwelt*. Festgabe für K.
G. Kuhn, Göttingen 1971, S. 200ff., das gleiche.

Jahrhundert), die er — bewußt der These L. Cerfaux folgend — hauptsächlich aus Epiphanius, ref., 21, 1-4 (um 375) rekonstruiert, vor
allem 5 Originalzitate bei Epiphanius, als Quelle zum Simonianismus
höher schätzt als die Tradition der Simonianer, die hinter Justinus,
apol. I, 26, 1-3 (um 150) und Irenaeus, adv. haer., I 23, 1-4 (um 180)
steht.[20] In diesem Zusammenhang bin ich sowohl J. M. A. Salles-
Dabadie und J. Frickel als auch H. G. Kippenberg gegenüber sehr
skeptisch, die die ältesten Schichten der "Apophasis Megalê" (abgekürzt : AM) in Hipp., ref., VI 9, 3-18 (um 230) und — im Fall Kippenbergs — auch einige der im 4. Jahrhundert zu datierenden samaritanischen Überlieferungen mutatis mutandis sogar zu Simon Magus
selbst zurückzuführen versuchen.[21] Allerdings schätze ich sehr die
verdienstvollen Leistungen Frickels und vor allem Kippenbergs :
Ersterer hat mit schöner Beweisführung nicht nur den literarischen
Charakter der Refutatio Hippolyts klar gemacht, sondern auch die
ältesten Schichten der AM-Tradition von den übrigen ausgesucht;
letzterer hat mit den aramäischen Quellen die Kultur- wie Religionsgeschichte des Samaritanismus vor dem 4. Jahrhundert bahnbrechend
erhellt. Mir scheint doch fraglich zu sein, ob man somit die Lehre
Simon des Magus und die Religionsgeschichte in der Mitte des 1.
Jahrhunderts rekonstruieren dürfte,[22] obwohl ich nicht — wie Beyschlag [23] — so weit gehe, jede Verbindung der AM zum Simonianismus

---

[20] Beyschlag, a.a.O., S. 23-27. Zu den Arbeiten Cerfauxs vgl. Beyschlag, a.a.O., S.
81-84. Dagegen scheint mir das "Syntagma Hippolyts" — wie Lüdemann, a.a.O.,
35 mit Recht verweist — "ein dunkles Blatt" zu sein. Was die 5 Originalzitate bei
Hippolytus betrifft, können einige Motive davon, vor allem "mächtige" Helena gegenüber
der "ohnmächtigen" in Iren., adv. haer., I 23, 3 (Originalzitate Nr. 2 und 3 = Epiph.,
ref., XXI 2f.) "auf zwei voneinander leicht abweichende Überlieferung zurückgehen"
(Beyschlag, a.a.O., S. 35). Es könnte aber auch sein, daß "mächtige" Helena, die in der
Stesichorus-Legende in Iren., a.a.O., immanent vorhanden war, in Hipp., a.a.O., anhand
der Ennoiaallegorien in den Vordergrund gerückt worden ist. Dies scheint mir wahrscheinlicher, zumal in Hipp. — Iren. gegenüber — die Helena-Gestalt im Ganzen
hervorgehoben ist, indem sie, deren Beziehung zum Ennoiamythus in Iren. noch nicht
immer klar ist, mit diesem sowohl in kosmologischer als auch soteriologischer Hinsicht
fest verbunden ist.

[21] J. M. A. Salles-Dabadie, *Recherches sur Simon le Mage, I* : *L'Apophasis megalè*,
Paris 1969, S. 128f.; J. Frickel, *Eine Paraphrase zur Apophasis Simons*, Rom 1968,
S. 105, 112f., 120, 122; H. G. Kippenberg, *Garizim und Synagoge. Traditionsgeschicht-
liche Untersuchungen zur samaritanischen Religion der aramäischen Periode*, Berlin/
New York 1971, S. 137f.

[22] So auch Rudolph, *ThR* 37, S. 337f.; Beyschlag, a.a.O., 37-47; Lüdemann, a.a.O.,
S. 24-28.

[23] Beyschlag, ebd.

von vorn herein abzulehnen. Mir scheint, daß es sich bei der AM um eine Anpassung der Simonianer an die monistisch-hellenistische Philosophie handelt, die man z.B. im 3. Jahrhundert in Alexandrien vertrat.[24]

2. Simon gab sich als den "Großen" (μέγας) im Sinne "Gottes" aus und seine Anhänger verehrten ihren Meister als "große Kraft" (ἡ δύναμις μεγάλη) auch im Sinne "Gottes" (Apg. 8, 9f.). Darüber hinaus kann man wenigstens aus dem Bericht des Lukas (Apg. 8, 4-24) nichts mit Sicherheit historisch ermitteln.[25] Allerdings lasse ich die Möglichkeit, daß Simon wegen seiner Wunderkraft als "Magus" gegolten habe, offen. Es ist zwar Tatsache, daß einige christliche Haeresiologen ihre Gegenspieler als "Magier" stempelten, oder zu "Magier" degradierten,[26] aber es scheint mir zu modern, die antike Volksreligion von der Zauberei im weiteren Sinne sauber zu trennen,[27] zumal auch hinter den gnostischen Schriften wie z.B. der Pistis Sophia, beiden Büchern Jeû u.a. eine Art Zauberei oder zumindest Kultus vorausgesetzt ist.[28] Auf jedenfall halte ich aber daran fest, daß bei Simon selbst keine gnostischen Charakterzüge beweisbar sind.[29]

In diesem Zusammenhang halte ich die These Lüdemanns, daß man hinter Apg. 8 einen Simon/Zeus-Kult annehmen dürfte,[30] für sehr wahrscheinlich. Lüdemann versucht, seine These zwar mit späteren Materialien wie Just., apol. I, 26, 2; Iren., adv. haer., I 23, 4 und Zeus-Hypsistos-Tradition zu bestätigen, diese These aber — meiner Meinung nach — durch die Apostelgeschichte selbst zumindest indirekt unterstützt, da in Apg. 14, 12 es heißt, daß auch Paulus wegen seiner Wunderkraft als Zeus verehrt worden wäre, wenn er es nicht abgelehnt hätte. Dann wäre es sehr leicht gewessen, daß solch ein Mann wie Simon, der sich als Gott ausgab und möglicherweise eine Wunderkraft zeigte, als "große Kraft" im Sinne des Gottes "Zeus" verehrt, und mit einem Zeuskult in Verbindung gebracht wurde, zumal in Samarien

---

[24] So auch Rudolph, ebd.

[25] So auch Bergmeier, a.a.O., S. 203f.; Beyschlag, a.a.O., S. 99-106; Lüdemann, a.a.O., S. 39-42.

[26] Z.B. Iren., adv. haer., I 13, 1 (Marcos), weitere Belege bei W. Bauer, *Das Leben Jesu im Zeitalter der neutestamentlichen Apokryphen*, Tübingen 1909 (= Darmstadt 1967), S. 81f., Anm. 3.

[27] Gegen Lüdemann, a.a.O., S. 41, 54.

[28] Vgl. A. Hilgenfeld, *Die Ketzergeschihcte des Urchristentums*, Leipzig 1884 (= Darmstadt 1966), S. 21ff., 230ff.

[29] So einstimmig auch Bergmeier, Beyschlag und Lüdemann. S. oben Anm. 25.

[30] Lüdemann, a.a.O., S. 49-54.

seit dem 2. Jahrhundert v. Chr. ausgerechnet der Zeuskult weithegend
eingeführt worden war.[31] Trotzdem zögere ich, mit Lüdemann so weit
zu gehen, die Entstehung der simonianischen Gnosis im Anschluß
nicht nur an einen samaritanischen Zeuskult, sondern auch, verbunden
mit diesem, an einen hellenistischen Athenakult bis in die Mitte des
1. Jahrhunderts hinauszudatieren,[32] was ich im Zusammenhang mit
der Helena-Gestalt in Just., apol. I, 26, 3 und Iren., adv. haer., I 23,
2-4 später zur Sprache bringen werde.

   3. Erst in Just., apol. I, 26, 2-3 und Iren., adv. haer., I 23, 1-4
begegnen wir der simonianischen Gnosis, mit der die Simonianer
sich dem Christentum angeglichen haben, während sie auch die Gestalt
der Helena in sich aufgenommen haben. Hinter dieser christlich-
simonianischen Gnosis des 2. Jahrhunderts ist aber eine Ennoia/
Sophia-Mythologie als gnostische Tradition anzunehmen, die mit dem
Christentum ursprünglich nichts zu tun hat. Gegenüber der Frage,
wann und wo die Simonianer anhand dieser Mythologie ihren Simon/
Zeuskult gnostisiert haben, kann man wegen der schmalen Quellenbasis nichts Entscheidendes sagen. Ich bin aber geneigt, als Ent-
stehungszeit das Ende des 1. oder den Anfang des 2. Jahrhunderts
anzusehen. Als Entstehungsort kommt doch Samarien in Frage.

   3.1. Bei Just. apol. I, 26, 2 handelt es sich um einen Bericht der
Verehrung Simons durch seine Anhänger in Rom. Man braucht
nicht, wie Beyschlag meint, diesen Bericht im Ganzen für "eine
simonianische Sekundärbildung"[33] zu halten. Wir können hier eher
einen historischen Kern der Simonianer in Rom anerkennen, wenn wir
die literarische Gattung und den literarischen Charakter der *apologia*
Justins berücksichtigen. Wie könnte es sich dabei z.B. um eine "Sekundärbildung" handeln, wenn Justin im Anschluß an den Simon/
Zeuskult der Simonianer den römischen Senat darum ersucht, die
Statue, die Simon gewidmet wurde, aus Rom zu entfernen (I, 26, 4)?
Außerdem ist die Tatsache, daß eine solche Statue wirklich in Rom
im 2. Jahrhundert vorhanden war, durch ihre Ausgrabung einwandfrei
bestätigt worden. Allerdings lautet die Inschrift, die an der Statue
entdeckt wurde, nicht, wie Justin berichtet, "Simoni Deo Sancto",
sondern "Semoni Sancto Deo Fideo …". Diese Statue war also nicht
Simon, sondern Semo, einem sabinisch-altrömischen Eidgott geweiht.
Man darf aber die Möglichkeit nicht von vorn herein ablehnen, daß

---

[31] Vgl. Kippenberg, a.a.O., S. 74-85.

[32] Lüdemann, a.a.O., S. 102.

[33] Beyschlag, a.a.O., S. 13.

die Römer im 2. Jahrhundert Semo mit Jupiter Fideus, also $Z\epsilon\grave{v}s\ \pi\acute{\iota}\sigma\tau\iota os$ identifiziert haben, und die Simonianer diesen als Simon Deus Sanctus verehrten.[34]

3.2. In Just., apol. I, 26, 3 ist vom Simon-Ennoia-Mythus die Rede, der von den Simonianern in der Weise historisiert wurde, daß Simon eine Helena als Paargenossin begleitete. Allerdings könnte man zwar im Beinamen Simons, dem *"ersten* Gott" ($\pi\rho\hat{\omega}\tau os\ \theta\epsilon\acute{o}s$), und dementsprechend auch im Beinamen der Helena, der *"ersten* Ennoia" ($\pi\rho\acute{\omega}\tau\eta$ *"Εννοια*), einen Justin typischen, platonisierten Zug erkennen.[35] Wir müssen aber zugleich in diesem Beinamen auch einen gnostischen Zug annehmen, und zwar insofern, als die Ennoia, die von Simon geboren werde und jetzt als Begleiterin Simons gilt, — nach Justin — früher jene im Bordell stehende Helena war. Diese Gestalt Ennoia/Helena hat einen gewissen, für die Gnosis charakteristischen Dualismus inne, der nachher in Iren., I 23, 3 in den Vordergrund gerückt worden ist.[36]

3.3. Bei Iren., adv. haer., I 24, 1-4 handelt es sich zunächst um eine simonianische Gnosis, die sich stark dem Christentum angeglichen hat, also um eine Art christliche Gnosis des 2. Jahrhunderts. Ich halte aber daran fest, daß nicht nur die dahinter liegende Simon-Helena-Mythologie (23,3), sondern auch die Soteriologie Simons (24, 4 Anfang) die gnostische Charakterzüge innehat, die mit dem Christentum nichts zu tun haben.

Nun halte ich solche Motive wie modalistische Erscheinungsweisen Simons als Sohn, Vater und Heiliger Geist (23, 1), wie Helena als "verlorenes Schaf" (23, 2), und radikal-doketistische Erscheinungsformen Simons, seine libernistische Lehre (23, 3) und magische Spielerei der Simonianer (23, 4) für Folgen der Angleichung der Simonianer an das Christentum, bzw. an den christlichen Gnostizismus, zumal sie in diesem, vor allem bei den Basilidianern und Karpokratianern wiederkehren.[37] Wenn wir aber die von den ebengenannten Motiven durchdrungenen Partien von den übrigen trennen, dann haben wir eine beinahe einheitliche Simon-Helena-Mythologie vor uns :

Simon, der "die höchste Kraft" (sublissima virtus, $\dot{a}\nu\omega\tau\acute{a}\tau\eta\ \delta\acute{v}\nu a\mu\iota s$) oder "Vater von allem", führte die Helena, die er in Tyrus, einer phönizischen Stadt, als Dirne freigekauft hatte, mit sich herum, und

---

[34] So auch Lüdemann, a.a.O., S. 49-54.

[35] Beyschlag, a.a.O., S. 10, Anm. 9.

[36] So auch Lüdemann, a.a.O., S. 55ff. Gegen Bergmeier, S. 204f.

[37] Nur in diesem Sinne komme ich mit Beyschlag, a.a.O., S. 127ff. überein. So auch Lüdemann, a.a.O., S. 81ff.

sagte, diese sei sein "erster Gedanke", die "Mutter von allem", durch die er den Gedanken faßte, Engel und Erzengel zu machen. Diese Ennoia, die aus ihm hervorsprang, sei, im Wissen darum, was ihr Vater wollte, nach unten herabgestiegen und habe Engel und Mächte geboren, von denen nach ihm auch diese Welt gemacht werde. Nachdem sie aber geboren habe, sei sie von ihnen aus Neid zurückgehalten werden wollten. Denn er selbst sei ihnen gänzlich unbekannt geblieben; seine Ennoia aber habe Schmach aller Art von ihnen erlitten, damit sie nicht wieder zu ihrem Vater zurückkehre, und das bis zu dem Maße, daß sie auch in menschliche Körper eingeschlossen wurde und durch die Jahrhunderte hindurch wie von Gefäß zu Gefäß in immer andere weibliche Körper überwechselte. Sie sei aber in jener Helena gewesen, wegen der der trojanischen Krieg angefangen worden sei; deswegen sei Stesichorus, der sie in einem Gedicht geschmäht hatte, des Augenlichts beraubt, danach habe es ihm leid getan und er habe die sogenannten Palinoden geschrieben, in denen er sie verherrlichte, und sei wieder sehend geworden. Sie habe sich schließlich in einem Bordell preisgegeben. Darum sei er selbst gekommen, daß er zuerst sie zu sich nehme und sie von den Fesseln befreie; den Menschen aber gewähre er Rettung durch Erkenntnis (ihrer) selbst.[38]

Dieser Mythologie gegenüber haben wir zweierlei zu fragen : Erstens : Gehörte die Helena-Gestalt von Anfang an dem Simon-Ennoia-Mythus an ? Oder wurde sie erst sekundär in diesem aufgenommen ? Zweitens : Wie beziehen sich zwei Erlösungsakte Simons, nämlich die Befreiung der Helena einerseits und Errettung der Menschen andererseits aufeinander ?

3.4. Helena, die jetzt Paargenossin Simons, des höchten Wesens, ist, die aber einst als gefallene und von diesem erlöste Ennoia gilt, ist zumindest sachlich für den gnostischen Kunstmythus, also für die mythische Objektivation der dualistischen Daseinshaltung der Menschen, das konstruktive Element. Aber traditionsgeschichtlich gesehen, scheint mir doch Helena eine sekundäre Gestalt zu sein. Als Gründe dafür nenne ich folgende :

In den oben angeführten Simon-Helena-Mythologie ist Helena sehr umständlich mit dem Ennoiamythus verbunden. Zuerst heißt es,

---

[38] Im Wesentlichen nach der Übersetzung W. Foersters, in : *Die Gnosis, I : Zeugnisse der Kirchenväter*, Zürich/Stugttart 1969, S. 42f. Allerdings habe ich, dem quellenkritischen Vorschlag Lüdemanns, a.a.O., S. 57, folgend, zwei Sätze von Iren., I 23, 3 gestrichen, und habe Anfang 23, 4 anders als Foerster übersetzt. Näheres s. unten.

Simon faßte den Gedanken durch Helena, und somit sprang Ennoia aus
ihm hervor. Aber dann wird gesagt, die gefallene und zu erlösende
Ennoia sei auch in Helena gewesen. Schließlich heißt es, daß Simon
herabkomme, um nicht Ennoia von Helena, sondern Helena von den
Fesseln zu befreien. Außerdem paßt auch die Stesichorus-Episode
nicht immer zu der Erniedrigung der Ennoia, da es sich dabei vielmehr um Rehabilitation oder sogar Erhöhung der Helena handelt.[39]
Dieses alles spricht dafür, daß die Helena-Gestalt innerhalb des Ennoiamythus als Fremdkörper anzusehen ist. Simonianer haben also
— so nehme ich an — einem in sich geschlossenen Ennoiamythus die
Helena-Gestalt sekundär eingefügt.

Diese Annahme wird anhand des Apokryphons Johannis (abgekürzt :
AJ) noch wahrscheinlicher. In dieser Schrift erscheint Ennoia in der
oberen Welt als Paargenossin des Urvaters. Die untere Ennoia aber,
die in die untere Welt gefallene, von dort zu erlösende und zugleich
dort die Menschen erlösende Gestalt, wird nicht mehr "Ennoia",
sondern "Sophia" genannt. Nun hat H.-M. Schenke die ältesten Schichten der Überlieferungen des AJ eruiert und ist mit Recht zum Schluß
gelangt, daß Ennoia und Sophia ursprünglich identisch gewesen waren.
Dem Ennoia-Sophia-Mythus des AJ liegt also höchstwahrscheinlich
ein Sophiamythus zugrunde.[40] Auf der anderen Seite hatte ich meiner-
seits anhand meiner literarkritischen Arbeit über 4 Versionen des AJ
(BG, Cod. II, III und IV von Nag Hammadi Codices) festgestellt, daß
diese Sophia, die BG und Cod. III mit Christus funktionell konkurriert
und in Cod. II und IV sich diesem näherbringt, ursprünglich mit
Christus nichts zu tun hatte.[41] Wenn unsere Annahmen richtig sind,
dann können wir uns mit höchster Wahrscheinlichkeit vorstellen, daß
der Ennoiamythus, den ich hinter dem Ennoia/Helenamythus der
Simonianer angenommen habe, einem Sophiamythus, wie wir ihm
z.B. in der ältesten Tradition des AJ begegnen, entstammt.[42] Simonianer haben also ihren Simonkult durch den Sophia/Ennoiamythus

---

[39] Dieses Motiv der "mächtigen" Helena wird dann — wie oben S. 188, Anm. 20
erwähnt — in Hipp., ref., XXI 2f. (Originalzitate Nr. 2 und 3 nach Beyschlag, a.a.O.,
S. 35) anhand der Ennoiaallegorien des "Burges", der "Fackel" und des trojanischen
"Pferdes" hervorgehoben. "Die Richtung im Text (und im Mythus) verläuft also von
der Ennoia zur Helena und nicht umgekehrt" (Lüdemann, a.a.O., S. 73).

[40] H.-M. Schenke, Nag-Hammadi-Studien III : Die Spitze des dem Apokryphon
Jahannis und Sophia Jesu Christi zugrunde liegenden gnostischen Systems, *ZRGG*
XIV, 1962, S. 352-361, bes. S. 356.

[41] S. Arai, Zur Christologie des Apokryphons des Johannes, *NTS* 15, 1969, S. 302-318.

[42] So auch Lüdemann, S. 70.

gnostisiert und dann diesen völlig "simonianisiert", indem sie Simon einerseits mit Christus und Ennoia andererseits mit Helena in Verbindung gebracht, und somit Simon und Helena als irdisches Paar historisiert haben.

Nun müssen wir uns fragen, wieso es aber den Simonianern möglich war, in der Sophia/Ennoia ausgerechnet die Helena zu entdecken. Wir könnten mit Lüdemann darauf so antworten: Die Simonianer haben im Anschluß an ihren Zeus/Athenakult (Iren., I 23, 4), die Helena als Symbol der Seele, in dem der Fall der Seelen mit dem der Helena vom Mond verknüpft worden war, als bekannt vorausgesetzt.[43] Das wäre zwar möglich, wenn die Quellenbehandlung Lüdemanns richtig wäre.[44] Man darf aber nicht mit Lüdemann so weit gehen, diesen Kult anhand eines archäologischen Fundes, an dem die Existenz der Helena als chtonische und lunare Göttin verifiziert worden sei, in Samaria im 1. Jahrhundert anzunehmen und daraus zu schließen, daß die simonianische Helena über diesen Kult in den Sophia/Ennoia-mythus hineinkam,[45] zumal es seit langem bezweifelt worden ist, daß es sich bei diesem Fund um eine Helena-Gestalt handelt.[46]

3.5. Nun möchte ich die obengestellte zweite Frage zu beantworten versuchen. Ich halte es für wahrscheinlich, daß die zwei Erlösungsakte Simons, die sich auf Helena einerseits *und* die Menschen andererseits beziehen, zumindest in den ältesten Schichten der simonianischen Tradition, also in der Simon-Ennoia-Mythologie, nicht miteinander konkurrieren, sondern eher soteriologisch verbunden sind. In dem Text aber, wo von der Simon-Ennoia-Sophia-Mythologie die Rede ist (Iren., I 23, 3-4), steht die Befreiung der Helena zur Errettung des Menschen sicher im Widerspruch. Wenn Ennoia in den weiblichen Körper eingesperrt wird und somit letztlich auch in Helena ist, müßte Simon zu Helena herabkommen, um sie, bzw. die Ennoia in Helena als Symbol für die weiblichen Körper zu befreien. Trotzdem heißt es, Simon sei herabgekommen, daß er zuerst Helena von den Fesseln befreie, aber dann den Menschen Rettung gewähre. Hier konkurrieren

---

[43] Lüdemann, S. 74-77.

[44] Das lasse ich hier auf sich beruhen, zumal die Quellenmaterialien, die Lüdemann zusammengestellt hat, meistens der späteren Zeit entstammen. Zur Datierung der ExAn s. unten.

[45] Lüdemann, a.a.O., S. 76.

[46] Seit L. H. Vincent, Le culte d'Hélène à Samarie, *RevBib* 45, 1936, S. 221. Ihm folgen neuerdings auch Kippenberg, a.a.O., 346f. und Beyschlag, a.a.O., S. 56, Anm. 10.

also tatsächlich die Erlösung der Helena und die Erlösung des Menschen.[47] Diese "Konkurrenz" wird aber dann gelöst, wenn — wie oben festgestellt — Helena als eine spätere Hinzufügung aufgefaßt wird. Allerdings würde man darüber hinaus darauf hinweisen, daß im Text überhaupt noch nicht an die Verbindung der Ennoia mit denMenschen, in denen sie sein soll, gedacht sei.[48] Wir können aber die letzte Wendung des Anfangssatzes des Iren., I 23, 3, nämlich "per suam agnitionem", — mit Lüdemann [49] — auf Grund der griechischen Wiedergabe des Hipp., Ref., VI 19, 5 ins Griechische "διὰ τῆς ἰδίας ἐπιγνώσεως" rückübersetzen. Es handelt sich dabei nicht, wie W. Foerster meint,[50] um "durch seine (sc. Simons) Anerkennung", sondern um "durch Erkenntnis (ihrer) selbst", also durch Selbsterkenntnis der Menschen. Verhält sich die Sache so, dann müßten die Simonianer die fallende und zu erlösende Ennoia als ihr "Selbst" angesehen haben. Für die Simonianer ist die Ennoia Prototyp ihres "Selbst", ihrer *prima salvanda*, und zwar mehr noch, als es auch für "Sophia" im AJ gilt.[51] So ist die Vorstellung vom Erlöser Simon notwendiges Korrelat, sowohl der Befreiung der Ennoia als auch der Errettung der Menschen. Wir haben deshalb keinen Grund mehr, die simonianische Gnosis, die hinter Iren., I 23, 2f. steht, — wie Beyschlag [52] — den früheren Simonianern abzusprechen und die simonianische Gnosis für eine "Vereinfachung" oder "Sekundärbildung" der zwei ursprünglich unabhängigen Systeme des 2. Jahrhunderts, nämlich der Systeme der "weiblich" orientierten Gnosis und des "männlich" orientierten gnostischen Modalismus, Doketismus und Antinomismus zu halten. Außerdem haben wir jetzt zumindest sachliche Parallelen zur simonianischen Ennoia-Helena-

---

[47] So Foerster, a.a.O., S. 40 und vor allem Beyschlag, a.a.O., S. 176f., 201.

[48] So Foerster, ebd.; Beyschlag, a.a.O., S. 201 : "Indem nämlich der Simonianismus ... die Erlösung auf das einzige Exemplar der Ennoia beschränkt, ohne daß vor irgendeiner pneumatischen Konsubstanzialität der Ennoia mit dem simonianischen Einzelgnostikern die Rede ist, ... schafft (Irenäus) eben dadurch zugleich auch ein soteriologisches Vakuum auf der Menscheitsseite, das eine zweite Art von Erlösung geradezu fordert".

[49] Lüdemann, a.a.O., S. 79f.

[50] Foerster, a.a.O., S. 43.

[51] Darauf hat schon L. Schottroff, *Der Glaubende und feindliche Welt. Betrachtungen zum gnostischen Dualismus und seiner Bedeutung für Paulus und das Johannesevangelium*, Neukirchen 1971, S. 120f., mit Recht verwiesen, indem sie in "οὕτως" bei Hipp., VI 19, 5 (P. Wendland, *Hippolytus Werke*, 3. Bd., Leipzig 1916, S. 46, 16) eine sachlich richtige Wiedergabe des "autem" bei Iren., I 23, 3 (W. Völker, *Quellen zur Geschichte der christlichen Gnosis*, Tübingen 1932, S. 2, 31) findet.

[52] Beyschlag, a.a.O., S. 193, 216.

Mythologie in der 6. Schrift des Codex II der Nag Hammadi Codices, nämlich in der Exegese über die Seele.

II.

Der ExAn können wir einen Seelenmythus verhältnismäßig leicht entnehmen. Wenn wir also die Partien der exegetischen Beweise mittels einiger Stellen des Alten und Neuen Testaments (129, 5 - 131, 13; 133, 1-31; 134, 15 - 135, 4) und die letzte Partie einer aus-geführten Paränese vom Text fortnehmen, so haben wir in den erzäh-lenden Partien einen beinahe einheitlichen Seelenmythus vor uns, dessen Heilsdrama fast nahtlos durch den Test hindurch zu verfolgen ist. Das gilt also für 127, 19 - 129, 5; 131, 13 - 132, 35; 133, 31 - 134, 15.[53]

---

[53] Folgende Wiedergabe des Seelenmythus im Wesentlichen nach dem Berliner Arbeitskreis, in : Tröger (ed.), a.a.O., S. 37f. — Als ich in Oxford das Referat gehalten habe, habe ich zwar mit Zustimmung von einer "Grundschrift" der ExAn im Sinne der "narrative *Vorlage*" (W. C. Robinson, Jr., The Exegesis on the Soul, in : *Essays in the Coptic Gnostic Library*. An Off-print from *Novum Testamentum* XII, 2, Leiden 1970, S. 105) gesprochen. Als Folge der anschließenden Diskussion mit den Teilnehmern am "Master Theme : Gnosticism", vor allem mit den Herren Professoren M. Krause und R. McL. Wilson (Vgl. M. Krause, Der Stand der Veröffentlichung der Nag Hammadi Texte, in : U. Bianchi (ed.), Le origini dello gnosticismo, Leiden 1967, S. 72; Ders., Aussagen über das Alte Testament in z.T. bisher unveröffentlichten gnostischen Schriften aus Nag Hammadi, in : *Ex orbe religionum. Studia G. Widengren oblata* I, Leiden 1972, S. 453ff.; Ders., Sakramente in der "Exegese über die Seele" in Codex II von Nag Hammadi, in : *Proceedings of the XIIth International Congress of the I.A.H.R. Studies in the History of Religions* XXXI, Leiden 1975, S. 179ff.; Ders., in : J. É. Ménard (ed.), *Les textes des Nag Hammadi. Nag Hammadi Studies* VII, 1975, S. 47ff.; Ders., Zur Be-deutung des gnostisch-hermetischen Handschriftenfundes von Nag Hammadi, in : M. Krause (ed.), *Essays on the Nag Hammadi Texts in Honour of Pahor Labib. Nag Hammadi Studies* VI, Leiden 1975, S. 82ff., 86f.; R. McL. Wilson, Old Testament Exegesis in the Gnostic Exegesis on the Soul, in : *NHS* VI, S. 215ff.; A. Guillaumont, Une citation de l'apocryphe d'Ezéchiel dans l'exégèse de l'âme, in : *NHS* VI, S. 35; F. Wisse, On Exegeting "The Exegesis on the Soul", in : *NHS* VII, S. 80), verzichte ich aber, hinter der ExAn eine "Grundschrift" anzunehmen, da ich auch jetzt davon über-zeugt bin, daß es sich bei der ExAn nicht um eine der "ursprünglich nichtchristlich-gnostischen, aber später christlich überarbeiteten Schriften", sondern um eine der "bereits als christlich-gnostischen Schriften konzipierten Traktate" (Krause, in : *NHS* VI, S. 82) handelt. Das bedeutet dennoch nicht, daß man auch darauf verzichten müßte, mittels der erzählenden Partien der ExAn Wesenszüge des Seelenmythus, der dieser Schrift zugrundeliegt, zu rekonstruieren, zumal wir gerade in diesen Partien einen beinahe einheitlichen Seelenmythus vor uns haben, wenn wir die exegetischen und paränetischen Partien vom Text fortnehmen.

Beim ersten Abschnitt der erzählenden Partien (127, 19 - 129, 5) handelt es sich um einen Mythus vom Fall der Seele : Die Seele war vor dem Fall eine mannweibliche Jungfrau (132, 8.21ff.), die in Syzygie mit ihrem Paargenossen lebte, der "Bruder", "Gatte" und "Bräutigam" genannt wird. Sie aber verließ das Vaterhaus, und sofort stürzten sich die "Räuber" oder "Frevler" auf sie, vergewaltigen sie und brachten sie ins Hurenhaus (128, 10ff.), wo sie ihnen dienen mußte. Schließlich aber verließen sie sie und ließen sie als "arme, einsame Witwe" (128, 17f.) zurück. Aus dem Verkehr aber mit den "Ehebrechern" hat sie "Stumme, Blinde und Geisteskranke" (128, 34ff.) geboren. In der letzten Verzweifelung erkannte sie ihre Lage und flehte den Vater um Hilfe an, der von ihrer Klage bewegt wurde.

Nun kommt es beim zweiten Abschnitt (131, 13 - 132, 35) auf das Erbarmen des Vaters über die gefallene Seele an. Der Vater erbarmte sich der Seele und wandte "ihren Mutterschoß" auf das Innere. Daraufhin ließ sie sich taufen und reinigte sich sofort von ihren äußeren Befleckungen (131, 29f.). Nun wollte sie sofort gute Kinder gebären, aber das war ihr unmöglich, weil eine Frau allein keine Kinder zur Welt bringen kann. Da aber schickte ihr der Vater vom Himmel ihren wahren Mann — d.h. ihren Bruder, den Erstgeborenen (132, 7f.) — als Bräutigam. Ausführlich wird beschrieben (132, 9-35), wie die Seele sich auf sein Kommen im Brautgemach vorbereitete, voller Furcht und Freude. Sie hat zwar ihr Vaterhaus und das Aussehen ihres wahren Gatten vergessen, aber der Vater ließ es sie im Traum sehen, so daß sie ihn dann erkannt. Nun kommt er, und es wurde die geistliche Hochzeit vollzogen.

Im letzten Abschnitt der erzählenden Partien (133, 21 - 134, 15) ist von der Wiedergeburt der Seele die Rede. Die Seele empfang von dem Bräutigam, der der lebenspendende "Geist" ist (134, 1f.), gute Kinder, die sie großzieht. Und dies ist die Wiedergeburt, oder sogar die "Auferstehung" der Seele; sie hat das Göttliche empfangen, sie konnte selbst bewegen, um zum Vater zu gehen.

Wenn diese Rekonstruktion richtig ist, dann haben wir in den Grundzügen des Seelenmythus eine erstaunliche Parallele zur simonianischen Gnosis. Die Parallelität besteht also nicht nur in einigen Motiven wie "Vergewaltigung" durch die Archonten, "Hurenhaus" und "Brautgemach" als Geschlechtsgenossenschaft u.a.,[54] sondern lediglich

---

[54] Außerdem nennt Beyschlag, a.a.O., S. 181, als gemeinsames Motiv "Erwartung des Erlösers". Das kommt aber im Ennoiamythus des Epiph., ref., XXI 3, 2 (Orig.-zitat Nr. 2) vor, den ich gegenüber dem Ennoiamythus des Iren., I 23, 2f. als sekundär

darin, daß diejenige weibliche Gestalt, die ursprünglich beim Vater
war, forthin als fallende und zugleich zu erlösende angesehen wird.
Das Schicksal der Ennoia bei den Simonianern entspricht also dem
der Seele in der ExAn. Außerdem ist hier freilich vorausgesetzt, daß
die "Seele" (ψυχή) als *prima salvanda*, d.h. Prototyp des Menschen
gilt, was allerdings im Teil der exegetischen Belege zur Sprache kommt :
"So wird die Seele durch die Wiedergeburt gerettet werden. Das
aber kommt nicht durch asketische Worte, ... sondern es ist die Gnade
Gottes, ... es ist das Geschenk Gottes für den Menschen" (134, 28ff.).

Dürften wir aber anhand dieser Berührungen so weit gehen, den
Seelenmythus, den wir hinter der ExAn angenommen haben, als
"vorsimonianisch" zu bezeichnen ? Diese Bezeichnung ist meiner
Meinung nach terminologisch wie inhaltlich mit aller Vorsicht aufzunehmen.

Terminologisch zu sprechen, kann ich mit der Bezeichnung "vorsimonianisch" freilich nicht, wie Rudolph und Schenke, das, was
Simon vor sich hat, meinen,[55] da ich oben festgestellt hatte, daß der
historische Simon mit der Gnosis nichts zu tun hat. Wenn man aber
unter dieser Bezeichnung das gnostische System, das die Simonianer
im 2. Jahrhundert vor sich hatten, versteht, dann ist diese wenigstens
anwendbar. Auch inhaltlich entspricht die "Seele" der ExAn insofern
der "Sophia" der Grundschrift des AJ, als beide Schriften keinen

---

angesehen habe. S. oben S. 188, Anm. 20; S. 193, Anm. 39. Auf der anderen Seite weist
der Berliner Arbeitskreis, a.a.O., S. 38, daraufhin, daß in den beiden Systemen die
Taufe eine Rolle spielt. Daß aber "Simon etwas mit einer Taufe zu tun hat", darf man
nicht "aus Apg. 8, 9ff. schließen", da es sich bei V. 18ff., auf die sich Berliner Arbeitskreis, a.a.O.. S. 38, Anm. 13, beruft, — meiner Meinung nach — um lukanische Redaktion
handelt, mit der Lukas Simon als Anfänger einer "Simonie" im Namen Petri bloßstellen
wollte. Daß die Simonianer mit der Taufe des Johannes etwas zu tun haben, könnte
man zumindest aus Ps.-Clem., Hom., II 24 = Rec., II 8 und 11 erschließen. Es kommt
aber dabei auf die spätere "Simon-Dositheus-Legende" an. So auch Beyschlag, a.a.O.,
S. 48f.; Lüdemann, a.a.O., S. 93ff. Was die "Taufe " in der ExAn betrifft, gilt diese als
himmliches Symbol für "Reinigung" der Seele, nämlich für Erlösung des eigentlichen
Selbst des Menschen (vgl. 131,28 - 133,2). Daraus können wir sonst nichts Konkretes,
wie etwa Taufpraxis, erschließen. Vgl. dazu S. Arai, Kultus und Gnosis in der Entstehungs-
geschichte der gnostischen Christologie, *Journal of Religious Studies*, 47, 1974, S. 530
(Japanisch. Deutsche Zusammenfassung, S. 538f. Deutsche Ausgabe, in : *Aufstieg und
Niedergang der römischen Welt*, 3. Bd., Berlin (in Vorbereitung)). Siehe jetzt auch Wisse,
in : *NHS* VII, S. 79 (gegen M. Krause, in : Foerster (ed.), a.a.O., II, S. 125f.), der hinter
dieser Stelle eine valentinianische Taufe annimmt (dazu vgl. auch Krause, in : *Studies in
the History of Religions* XXXI, S. 183f., Ders., in : *NHS* VII, S. 51f.).

[55] Rudolph, *ThR* 37, S. 320, 324; Berliner Arbeitskreis, in : Tröger (ed.), a.a.O.,
S. 38f.

Unterschied zwischen der überkosmischen und kosmischen Seele oder Sophia kennen. Das ist für uns wichtig, da wir angenommen haben, daß der ältesten Schicht der simonianischen Tradition solch ein Sophiamythus, wie wir es mit der Grundschrift des AJ deutlich gemacht haben, zugrundeliegt. Trotzdem zögere ich, auch in diesem Sinne die ExAn ohne weiteres als "vorsimonianisch" zu bezeichnen, da zwischen dem Ennoiamythus der Simonianer und dem Seelenmythus der ExAn neben den gemeinsamen Zügen auch noch wesentliche Unterschiede vorhanden sind.

Im simonianischen Ennoiamythus bilden Simon als Urvater und seine Ennoia als Urmutter eine Syzygie, aber im Seelenmythus der ExAn ist — nach der Spaltung der mannweiblichen Seele — der Paargenosse der Seele nicht "Vater" selbst, sondern ihr "Bruder", der eigentliche "Bräutigam" der Seele. An der Spitze des Mythus, der der ExAn zugrundeliegt, stehen also Vater, "Bruder" und seine Schwester "Seele", nicht Vater und seine Paargenossin Ennoia, wie es im simonianischen Mythus der Fall ist, aber auch nicht Vater, Mutter "Sophia" und Sohn in der Grundschrift des AJ. Außerdem kommt Simon selbst, wie in Iren., adv. haer., I 23, 3 berichtet wird, herab, um die gefallene Ennoia zu befreien. In der ExAn aber schickt der "Vater", der in der oberen Welt unbewegt bleibt, seinen "Geist", — d.h. seinen "Erstgeborenen" — der leidenden, aber sich bekehrenden Seele. In diesem Sinne entspricht der "Erstgeborene" oder "Geist" ungefähr der "Sophia" oder sogar dem "Sohn Christus" im AJ, nicht aber Simon, dem Vater bei den Simonianern. Diese Schwierigkeiten könnte man in der Weise überwinden, wie z.B. der Berliner Arbeitskreis annimmt: Simon identifizierte sich mit dem herabsteigenden Sohn.[56] Man kann aber diese Verhältnisse umgekehrt so erklären: Der Verfasser der ExAn konnte die Vorstellung, daß der Vater als das höchste Wesen selbst zur unteren Welt herabsteige, nicht ertragen, so daß er nicht den Vater selbst, sondern seinen Erstgeborenen dorthin herabsteigen ließ, was auch im AJ und in anderen weiteren christlich-gnostischen Schriften vorhanden ist. In diesem Zusammenhang ist in Betracht zu ziehen, daß in der ExAn die Beziehung der "Räuber" oder der "Frevler", mit denen ohne Zweifel die Archonten, es mit den Simonianern zu sagen, die "Engel und Mächte", gemeint sind, zur oberen Syzygie nicht zur Sprache kommt, sondern vielmehr als bekannt vorausgesetzt zu sein scheint.

---

[56] In : Tröger (ed.), a.a.O., S. 38.

Gegen diese Auffassung könnte man Einwände erheben, indem man
darauf hinweist, daß sowohl Ennoia als auch die Seele letzten Endes
mit der homerischen "Helena" in Verbindung gebracht worden ist.
In diesem Zusammenhang bin ich gerne bereit, in der lacuna, die
sich in 136, 35 befindet, nicht — mit M. Krause und P. Labib [57] —
[psy]chê, sondern, wie der Berliner Arbeitskreis vorschlägt, [hele]nê
zu lesen. Ich selbst konnte diese Lesung an der Facsimilie-Ausgabe
des Originaltexts [58] leider nicht, wie der Berliner Arbeitskreis
behauptet, klar verifizieren. Aber sowohl die Länge als auch der
Kontext der zerstörten Zeile machen — so scheint auch mir — die
Lesung "Helenê" wahrscheinlicher. [59]

Auf jeden Fall müßten wir darauf achtsam sein, daß die ExAn
zu den "bereits als christlich-gnostischen Schriften konzipierten
Traktaten" gehört. [60] Hätte man auch die ExAn für eine "ursprünglich nichtchristliche, aber später christlich überarbeitete Schrift"
gehalten, erscheint doch "Helena" nicht innerhalb der vom Berliner
Arbeitskreis selbst angenommenen Grundschicht der ExAn, sondern
in der "4. Stufe" der Schrift, also in der letzten Partie der Paränese. [61]
Wenn sich die Sache so verhält, müßte man doch mit Vorsicht die
Annahme des Berliner Arbeitskreises aufnehmen : "Die Wahrschein-
lichkeit, daß die Allegorie 'Helena' für das Schicksal der gefallenen
Seele schon vorsimonianisch ist, scheint u.E. doch recht groß". [62]
Das gilt besonders für uns, da wir bereits festgestellt haben, daß die
Simonianer selbst die Gestalt der Helena erst sekundär in sich auf-
genommen haben.

Zum Schluß möchte ich auf eine einfache, aber für meine These
wichtige Tatsache hinweisen, d.h., daß im Mythus der ExAn die Seele
von Anfang an bis zum Ende durchgehend als Symbol für das eigentliche Selbst des Menschen aufgefaßt worden ist. Diese Schrift kennt also
keinen Unterschied zwischen der überkosmischen und kosmischen
Seele. Außerdem kommen hier keine anderen höheren Prinzipien als
anthropologische Termini wie etwa $\nu o\hat{v}_s$, $\lambda \acute{o} \gamma o_s$ u.a. außer der $\psi v \chi \acute{\eta}$

---

[57] M. Krause, P. Labib (ed.), *Gnostische und hermetische Schriften aus Codex II und VI*, Glückstadt 1971, S. 86.

[58] *The Facsimile Edition of the Nag Hammadi Codices, Codex II*, published under the Auspices of the Department of Antiquities of the Arab Republic of Egypt, Leiden, S. 148.

[59] So jetzt auch Wisse, in : *NHS* VII, S. 78, Anm. 33.

[60] Krause, in : *NHS* VI, S. 82.

[61] Tröger (ed.), S. 39.

[62] Tröger (ed.), S. 38, Anm. 12. Ihm folgt Lüdemann, a.a.O., S. 136, Anm. 95b.

vor. Selbstverständlich "bedarf diese hier als einziges höheres Prinzip verstandene ψυχή nach ihrem Fall auch der Erlösung, die ihr durch ihren Bräutigam, den lebenspendenden Geist, zuteil wird".[63] Es fällt doch auf, daß in der ExAn ausgerechnet die ψυχή als "eigentliche und überkosmische Seele" angesehen wird, da "meistens der mit dem πνεῦμα identifizierten ψυχή eine kosmische Seele gegenübersteht", oder "bisweilen unsterbliche und sterbliche Seele(n) ausdrücklich unterschieden werden", oder "in den meisten Fällen ψυχή, dem trichotomischen Prinzip entsprechend, kosmische ψυχή bezeichnet".[64] In diesem Sinne kommt die "Seele" in der ExAn der "Sophia", die wir in der Grundschrift des AJ angenommen haben, sehr nahe, zumal hier "Ennoia" als überkosmisches Prinzip mit der "Sophia" als kosmisches Prinzip ursprünglich identisch gewesen sein dürfte. Aber diese Sophia wird im AJ auch meistens mit dem πνεῦμα, nicht immer mit der ψυχή, identifiziert.[65] Diese Hervorhebung des πνεῦμα als des überkosmisch-anthropologischen Prinzips gegenüber der ψυχή ergibt sich, wie allgemein anerkannt, daraus, daß die Gnostiker mit dem eigentlich semitischen Prinzip, also mit dem "πνεῦμα", platonisch-hellenistische Anthropologie und Kosmologie, die sich im Prinzip "ψυχή" ausprägt, "revolutionär"[66] zu überholen versucht haben. Wenn sich in der ExAn die "Seele" von vorn herein hervorhebt, dann müßte man notwendigerweise die Hintergründe ihres Seelenmythus im Platonismus suchen.

Nun können wir tatsächlich den Seelenmythus, der dem der ExAn sehr ähnelt, im orphisch-pythagoräisch geprägten Mittel-, bzw. Neuplatonismus, den z.B. Numenius von Apamea, Plotinus, Proclus u.a. vertreten, ausfindig machen. In diesem Milieu wird sogar nicht nur Odysseus, sondern — möglicherweise — auch Helena bei Homer als Inkarnation des Schicksals der Seele interpretiert.[67] Vor allem aber in Enneades Plotins begegnen wir, wie schon W. C. Robinson [68] verwiesen hat, einer merkwürdig ähnlichen Geschichte über die Seele:

---

[63] K.-W. Tröger, ψυχή, in : ThWbNT IX, 1973, S. 660.

[64] Tröger, ebd., mit zahlreichen Belegen.

[65] G. W. MacRae, The Jewish Background of the Gnostic Sophia Myth, in : Essays on the Coptic Gnostic Library. An Off-print from Novum Testamentum XII, 2, Leiden 1970, S. 90.

[66] H. Jonas, Gnosis und Spätantiker Geist, I : Die mythologische Gnosis, 3. Aufl., Göttingen 1964, S. 328ff.

[67] Vgl. F. Buffier, Les mythes d'Homère et la pensée grecque, Paris 1956, S. 410ff.

[68] W. C. Robinson, Jr., The Exegesis on the Soul, in : Essays ..., NovTest XII, 2, S. 111.

"'*Ἐρᾷ* οὖν *κατὰ* *φύσιν* *ἔχουσα* *ψυχὴ* *θεοῦ* *ἑνωθῆναι* *θέλουσα,* *ὥσπερ*
παρθένος *καλοῦ* *πατλὸς* *καλὸν* *ἔρωτα* *ὅταν* *δὲ* *εἰς* *γένεσιν* *ἐλθοῦσα*
οἷον *μνηστείαις* *ἀπατηθῇ,* *ἄλλον* *ἀλλαξαμένη* *θνητὸν* *ἔρωτα* *ἐρημίᾳ*
πατρὸς *ὑβρίζεται* · *μισήσασα* *δὲ* *πάλιν* *τὰς* *ἐνταῦθα* *ὕβρις* <*καὶ*>
ἁγνεύσασα *τῶν* *τῇδε* *πρὸς* *τὸν* *πατέρα* *αὖθις* *στελλομένη* *εὖ* *παθεῖ*"
(VI 9).[69]

Wenn man solch eine Geschichte gnostisch interpretiert, indem man
die Seele als eine ursprünglich beim "Vater" beheimatete, aber aus
Folge eines "Bruches in der Gottheit" fallende, und deshalb durch
den vom "Vater" geschickten Geist zu erlösende ansieht, ergibt sich
daraus ein gnostischer Seelenmythus in einer so einfachen Gestalt,
wie man sie in der ExAn vorfindet.

Ich bin zwar gerne bereit, mit dem Berliner Arbeitskreis Folgendes
anzunehmen : "Die Schrift 'Die Exegese über die Seele' könnte sich
bei der Betrachtung von einer bestimmten Konzeption der Entstehung
der Gnosis her als Schlüssel für die Suche nach einer der ältesten
Formen des gnostischen Mythus und seiner jüdischen und christlichen
Adaption erweisen. Die Schrift bildet in ihrem Grundbestand den
Mythus vom Fall und der Errettung eines weiblichen Wesens in einer
so einfachen und klaren Gestalt, daß man ihn fast als Modell betrachten
kann".[70] Man darf doch nicht ein "Modell" allzuschnell mit einer
"der ältesten Formen des gnostischen Mythus" im historischen Sinne
verwechseln. Um die ExAn als eine der ältesten Formen des gnostischen
Mythus zu erweisen, fehlen doch die zwingenden Beweismaterialien.
Ich bin zur Zeit geneigt, den Seelenmythus der ExAn gerade wegen
ihrer "einfachen und klaren Gestalt" als Folge einer Anpassung
auch an die platonische Seelengeschichte, die sich z.B. im Laufe der
Zeit in Enneades Plotins kirstallisiert hat, zu betrachten.

Zusammenfassend läßt sich sagen : Die Exegese über die Seele
könnte in ihren Wesenszügen zumindest sachlich als simonianisch
gelten, aber man darf diese nicht im historischen Sinne "vorsimonianisch" bezeichnen. Ich halte somit heute noch an meiner Auffassung
fest, die ich als Ergebnis meiner bisherigen Arbeiten über die Gnosis
vorgetragen habe,[71] — d.h., daß die Gnosis, bzw. die gnostische
Daseinshaltung zwar unabhängig vom Christentum, aber höchstwahr-

---

[69] Nach É. Bréhier (ed.), *Plotin, Ennéades*, VI/2, Paris 1954, S. 185, 33-39.

[70] In : Tröger (ed.), S. 36.

[71] Arai, in : Rudolph (ed.), *Gnosis und Gnostizismus*, S. 653; *Early Christianity and
Gnosticism*, S. 355 (Japanisch), Englische Zusammenfassung, S. 397.

scheinlich *neben* der Entstehung des Christentums ins Leben getreten ist, indem sie sich — im Falle der christlichen Gnosis oder des Gnostizismus — mitten *im* Christentum als wahres Christentum behauptete. Und dies gilt nun sowohl für die simonianische Gnosis als auch für die Exegese über die Seele [72].

---

[72] Diesen Aufsatz widme ich meinem verehrten Lehrer Herrn Prof. D. Dr. L. Rost zu seinem 80. Geburtstag.

LES LIVRES MIS SOUS LE NOM DE SETH ET LES SÉTHIENS DE L'HÉRÉSIOLOGIE

PAR

MICHEL TARDIEU

Qu'il ait existé dans les cercles gnostiques une abondante littérature attribuée à Seth, cela est conforme à la mythologie de ce personnage devenu, tel Hermès ou Zoroastre, voyant, interprète et écrivain sacré.[1] Seth est proclamé auteur de l'*Évangile des Égyptiens*.[2] Deux écrits du codex VII sont mis sous son nom : *le Deuxième Logos du Grand Seth* et *les Trois Stèles de Seth*.[3] Du côté de l'hérésiologie, si la notice des "alii" d'Irénée I 30, que Théodoret assimile aux "Séthiens, nommés aussi Ophiens ou Ophites",[4] ne fournit aucune indication sur l'ouvrage gnostique dont elle est l'évident démarcage, par contre l'auteur de

---

[1] Seth est assimilé à Hermès Trismégiste dans Tzetzès, *Chiliades*, V, 781-783 (p. 187 Kiessling). Sur Seth identifié à Zoroastre, voir J. Bidez et Fr. Cumont, *Les Mages hellénisés*, t. 1, Paris 1938, p. 45-47. Le dossier classique, non remplacé, de la place de Seth dans la littérature apocryphe reste J. A. Fabricius, *Codex pseudepigraphus Veteris Testamenti*, t. 1, Hambourg 1722, p. 141-157; à compléter par les remarques de K. Rudolph, *Gnosis und Gnostizismus, ein Forschungsbericht*, dans la *Theologische Rundschau*, t. 34 (1969), p. 161-162. Sur la place d'Hermès-Thoth, porteur de la parole et inventeur de l'écriture, dans la littérature apocryphe du iie siècle, voir A.-J. Festugière, *La Révélation d'Hermès Trismégiste*, t. 1, Paris 1944, p. 71-81.

[2] Cf. CG III, p. 68, 1-12 (avec par. du codex IV dans l'éd. Böhlig-Wisse, p. 162-163). Sur la fiction littéraire du *logos* de révélation, voir A.-J. Festugière, *op. cit.*, p. 309-354.

[3] Cf. CG VII, p. 49, 10-70, 12 (*Deuxième Logos du Grand Seth*) et p. 118, 10-127, 27 (*Trois Stèles de Seth*), le premier arc-bouté sur une gnose "chrétienne", le second étant de facture "païenne" et, à ce titre, profondément original. Sur quelques-uns des problèmes posés par ce dernier écrit (sa place dans le docex VII, son titre, son genre littéraire et sa terminologie provenant du moyen-platonisme), voir M. Tardieu, *Les Trois Stèles de Seth*, dans la *Revue des Sciences Philosophiques et Théologiques*, 57 (1973), p. 545-567.

[4] Théodoret, *Haer. fab. compendium*, I, 14 : οἱ δὲ Σηθιανοί, οὓς Ὀφιανοὺς ἢ Ὀφίτας τινὲς ὀνομάζουσιν (*PG* 83, col. 364 C). La critique moderne a continué d'utiliser les classifications et assimilations hérésiologiques, ainsi A. Hilgenfeld, *Die Ketzergeschichte des Urchristentums*, Leipzig 1884, p. 250-283. R. Liechtenhan poussera la manie du classement jusqu'à cataloguer dix-sept "sectes" à l'intérieur du pot-pourri "ophite", cf. son art. *Ophiten*, dans la *Realencyklopädie für protestantische Theologie und Kirche*, t. 14, Leipzig 1904, p. 405-6.

l'*Elenchos* apporte un précieux renseignement au terme de sa notice
sur les Séthiens : "Nous avons, semble-t-il, mis suffisamment en lumière
la doctrine des Séthiens; si quelqu'un désire s'instruire de la totalité
de leur système, qu'il lise le livre intitulé *Paraphrase de Seth*! Il
trouvera là, en effet, contenus tous leurs secrets".[5] Or, cette *Paraphrase
de Seth* ne peut pas ne pas évoquer la *Paraphrase de Sem*, long traité de
1691 lignes, par lequel s'ouvre le codex VII.[6] Mais sur cette question
de la littérature attribuée à Seth, c'est à Épiphane que l'on doit le
plus de renseignements puisés à bonne source.[7] Parmi les écritures
revendiquées par les "Gnostiques" de l'hérésie XXVI, Épiphane

---

[5] *Elenchos*, V, 22 : ἱκανῶς δοκεῖ ἡμῖν σεσαφηνίσθαι ἡ τῶν Σηθιανῶν γνώμη. εἰ δέ τις
ὅλην τὴν κατ' αὐτοὺς πραγματείαν βούλεται μαθεῖν, ἐντυχέτω βιβλίῳ ἐπιγραφομένῳ Παράφρασις
Σήθ · πάντα γὰρ τὰ ἀπόρρητα αὐτῶν ἐκεῖ εὑρήσει ἐγκείμενα (*GCS* 26, p. 124, 27-125, 1
Wendland).

[6] La mise en parallèle des deux textes a été faite sommairement par Fr. Wisse, *The
Redeemer Figure in the Paraphrase of Shem*, dans *Novum Testamentum*. t. 12 (1970),
p. 130-140 (*PSem* serait à la base de *PSeth*, opinion déjà soutenue par Puech et Doresse,
mais que l'Auteur ne semble pas avoir lus); mise en parallèle reprise evec plus de nuances
par D. A. Bertrand, dans le vol. VII des *NH Studies* ("*Les textes de Nag Hammadi*"),
Leyde 1975, p. 146-157 (bien que reconnaissant qu'aucun de ces deux écrits "ne dérive
l'un de l'autre", l'Auteur affirme néanmoins que *PSeth* a "adapté" et "christianisé"
son modèle) et, de façon plus ample, par J.-M. Sevrin dans le *Muséon*, t. 88 (1975),
p. 69-96 (bien que reconnaissant lui aussi qu'il n'existe pas entre les deux écrits "de
rapport de filiation, directe ou indirecte" et qu'on ne peut parler "d'utilisation directe
de l'un par l'autre", l'Auteur met avec raison en lumière "le caractère tardif" de *PSem*
et conclue que ce dernier traité "appartient à une secte gnostique représentant un avatar
de l'école séthienne décrite par Hippolyte").

[7] Le fait que plusieurs titres d'ouvrages gnostiques mentionnés par Épiphane dans
les notices XXVI, XXXIX et XL du *Panarion* se retrouvent à Nag Hammadi prouve
que l'évêque de Constantia n'a pas limité son information à l'héritage hérésiologique,
mais qu'il avait réussi à se procurer des documents directs, inconnus de ses précédes-
seurs. Il explique d'ailleurs lui-même, non sans quelque embarras, comment il a rencontré
"dans son jeune âge" (ἐν τῇ νέᾳ ἡμῶν ἡλικίᾳ), en Égypte, l'hérésie des "Gnostiques",
et comment il échappa aux charmes des dévotes de la secte (XXVI, 17, 4-9; *GCS* 25,
p. 297, 15-298, 18). Quatorze notices plus loin, à propos des Séthiens, il notera : "Selon
toute vraisemblance, je présume que c'est aussi en Égypte que j'ai rencontré cette
hérésie, mais je ne me souviens pas de l'endroit exact". Ce qu'il connaît de ces Séthiens,
il le tient, précise-t-il, soit par observation directe soit à partir d'écrits : καὶ τὰ μὲν κατὰ
ἱστορίαν φύσει αὐτοψίᾳ περὶ ταύτης ἔγνωμεν, τὰ δὲ ἐκ συγγραμμάτων περὶ αὐτῆς ἐμάθομεν
(XXXIX, 1, 2; *GCS* 31, p. 72, 5-7 Holl). Dans le but de composer son *Panarion*, Épiphane
avait réuni un nombre non négligeable de documents, soit syriaques (sa langue mater-
nelle), soit grecs, soit coptes (langue à laquelle il s'était familiarisé lors de son séjour
chez les moines d'Égypte). Sur le souci d'information d'Épiphane, voir les précieuses
remarques de P. Nautin, art. *Épiphane de Salamine*, dans le *Dictionnaire d'Histoire et
de Géographie Ecclésiastiques*, t. 15, Paris 1963, col. 621 et 627.

mentionne "plusieurs livres relatifs à Ialdabaoth et mis sous le nom
de Seth".[8] Dans la notice sur les Séthiens, il précisera : "Il y a sept
livres sous le nom de Seth, disent-ils, et ils en appellent d'autres *Allo-*
gènes".[9] Renseignement repris dans la notice suivante sur les Archontiques : ces derniers "ont fabriqué quelques livres écrits sous le nom de
Seth et quelques autres mis à la fois sous son nom et celui de ses sept
fils",[10] les Allogènes.[11] Dès lors, quand Épiphane mentionne "sept
livres mis sous le nom de Seth",[12] il se réfère à un intitulé proprement
gnostique, qui doit s'interpréter, non comme désignant un inventaire
précis, mais comme allusion symbolique à la puissance sotériologique
de Seth manifestée dans les Allogènes, ses sept fils.[13] De même, en effet,

---

[8] Épiphane, *Panarion*, XXVI, 8, 1 : ἄλλοι δὲ εἰς τὸν προειρημένον Ἰαλδαβαὼθ εἰς
ὄνομα τε τοῦ Σὴθ πολλὰ βιβλία ὑποτίθενται (*GCS* 25, p. 284, 12-13 Holl). Malgré l'avis
de Harnack (*Zur Quellenkritik der Geschichte des Gnosticismus*, Leipzig 1873, p. 87-88),
R. A. Lipsius a toujours soutenu que "der Name Gnostiker ursprünglich keine allgemeine
Benennung, sondern eine Selbstbezeichnung der gewöhnlich unter dem Namen "Ophiten"
zusammengefassten häretischen Parteien, d. h. der ältesten syrischen Vulgärgnosis
war" (*Die Quellen der ältesten Ketzergeschichte*, Leipzig 1875, p. 191).

[9] Épiphane, *Panarion*, XXXIX, 5, 1 : ἐξ ὀνόματος μὲν Σὴθ ἑπτὰ λέγουσιν εἶναι βίβλους,
ἄλλας δὲ βίβλους ἑτέρας Ἀλλογενεῖς οὕτω καλοῦσιν (*GCS* 31, p. 75, 10-11 Holl). H.-Ch.
Puech a, le premier, relevé l'importance et la signification des livres intitulés *Allogènes*
dans la littérature gnostique, en mettant en parallèle ce texte d'Épiphane avec Porphyre,
Vita Plotini, 16 et l'*Apocalypse des Étrangers* (*gelyūnā d nukrāyē*) citée dans la notice sur
les Audiens de Théodore bar Konaï, cf. *Fragments retrouvés de l'Apocalypse d'Allogène*,
dans *Annuaire de l'Institut de Philologie et d'Histoire Orientales et Slaves de l'Université
libre de Bruxelles*, t. 4 (1936), *Mélanges Franz Cumont*, p. 935-962. Analyse corroborée
par la découverte de Nag Hammadi, où se retrouve un écrit intitulé Ἀλλογενής (XI,
p. 41, 1-71, 6), cf. H.-Ch. Puech, *Les nouveaux écrits gnostiques découverts en Haute-
Égypte*, dans *Coptic Studies in Honor of W. E. Crum*, Boston 1950, p. 127-132 ; Id.,
Plotin et les Gnostiques, dans *Les sources de Plotin*, Entretiens sur l'Antiquité Classique,
t. 5, Vandoeuvres-Genève 1960, p. 161-174.

[10] Épiphane, *Panarion*, XL, 7, 4 : ᾧ δὴ καὶ βίβλους τινὰς ἐξετύπωσαν εἰς ὄνομα αὐτοῦ
τοῦ Σὴθ γεγραμμένας, ..., ἄλλας δὲ εἰς ὄνομα αὐτοῦ καὶ τῶν ἑπτὰ υἱῶν αὐτοῦ (*GCS* 31, p.
88, 8-10 Holl).

[11] Épiphane, *Panarion*, XL, 7, 5 : φασὶ γὰρ αυτὸν (= Seth) ἑπτὰ γεγεννηκέναι <υἱοὺς>
Ἀλλογενεῖς καλουμένους, ὡς καὶ ἐν ἄλλαις αἱρέσεσιν εἰρήκαμεν, Γνωστικῶν φημι καὶ
Σηθιανῶν (*GCS* 31, p. 88, 10-12 Holl). Voir *supra* textes cités n. 8 et 9. Cf. également
Épiphane, *Panarion*, XL, 2, 2 (*GCS* 31, p. 82, 13-14). La remarque d'Épiphane en XL,
7, 5 montre bien que Séthiens, Archontiques et Gnostiques ne constituent pas trois
groupes distincts, mais une seule et même idéologie à mettre sous l'étiquette "Gnostique"
au sens restreint de ce terme noté par Lipsius, cf. *supra* n. 8.

[12] Cf. Épiphane, *Panarion*, XXXIX, 5, 1 (p. 75, 10) ; voir *supra* n. 9.

[13] La puissance sotériologique des Allogènes, symbolisée par le nombre sept, a pour
fonction de s'opposer à la démiurgie des sept archontes planétaires. Alors que cette
dernière faisait l'objet de nombreux livres, ainsi celui intitulé "*Le septième monde*

qu'un écrit unique appelé Συμφωνία,[14] et dont j'ai montré par ailleurs
l'étroite parenté avec le cinquième traité du codex II,[15] a servi à
Épiphane de document de base pour composer sa notice sur les Archontiques, de la même façon il est permis de supposer que, pour rédiger sa
notice sur les Séthiens, il a utilisé, non sept livres distincts, mais un
seul écrit, vraisemblablement intitulé *"le septième livre"* (βίβλος) ou
"le septième traité (λόγος) *"du Grand Seth"*, titre dont Épiphane aura
déduit qu'il en existait six autres. Ce qui amène à poser la question du
rapport entre les documents à la source des trois grandes notices sur
les Séthiens fournies par l'hérésiologie, à savoir Irénée I 30, *Elenchos*
V 19, Épiphane *Panarion* XXXIX, et les textes des Gnostiques eux-
mêmes, en particulier ceux qui sont regroupés dans le codex VII.

Il serait d'abord tentant d'assimiler la *Paraphrase de Sem* de CG
VII 1 à la *Paraphrase de Seth* citée et résumée dans l'*Elenchos*. Dans
l'un et l'autre texte, en effet, on a affaire à une problématique identique : comment délivrer le *noûs* prisonnier des éléments primordiaux
qui constituent la *Physis* appelée aussi matrice.

Dans la *Paraphrase de Seth*, la solution sotériologique est présentée
à l'aide d'une réflexion sur la symbolique du serpent, animal qui par ses
replis s'identifie aux enveloppes de la matrice et par son sifflement aux
tourbillons du vent, mais aussi phallus capable de perforer les enveloppes pour introduire dans la matrice le *logos spermatikos* libérateur.
Une fois la délivrance du *noûs* accomplie, le Logos, désireux de se
purifier de la souillure qu'il a contractée dans la matrice, "se lave et
boit la coupe d'eau vive jaillissante".[16]

Par contre, dans la *Paraphrase de Sem*, nulle allusion à la symbolique
du serpent et à la purification baptismale du rédempteur. "Oeil de
l'amertume du mal", le *noûs* tente d'abord de se défaire seul des liens
de l'eau ténébreuse, mais échoue et ne peut que se protéger en s'entou-
rant lui-même de "nuées" ou enveloppes de la matrice. Derdekeas,
"le fils de la Grandeur", entreprend alors le sauvetage du *noûs*, d'abord

---

(κόσμος) *de Hiéralias le Prophète"* et qui est cité dans CG II, p. 112, 23-24, la première
était développée dans les écrits mis sous le nom de Seth et de ses sept fils.

[14] Épiphane, *Panarion*, XL, 2, 1 : τὸ μὲν γὰρ Συμφωνίαν μικρὰν δῆθεν βιβλίον καλοῦσι,
τὸ δὲ μεγάλην Συμφωνίαν (GCS 31, p. 82, 9-10 Holl); cf. aussi *ibid.*, XL, 2, 3 (p. 82, 15-16).

[15] Voir mon livre *Trois mythes gnostiques*, Paris 1974, p. 35-36. A la suite de mes
remarques, P. Nautin a établi que l'*Écrit sans titre* devait bel et bien être identifié avec
la Συμφωνία d'Épiphane, cf. *Annuaire EPHE-Ve S.*, 83 (1974-5), p. 232.

[16] *Elenchos*, V, 19, 21 : ἀπελούσατο καὶ ἔπιε τὸ ποτήριον ζῶντος ὕδατος ἀλλομένου
(GCS 26, p. 120, 25-26 Wendland).

en envoyant un *logos* qui se heurte à la première nuée, l'hymen, puis en descendant lui-même dans la matrice. Furieuse de se voir dépouillée de son "oeil", la *Physis* lance à la poursuite du *noûs* les démons et les vents, mais Derdekeas met fin par le déluge à la ronde infernale de leur lubricité. Suit la *paraphrase* proprement dite. Derdekeas explique à Sem la signification dualiste du mythe : d'une part, tout ce qui relève de la nature est mauvais et condamné, parce que l'élément premier dont elle est formée est l'eau, puissance démiurgique universelle, d'où naissent les démons et les vents dans la matrice, ce qui explique la violente diatribe anti-baptismale de l'auteur ; d'autre part, le salut est assuré à la seule race de Sem, qui a reçu l'étincelle de justice transmise par Dedekeas.

La polémique anti-baptismale de la *Paraphrase de Sem* est dirigée bien sûr contre les Chrétiens, mais aussi contre des positions de groupes gnostiques proches, chez qui, comme dans la *Paraphrase de Seth*, l'eau jouait encore un rôle positif dans le déroulement du mythe. Tout se passe comme si l'auteur de la *Paraphrase de Sem* avait voulu compléter, préciser et corriger la *Paraphrase de Seth*. La volonté de notre auteur de marquer ses distances par rapport à une *Paraphrase* mise sous le nom de Seth se lit également dans l'utilisation, à première vue surprenante, du personnage de Sem comme herméneute et écrivain sacré. Une telle utilisation apparaîtra moins insolite, quand on se souviendra que dans les légendes contemporaines, juives et chrétiennes, Sem était déjà devenu voyant, prophète et interprète de Dieu, mais aussi médecin, philosophe et légiste, en somme figure rajeunie du Seth traditionnel. Enfin, si les hérésiologues avaient connu un écrit mis sous le nom de Sem, ou si même ils en avaient entendu parler, immanquablement cela leur eût fourni matière à une rubrique supplémentaire dans leurs catalogues. La *Paraphrase de Seth*, à la source d'*Elenchos* V 19, est donc antérieure à la *Paraphrase de Sem* et ne peut en aucune façon être assimilée à ce dernier écrit. Celle-ci est, en quelque sorte, la réédition remaniée de celle-là.

Quant à Irénée I 30 et Épiphane *Panarion* XXXIX, ils présentent du mythe "séthien" un exposé qui se différencie étrangement de la perspective cosmologique de la *Paraphrase de Sem* et de la notice de l'*Elenchos*.

Dans le résumé d'Irénée, est d'abord décrite la chute de Prounicos-Sophia, identifiée à la goutte de lumière tombée de la surabondance de l'Esprit dans la matière primordiale, l'eau, où, s'alourdissant peu à peu de par la pesanteur des éléments et des corps, elle donne naissance aux archontes démiurges. Pour contrecarrer leur action dans le monde, qui est relayée plus tard par les prophètes juifs, la Sophia d'en haut entreprend d'appauvrir Ialdabaoth et les siens en les vidant de l'*humectatio luminis* et décide d'envoyer Christ Sauveur qui, momentanément uni à Jésus, recueille les dernières gouttes lumineuses et rassemble les élus.

Si à ce récit est apposée la notice d'Épiphane sur les Séthiens, on constate qu'on a affaire dans cette dernière à une variante du même mythe, paraphrase des données de la *Genèse*. Après avoir mis fin à une sédition des anges créateurs du monde, la Grande Puissance, appelée Mère et Femme d'en haut, à partir de sa propre réflexion ($\dot\epsilon\nu\theta\dot\upsilon\mu\eta\sigma\iota\varsigma$) fait naître Seth et place en lui l'étincelle de justice, signe de l'élection, qu'il a manifestée lui-même dans les derniers temps sous les apparences de Christ Jésus.

Dans la source d'Épiphane, à la race pure de Seth, porteuse de la semence de la Grande Puissance, s'oppose la race perverse de Cham, porteuse de la semence des puissances. Détail hautement significatif, car si Cham est la figure du mal, rattachée aux démiurges, rien d'étonnant à ce que dans une version voisine du mythe, retrouvée dans le codex VII, Sem, frère de Cham, ait pu représenter la figure du bien et, partant, le premier des prophètes de la vérité successeurs de Seth. D'autre part, l'expression technique essentielle, utilisée par les Séthiens d'Épiphane pour définir l'opération salvifique, $\sigma\pi\iota\nu\theta\dot\eta\rho\,\tau\hat\eta\varsigma\,\delta\iota\kappa\alpha\iota\sigma\sigma\dot\upsilon\nu\eta\varsigma$[17] se retrouve hypostasiée, sous la forme ⲡⲀⲒⲔⲀⲒⲟⲥ Ⲛ̄ⲤⲠⲒⲚⲐⲎⲢ, dans la *Paraphrase de Sem*.[18] Ce qui montre que le document gnostique, utilisé par Épiphane pour écrire sa notice et qui était un livre mis sous le nom de Seth, appartenait au même corpus de gnose que les écrits du codex VII.

Mais alors que la problématique des "Séthiens" (à dominante païenne) du codex VII se rattache nettement au fond grec proche de l'hermétisme et des écoles de philosophie, la source d'Épiphane et celle de l'*Elenchos* (conjointement, en partie seulement, avec celle de NHC VII, 2) présentent du mythe une version dont les éléments ont été judéo-christianisés, tendance qu'accentuera, par une intégration massive des analyses valentiniennes, la source d'Irénée. Celle-ci a son lieu d'origine

---

[17] Épiphane, *Panarion*, XXXIX, 3, 1 (*GCS* 31, p. 74, 2-3 Holl); cf. aussi *ibid.*, XXXIX, 2, 4 (p. 73, 4).

[18] CG VII, p. 31, 28-29; 33, 30; 46, 17-18. 27, identification relevée dans mon art. *ΨΥΧΑΙΟΣ ΣΠΙΝΘΗΡ. Histoire d'une métaphore dans la tradition platonicienne jusqu'à Eckhart*, paru dans la *Revue des Études Augustiniennes*, t. 21 (1975), p. 236-238.

dans un document intermédiaire entre l'*Apocryphon de Jean* et l'ancêtre commun de l'*Hypotase des Archontes* et du traité anépigraphe du
codex II, dont elle reproduit le système archontique,[19] d'une part,
et le deuxième écrit du codex VII, dont elle a développé la polémique
contre le prophétisme juif,[20] d'autre part.

Il ne saurait, enfin, être question de tenir pour spécifiques de la
gnose "séthienne" les spéculations sur les "trois racines" (lumière,
pneuma, ténèbre), provenant de *Genèse* 1, 2-3 et rapportées dans les
notices hérésiologiques sur les Séthiens mais aussi dans la *Paraphrase
de Sem*; de telles spéculations ne sont, en effet, que la transposition,
à l'aide d'une terminologie juive, de la cosmologie tripartie de l'an-
cienne philosophie, commune à toute la fin de l'antiquité. Il n'y a donc
pas sur cette base de système proprement "séthien", mais seulement,
des livres mis sous le nom de Seth ("séthiens" ou non) et des livres qui,
sans lui être attribués, rendent compte de sa fonction ("séthiens" ou
non). C'est à H.-M. Schenke que l'on doit d'avoir du dégager, avec
beaucoup d'acribie, quelques-unes des solutions possibles pour une
recherche d'un type "non-chrétien" de gnose.[21] Mais pourquoi le
qualifier encore de "séthien"? Laissons aux hérésiologues leurs
catégories, et revenons aux textes des Gnostiques eux-mêmes, pour
apprécier le dosage des sources, la continuité des parallèles, la diversité
des formes de pensée, logiques ou non, et leurs constantes.

---

[19] Irénée, *Adv. Haer.*, I, 30, 5 (t. 1, p. 230 Harvey) = CG II, p. 101, 9-102, 2; sur les
différentes listes d'archontes, voir mon livre *Trois mythes gnostiques*, p. 62-65.

[20] Irénée, *Adv. Haer.*, I, 30, 10-11 (t. 1, p. 237 Harvey) = CG VII, p. 62, 27-64, 12.

[21] H.-M. Schenke, *Das sethianische System nach Nag-Hammadi-Handschriften*,
dans *Studia Coptica* (ed. P. Nagel), Berlin 1974, p. 165-172.

INDEX

I. DIE BIBLIOTHEK VON NAG HAMMADI

CODEX I-XIII   13f.

Codex I,1 : Jakobusbrief 44,5

Codex I,2 : Evangelium der Wahrheit
86. 141,16

19,18ff.	89
29,33ff.	86

Codex I,3 : Abhandlung über die Auferstehung 44,5. 86. 89. 141,16

44,34-39	142,18

Codex II,1 : Apokryphon des Johannes
51. 193. 210; vgl. auch III,1; IV,1
u. II. BP 8502,2

13,8-9	144,26

Codex II,2 : Thomasevangelium 15,16. 16.
21f. 24. 28. 33f.

32,10-12	21
32,11f.	24,80
log. 5	59
6	21,57. 58
12	21,57
13	21,57,58. 23,71

14	58. 63
18	21,57
20	21,57
21	21,57. 25,93
23	28
24	21,57
33	28,112. 31
37	21,57
43	21,57
49	29
51-53	21,57
60	21,58
61	29
72	21,58
75	29. 34,129
91	21,57
97	31
99	21,57
100	21,58
104	21,57. 58

V. GRIECHISCHE GNOSTISCHE TEXTE

VI. MANICHAICA

VII. MANDAICA

VIII. ALTES TESTAMENT

IX. ALTTESTAMENTLICHE APOKRYPHEN UND PSEUDEPIGRAPHEN

X. JOSEPHUS

XI. PHILON VON ALEXANDRIA

XII. NEUES TESTAMENT

XIII. APOSTOLISCHE VÄTER

XIV. NEUTESTAMENTLICHE APOKRYPHEN UND PSEUDEPIGRAPHEN

XV. ALTCHRISTLICHE LITERATUR

XVI. PAPYRI

XVII. ANTIKE HEIDNISCHE LITERATUR

XVIII. MODERNE AUTOREN